经济学名著译丛

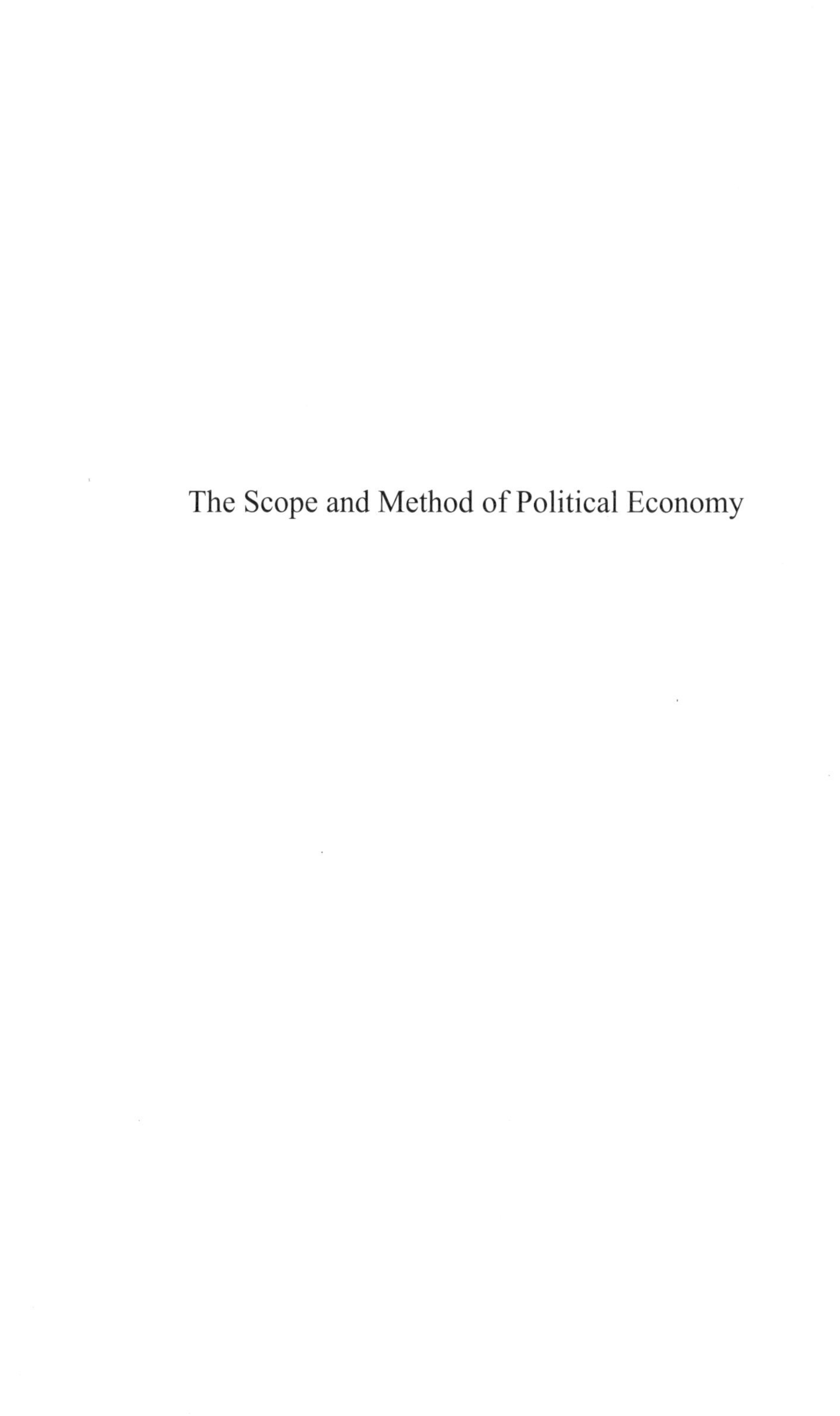

The Scope and Method of Political Economy

政治经济学的范围与方法

〔英〕约翰·内维尔·凯恩斯 著
党国英 刘惠 译

The Scope and Method of Political Economy

2017年·北京

John Neville Keynes

THE SCOPE AND METHOD OF POLITICAL ECONOMY

Macmillan and Co. , Limited

London，1904

根据麦克米伦有限公司 1904 年版译出

纪念一百年前的经济学方法大论战

党国英　刘惠

学者们对人类社会的基本认识每前进一步，都非常困难；人类社会变化最快的是生存技术与手段，而关于社会发展的基本信念、关于人自身的思想与客观现实之间的互动关系的把握，就像一块难以撼动的巨石，我们难得动它一动。这是我们译完这本书的主要体会。这部著作问世已经过了一百年之久，但它所讨论的问题在今天看来仍不过时。与这部著作的广泛内容和深刻思想相比，我们的学力之浅薄使我们难以对它做出确切的评论。但为了更好地宣传这本书，使更多的人阅读它，我们还是斗胆对它做一介绍。

一、作者与时代背景

约翰·内维尔·凯恩斯（Keynes，John Neville，1852—1949）是一位著名经济学家，同时也被尊为社会学家。他是阿尔弗雷德·马歇尔杰出的早期弟子，又是经济学天才约翰·梅纳德·凯恩斯的父亲。尽管其子的伟大成就更为世人所瞩目，但内维尔·凯恩斯本人的杰出学术成果也为后人所极力称道。内维尔·凯恩斯长期在剑桥大学任经济学教授，还长期（1910—1925）担任大学注册主管这一最高行政职务。他1891年撰写的这本《政治经济学的范围与方法》被阿尔弗雷德·马歇尔领导的新剑桥学派用作经济学方法论方面的标准教科书。对于新正统学者的倡导者来说，内维尔·凯恩斯的著作的主要贡献在于它标志着19世纪70年代和80年代在方法论方面发生的辩论的终结。这部著作提出了有关古典政治经济学是否具有科学性的疑问，并因此对经济学圈内和圈外的人士都发生了影响，成为学术发展史上的经典作品。这本书的出版受到了马歇尔、陶西格、埃奇沃斯和帕尔格雷夫等著名学者的积极评价。也许因为和马歇尔的个人关系后来变得不愉快，内维尔·凯恩斯在1910年以后把他的精力主要花在了大学政治活动方面。这无疑影响了他的学术天才的发挥。

这部著作所讨论的问题，在我们看来，到现在对于经济学的发展仍有重要意义。已经进入经济学大门的人士和准备进入的学生，都应该读这样的著作。其他方面的社会科学家也应该研读这样的作品，社会学家就更不用说了。但实际情形不是这样的，这部著作所讨论的问题现在看来好像是老掉牙的问题，人们可以不理睬它们。关注这样的问题的人士已经限于很小的一个圈子了。或许人们还会疑问，当时的学者为什么会议论这些问题？我们相信，如果对当时的背景有一些了解，才能真正理解这本书的作者以及这本书本身的意义。

现在我们把经济学看作一种显学，这门学科的回报也很高，所以吸引了大量的优秀头脑。但经济学在大学讲坛上作为一门独立学科的时间并不长。1776年，亚当·斯密的杰出著作《国民财富的性质和原因的研究》出版了，但此后100多年里，经济学仍然不是显学。我们中国人认识马克思主义主要得益于马克思的经济学，似乎感到在马克思时代经济学已经很热闹了，其实不然。在剑桥大学，直到1903年才设立了经济学和政治学荣誉学位，而此前经济学是作为历史和伦理科学荣誉学位考试的一部分来讲授的，大学里设置的经济学教授职位极少。为改变这种状况，马歇尔做了不懈的努力，J. N. 凯恩斯、西奇威克和福克斯韦尔都是马歇尔早年在剑桥大学的重要同盟者，他们一起为提高经济学的地位并肩奋斗。

在一百年前，经济学家还在反对历史学的“帝国主义”，转眼间，一切人文学科都在反对经济学的帝国主义了。这是理论界的沧海桑田，很是耐人寻味。当时政治经济学受到很多方面的围攻，但概括地说，围攻出自两个方面，一是传统的知识体系，主要由伦理学和历史学构成；二是发端于孔德（Comte, Auguste, 1798—1857）的社会学。前者害怕政治经济学太大，后者又嫌弃它太小。几方面的冲突在后来被称为关于经济学方法的大论战，但实际上这场论战不单是一个经济学方法问题，本质上是整个社会科学的方法问题。这场论战的谁是谁非，在我们看来当然很清楚，以马歇尔为代表的政治经济学阵营是正确的。我们说的“正确”，当然有其学理上的定义，但这里姑且不论。

门格尔教授曾生动地描述了“历史学帝国主义”咄咄逼人的态势，他说：“历史学家像外国征服者一样一步一步踏入了我们的科学领域，给我们强加他们的语言，他们的习惯，他们的学术用语，以及他们的方法，在与他们的特殊方法不一致的每一个研究领域不可容忍地与我们发生争斗”(《德国国民经济学的历史主义谬误》,序言)。这个描述不是耸人听闻,在当时是现实。那个时代以及更早时候的经济学家顶的是历史学或伦理学教授的头衔,撰写一部著作如果不讨论历史问题,是要遭受非议的。亚当·斯密博大精深,伦理学和历史学什么都能谈,所以不仅让学者们折服,也受政治家的尊敬。李嘉图的道行不高,主要在抽象概念之间演绎,便受到广泛攻击。对于这种状况,马歇尔和凯恩斯他们是难以容忍的。

对以英国学者为代表的政治经济学展开攻击的德国历史学派的主要论点有三个:第一,它把政治经济学看作一个很高的伦理目标,认为政治经济学应该关注人类生活的最重要的问题;政治经济学不仅仅是分析产生经济行为的各种动机,也应该评价它们的伦理价值的高低。第二,它认为没有跨越历史阶段的一般性的经济规律,认识社会,认识历史,要具体地研究历史事件和历史过程。第三,由此推论,因为各国的历史发展程度不同,所以在不同国家之间也找不到共同的经济规律。很有可能,德国学者的立场反映了经济地位相对弱小的国家对英国这个经济强国的对抗。

与历史学派的争论必然涉及人性假说的问题,因为如果存在一般的人性,且这种一般人性不大依赖各个国家的历史条件,那么各国的经济规律就可能存在共性;即使它们的表现有所不同,也不会妨碍其本质的一致性。所以,双方的争论最终归结到这里,答案当然是不同的。英国的政治经济学家更多地强调“经济人”假说的可靠性,而历史学派当然坚持人性的多样性和易变性。

作为社会学的代表,孔德批评政治经济学的研究结论极端贫乏。孔德和他的追随者认为,由于财富现象与社会生活的其他方面有着极为密切的联系，任何把经济科学从一般社会哲学中分离出来的企图是注定要失败的。他们认为，社会现象作为一切现象中最为复杂的现象，其主题的不同方面在科学上是一个整体，不可分离；如果试图把社会的经济或产业方面的分析从知识、道德和政治分析中分离开来，一定是非理性的。他们也承认，财富的某些现象可以用科学手段加以分别研究，但他们否定这种研究能够构成一门独立的学科。但是，被人们以为从整体上研究人类社会生活的社会学这一“科学老大”的研究结论就丰富得很吗？英国学者对此持否定态度。谢尔布鲁克(Lord Sherlbrooke)对此曾做过很好的评论，他说，区别于各门特殊社会科学的社会学要占上风还未到时候。在社会科学领域，这一天的到来需要更广泛地做出概括总结，办法是使研究社会中的人们的各种具体的科学得到更充分的发展。因此，一般的社会学知识是可以建立起来的，而政治经济学则是它的一个分支。但经济学不能等待这个意义上的社会学的建立。马歇尔教授也说：“大谈统一的社会科学的更高的权威是没有意义的。不用怀疑，如果它存在，经济学将乐意在它的卵翼之下寻求庇护。但是它不存在，也没有信息表明它将会出现。无聊地等待它是没有意义的，我们应该用我们现有的资源做我们该做的事情。”看起来，从一开始，经济学家对社会学的治学抱负就不以为然，及至现在，经济学家和社会学家有过多次争论，每争论一次，经济学家高傲的脑袋便会扬得更高。

面对压力，英国经济学家投入了战斗，他们要改变经济学的“小媳妇”地位。杰文斯(Jevons，William Stanley，1835—1882)是一个天才型的人，他把数学和功利主义哲学结合起来，构建了经济学的逻辑体系，给古典经济学向新古典经济学的转变奠定了重要基础。由于他的早逝，英国经济学的领袖成了马歇尔。此人是一位硬汉子，为经济学的地位殚精竭虑，也为自己的地位寸步不让。反对者被他搞的筋疲力尽，不得不拱手称臣。他付出的代价，是把自己阵营里的朋友（包括内维尔·凯恩斯）也得罪了，但此后一百年经济学的繁荣这个大成果却与他的大名联系在了一起。

内维尔·凯恩斯便曾经是马歇尔麾下的一名干将。在马歇尔的推荐下，他在牛津大学授课两个学期，这本书的素材来自这一时期的讲稿。他不愿意离开剑桥大学，但在这里，他只限于给印度的文职人员讲一些经济学的初级课程。这本书是他一生唯一的经济学著作，尽管他非常高寿，一直到他的伟大的儿子逝世以后三年，他才离开人间。虽然马歇尔对凯恩斯的这本书有过批评，但在这本书出版以后还是给了高度评价，并推荐这本书为剑桥大学的经济学方法教科书。大体在同一时期，西奇威克出版了《经济科学的范围与方法》(1885 年)，但相比之下，还是凯恩斯的著作在同一类的著作中影响更大。这本书后来经过两次再版修改，我们是根据 1904 年的版本翻译的。可以毫不夸张地说，内维尔·凯恩斯的这本书是对当时经济学方法大论战的一个全面总结，也是对新古典主义方法论的一个全面展示。当代著名经济学家，也是著名的经济学方法论家马克·布劳格曾赞扬凯恩斯的这本书为“经济学方法论史的一块里程碑”(布劳格《经济学方法论·序》)。

英国经济学家的立场对美国经济学家很有影响，并得到一批美国经济学家的支持。凯恩斯本人曾受到过芝加哥大学的邀请。凯恩斯以后，经济学方法的讨论主要活跃在美国。

二、内维尔·凯恩斯告诉我们什么？

内维尔·凯恩斯的这本书所讨论的主要问题是：

1. 什么是科学？政治经济学能不能成为一门科学？

“科学被定义为拥有普遍概括性结构（generality of form）的连贯的系统的真理的总和（body of truth）。缺少普遍概括性的真理不能构成科学；只要它们是零散的、不连贯的，也不称其为一般规律。使政治经济学成为科学，不过是指它发现了经济现象的一般规律，使之有机结合，并借助这些规律使特殊的经济事实得到解释。”按照这个见解，“甚至那些否定政治经济学是一门科学的人士也承认，政治经济学的建立依赖系统的观察和分析，它包含了一整套可证伪的和可做理性判定的事实分析……这与被其他人称为科学的东西没有太大差异。”尽管不能说一切经济学著作都够得上这个科学标准，但提出这个标准本身是没错的。

2. 科学方法对于政治经济学的发展有什么意义？

凯恩斯对这个问题花了不少笔墨。他引用奥地利经济学家门格尔（1840—1921，Menger，Carl）的话说：科学的创造和革命是由那些不停地钻研科学方法的人们所推动的。即使他们没有清楚地意识到自己在使用正确的方法，或者没有转过去研究这些方法，但他们的成功仍可以归结为正确方法的运用。据此来说，我们在评价他们对学科发展本身的贡献之前，先应该仔细分析他们的方法。

那么,政治经济学的方法有什么特点呢?我们可以从这本书得到如下归纳:

第一,政治经济学方法必须具有某种简明的和统一的性质。凯恩斯常常用一致的(consistent)或无差异(uniformities)这两个词表达对政治经济学方法的要求。他还说,“为了对政治经济学进行一种精确的研究,保持一种简明的研究风格(simplicity)是很有必要的;而为了保持这种风格,在无须检验的假设下去跟踪追逐财富的欲望所产生的后果,就既是正当的也是十分必要的。因此,一开始先把其他动机放到一边,只承认自由观念和完全竞争,那么至少在研究工作的某些领域里,我们就可以确定更为稳定持久的行为倾向,并首先形成一种较为接近实际的认识。”实际上,这种方法也是一切科学研究的方法。爱因斯坦的物理学成就也与他坚持这种科学观不无关系。

第二,政治经济学具有高度抽象性。凯恩斯赞成穆勒(Mill, John Stuart, 1806—1873)和巴奇霍特(Bagehot, Walter, 1826—1877)主张在经济学推理中进行高度抽象的观点。巴奇霍特不止一次说,“政治经济学不是谈论真正的人,而是谈论假想的人;不是谈论我们所看到人,而是为了方便谈论我们以为是的那种人。”抽象必然要借助假说,但不能认为政治经济学就是假说性的科学。政治经济学原理虽然只有在不存在干扰因素的情况下才具有真实性,但政治经济学仍然应该是实证的、并非假说性的科学。政治经济学的前提当然不能任意假设,假设本身要有现实的根据。

第三,在一定条件下,政治经济学具有“价值中立”的性质。他指出:政治经济学是科学,而不是艺术或伦理研究的分支。在竞争性社会体制中，政治经济学被认为是立场中立的（standing neutral）。它可以对一定行为的可能的后果做出说明，但它自身不提供道德判断，或者不宣称什么是应该的，什么又是不应该的。可以有把握地认为，政治经济学原理的讨论越是独立于伦理和现实方面的考虑，这门科学就越能尽快走出争论阶段。伦理学闯入经济学只能导致已有的争论不断扩大并无休止地延续下去。如果对经济问题的伦理考察是系统的、彻底的，而不是情绪化的、浮躁的，那么，基本的伦理问题即作为长期争论主题的那些问题——例如，像公正基准的决定以及这个基准与一般实用主义标准的关系这类问题——是不能被排除的。然而，我们有必要只在最后一个阶段才去面对这些问题，有理由建立一个独立于这些问题的实证的经济科学。

第四，由以上方法必然导致政治经济学以"经济人"假说为其逻辑演绎的前提，尽管这个前提历来遭受其他社会科学家的尖锐批评。所谓"经济人"有两个特点，一是受追逐财富的欲望的推动，二是有限理性。对后一点，凯恩斯当时还不可能提出什么值得称道的看法，但他对前一问题的讨论非常精彩。他指出，除过追逐财富这种欲望之外，其他动机当然也存在，并在不同的情形下决定着人的经济行为。然而，这些动机决不能成为需要考虑的第一位的东西，因为这些动机的影响是散在的、不确定的和不可靠的。据此可以认为，经济科学主要的学科范畴（principal subject-matter）"经济人"这个抽象完全是合理的和必要的；经济人的活动完全决定于其追逐财富的欲望。承认人们为自己树立的经济理想所发挥的实际的或潜在的影响，与人们对这些理想的客观价值的讨论，完全是两码事;我们对经济科学的研究必须保持严格的实证性,同时,我们要详尽研究舆论的压力或公正、慈善和对大众福利关心的动机究竟能对经济现象发生什么样的影响。

3. 政治经济学的范围是什么?

凯恩斯承认,政治经济学应该有广泛的理论基础。在最广泛的意义上说,经济学家应该是政治科学和社会科学的学生。经济学家也应该解决社会伦理的基本问题。事实上,如果要发现绝对的准则,政治经济学的诸种手段不可能孤立地建立在单一的理论科学基础上,这是一般规律,我们不可能例外。值得注意的是,凯恩斯很早就提出了政治经济学超越传统范围的可能性问题,他说,难道经济学家不能超越自己的研究范围吗?经济学家为了建立自己的科学基础,需要经济学本身所不能够提供的好多东西。遗憾的是,在当时的理论背景下,他不可能发挥这一论点。

出于论战的需要,凯恩斯把更多笔墨用在论证经济学的独立性问题上,他针对的是孔德的社会学见解。他说,就政治经济学在整个科学体系中的地位而言,政治经济学还没有被认为无法从一般的社会哲学划分出来。经济活动完全可能受到其他各种各样的社会活动的影响,反过来,经济活动也有可能影响其他社会活动。但是,在一定意义上,把财富问题与其他社会问题分开进行研究是可能的。的确,从科学研究的要求来说,这样的孤立研究是必要的;科学依靠分析具体现象而获得进步,在研究中总是把构成事物整体的不同方面和不同要素分门别类进行处理。因此,经济科学形成了一个社会科学研究独特的、虽然不是完全独立的分支。

4. 政治经济学和历史学是什么关系?

凯恩斯专门用一章来分析经济学和历史学的关系,批评了历史学派在这方面的许多观点。他指出,如果历史学家想恰当地发挥他的作用,他就应该坦然地努力建立现象之间的联系,探询事物的因果关系。但如果以为不去应用先前已经形成的一般理论就可以达到这个目的,那就大错特错了。如果每一宗历史事件能够被分开来研究,因果关系的认定既不需要演绎推理的帮助,也不需要与其他事件的研究做比较,那么,我们已经确认,历史的原因并不会"在每一个事件中用直接的证据呈现在我们面前"。在每一个研究案例中呈现在我们面前的直接迹象,是一系列复杂的事件,其中真正的因果关系纽带可能隐蔽于数不清的各种现象,所以,每一个观察者会遭遇一头雾水,要发现这种关系只有靠完备的科学知识。

凯恩斯似乎认为在科学研究中理论分析比事实描述有更大的意义。他说,正像历史具有批评理论的功能一样,理论也具有批评历史的功能。理论不能确定地告诉我们一定的变化将会产生什么样的现实后果,但它能揭示出什么样的后果是很可能会出现的或者大概会出现的,并能指出每一种可能性的发生通常所需要的特殊条件。所以,理论能够当之无愧地批评和检验所发生的事实的任何是非曲直。

那么,经济学要不要历史学的帮助?凯恩斯的回答也是相当确定的:应有的态度是这样的——让我们简单地以劳动的科学分工的角度来考察问题,最好是在经济学领域里从事研究的人尽可能利用已经证明是有价值的材料,而不去花时间研究属于纯粹历史学家的领域的问题。历史研究搞得越仔细越好；而经济学研究领域的一切认真的工作也将会帮助而不是阻碍其他领域的研究。

内维尔·凯恩斯在这本书里还提出了一些深层次的问题，这些问题到今天也不能说已经获得了解决。例如，关于“公正”的含义，他论述说，在完全竞争条件下，正常的价值由生产成本来决定，这是一种实证科学的分析。伦理问题的真正的解决办法，例如公平价格的构成问题的答案，可以认为竞争性的价格将是公平的价格，其条件是竞争诸方面都是自由的，竞争本身也是有效的。或者也可以认为，这里就没有一个理想的公平价格，并且在实践中找不到公平价格。他在这里有点语焉不详，在当时的知识背景下，这是可以理解的。

内维尔·凯恩斯有点中庸之道，也许这是立场偏激的马歇尔批评他的主要原因；还有可能，正因为他受了马歇尔的批评，他会更倾向于坚守某种不偏不倚的立场，虽然他的基本倾向还是英国式的。例如，在谈到经济学的范围时他说，经济学家坚守中庸之道是可能的，即经济学家既不去想象他们的全部研究范围有一种完全不现实的明晰性，也不去通过否定那种在自然科学中必不可少的专业化，而绝望地被实际现象的复杂性所困扰。对于经济学的方法，他也说，片言只语不能充分地描述政治经济学的方法；没有哪一种方法能说自己不需要与其他方法相配合。相反，只要看看政治经济学的个别分支或某个方面，合理的方法既是抽象的，也是现实的；既是演绎的，也是归纳的；既是数学的，也是统计的；既是假说的，也是历史的。我们以为，像这样一些话，不说会更好，说出来也没有什么意义。

更令人感到不快的是他对“自由放任”原则的某种批评，虽然他的批评不能说完全没有道理。他不认为自由放任是一般经济原理“必不可少的经济准则”。认为“每一个人都应该获得思想的自由，身体的自由，以及处理财产的自由——这种经常被看作是基本的经济学公理”代表了一种思想上的混乱。他情愿把自由放任看作是“应用经济学的范畴”。他还不厌其烦地举证说，亚当·斯密也赞成国家干预，当然是有条件的。斯密的确说过：“国王或联邦政府的第三个和最后的责任，是建立和维持公共的机构和公共的生产组织，这些机构和组织尽管对社会有利，但却不能产生足以回报个人或集体的投资的利润，因此，不能期望会有个人或集体建立或维持这些机构和组织。”斯密还赞成针对企业的立法，他说：“在一些不同的行业里，法律逼使工厂主付给工人货币，而不是生产品，是相当公平和公正的。”斯密还认为，“一些制度如果以少数人的自然权利的行使为依据，可能是公正的；但如果它危害到全社会的安全，任何国家的法律都会予以禁止，不论这个国家是最自由的国家，还是最专制的国家”。斯密讲的都不错，问题是在与历史学派进行论战时发挥斯密的这些论点的确不能给自己增加战斗力。

也许“中庸之道”反映了老凯恩斯的一种科学精神，力图要全面考虑问题，不偏不倚，不搞“片面的真理”。但这影响他获得世俗的名声。老凯恩斯生前没有像杰文斯、门格尔那样在经济理论上做出突出成就，名声不够显赫，可能与他的这种“中庸之道”的治学态度有关，因为他本来有条件做得更好。相比之下，小凯恩斯并不拘泥父亲的教诲，胆子大多了，所以，小凯恩斯的世俗成就也就大多了。

三、我们得到什么启示?

凯恩斯这本书的“附录”和“注释”部分差不多和正文的内容一样多,其中引证了大量的当时学者关于经济学基本问题的观点,堪称经济学方法问题的一个“小百科”。无论凯恩斯自己还是他所引证的他人的论述,都有不少精彩之处。

经济学方法大论战已经过去一百年了,但关于经济学方法的讨论始终是西方经济学发展的一个重要方面。在内维尔·凯恩斯之后,1932 年罗宾斯(Robbins,Lionel,1898—?)出版了《经济科学的性质和意义》,几年以后,哈奇森(Hutchison,Terence W.,1912—?)出版了《经济理论的意义和基本前提》,对经济学的方法问题提出了迥然不同的观点,并第一次在经济学方法的讨论中应用了波普的哲学思想。这就把关于经济学方法的讨论提高到了一个新的水平。“二战”以后,弗里德曼、萨缪尔森和米塞斯等著名经济学家都对经济学方法提出了重要的系统的意见。

关于经济学方法的讨论给西方经济学的发展不断注入了科学精神。经济学的边缘地带是哲学活跃的地带,但这个地带不断向外推移,哲学讨论的范围缩小了,经济学日益工程技术化。这是一种进步。伴随这种进步,经济学在不断扩张自己的地盘,社会学、政治学和历史学的传统领域都成了经济学家纵横驰骋的地盘。一百年前,经济学家还面对历史学的“帝国主义”采取防守姿态,现在来了一个颠倒,其他学科开始面对经济学“帝国主义”采取防守姿态了。这个转变的功劳应该有经济学方法研究的一份。

相比之下，中国经济学似乎还不能给经济学方法的讨论一个应有的重视，或者说，中国经济学的“市场”还没有对经济学方法讨论的需求。难以想象我们有一批“大牌”经济学家投入精力来讨论经济学方法问题。有的讨论似乎陷于个人之争。我们批评过西方的功利主义，而我们的经济学发展现实不是更显得急功近利么？两千年以前，我们还养得起哲学家，现在不行了。我们的经济学圈子也已经不大容得下探讨方法问题的学者了。这种局面的形成固然有各种实际的原因，包括利益方面的原因，但不能否认我们以往那种“工农兵学哲学”所产生的思想禁锢对我们的消极影响。

阅读这部著作的某些具体论述对我们也颇有启发。

凯恩斯引用坎宁安（Cunningham，William，1849—1919）博士的话说：“当一个社会开始用新的术语获得表达，或者赋予旧的术语以新的内涵，才可以说这个社会实现了完全的转变。”这个看法是非常精到的。反过来说也一样。如果时代变化了，还竭力沿用旧的语言符号，一定会阻碍社会的彻底转变。有时候我们考虑学者的社会功利价值究竟有些什么，答案可以列出许多方面，但有一条非常重要，就是学者们在推广一种新的语言使其成为大众新的思想的载体。遗憾的是，我们的不少学者似乎不屑于向大众说话，而那些以热情的态度向大众说话的学者似乎成了旁门左道。

国家干预在什么情形下才会有现实效力？凯恩斯讨论了一个案例对我们有启发。欧洲一些国家在中世纪曾经对工资水平有广泛干预，“但在总体上它是失败的。立法措施想抵消供需的正常发挥作用时的失败，是非常有意义的。它说明，在经济条件缓慢变化的时候，工资和价格似乎完全受法律或习惯的调节，而与竞争无关;但实际上法律或习惯一代接一代被缓慢地修正,使得在任何特定时代由它们核准的价格率和工资率,与供需自由发挥作用时所确定的价格率和工资率没有什么实质性的差异。如果说这个理论有什么正确含义的话,那么它正好可以被用来解释这个事实:尽管法律和习惯在中世纪经济中发挥着重大影响,但它们在黑死病灾难发生后的特殊阶段却失去效力了。这是一种危机,其中经济条件不是逐渐地而是突然地发生了变化,习惯和法律确定的工资率显得不合适了,变得明显地偏离竞争性工资,它们不得不退让到一边去了。”政府常常过于相信自己的力量,而自己的力量显得缺乏效力的时候,又总以为自己还不够强大,便创造条件使自己更加强大起来,后果当然是使自己陷于危机。看看我们自己的经济学文献吧,那么多的学者出了那么多的主意,提出了那么多的政策建议,当这些政策建议不能落实时,有多少人想过其中原因何在?

新古典主义经济学十分注意经济规律的普遍性这一原则,但在我们这里,被称为经济学家的人士有多少在治学中奉行了这一原则?这一原则应该已经是经济学家的信念,在我们这里有多少人有这种信念?凯恩斯在这部著作里批评说:“以为建立在竞争假说基础上的理论完全不能解释过去或解释现代的东方社会,实在是过于偏激了”。这句话应该是对我们的当头棒喝。

中国的经济学界也有争论,我们怎么看待经济学的争论?凯恩斯说:“被争论的不亦乐乎的那些题目,不仅使得绝少偏见的学者感到厌烦,更伤害了政治经济学本身的信誉。如果一个学科新的花样层出不穷,旁观者自然要怀疑这个学科了。由此推论,如果经济学家对于如何开始他们的研究工作达不成一致意见,他们就不会对经济学的进步做出什么贡献。”我们在争论中花了不少力气，但有什么民间机构或什么机制帮助我们形成一致的认识？或者如果暂时不能形成一致的认识，我们总该使争论有所深入吧？好像很难。我们不是怀疑学者们的诚意，而是对我们的学术氛围表示疑虑。

或许我们这些人已经很难投入精力研究和讨论经济学方法问题了，但更年轻的一代该补上经济学方法这一课。希望他们从读这本书开始。

翻译这部著作的确有很大困难，作者的文字比较艰涩。翻译拖了很长时间，每天也就能译出千把字。翻译过程中还要参考其他一些背景资料。虽然我们很努力，但翻译的错误一定仍不可避免。我们期待学界的朋友向我们指出翻译中的错误。我们两人的分工是，序言、1—5 章、9 章由党国英翻译，6—8 章、10 章由刘惠翻译。

目　　录

第一版前言

下面所列题目的实质内容，将在第一章导论中做详细讨论，因此，一个冗长的前言是不必要的。关于方法的扼要讨论主要出于一种学术兴趣，还不能直接与我们有关经济现象的知识联系起来。但是，我们也不应该允许这种讨论使得我们对实际经济观察的重大意义变得模糊不清。

每一位专攻经济学的学生在专业课学习中对本书的论题必须予以关注，论题对于回答现实经济问题的间接作用是无可置疑的。不幸的是，几乎每一个与政治经济学范围和方法相关的问题，都与现有观念相冲突，争论难以调和。因此，那些已经熟悉经济学方法文献的读者，将会发现有几章的特点或多或少存在差异。同时，对于存在争论的问题，我将避免做一个介入争论的角色，而尽可能不偏不倚地反映两方面的观点。我不会试图对相反的观点做出天衣无缝的调和，但我将证明，那些观点的对立的本质有时的确是被误解了，其范围也被夸张了。因为一个学科的范围和方法从来不可能在一开始研究时就得到令人满意的讨论，所以，关于政治经济学的大致范围的知识具有假象性质。我们将尽可能地选择一些人们熟悉的、较为简单的事例来说明问题。包含在本书草稿中的许多事例被删除了，部分原因是按照某种完整性的要求它们占的篇幅太大，另外的原因则是为了避免一些无关宏旨的争论。因为同一个问题需从不同角度看，所以一些重复就不可避免了；特别是因为经济学方法研究所产生的不同问题总是从许多方面相互联系，这种重复就更难避免了；特别是因为经济学方法研究所产生的不同问题总是从许多方面相互联系，这种重复就更难避免了。为了清楚地阐明问题，我在许多地方毫不犹豫地重复了一些东西，当然这种重复是要说明不同的问题。

我通过书中的引文和参考文献事实上已经清楚地向其他作者表达了我的尊敬，因此，尽管我从他们那里获得了帮助，但也没有必要在这里详尽无遗地罗列出他们的姓名。然而，对于马歇尔和西奇威克两位教授，我还是要特别感谢，他们的著作对我的帮助之多实在难分仲伯。我更要感谢马歇尔教授、马歇尔夫人、威廉·欧内斯特·约尼科尔森教授，他们以仁慈之心读了这本书的清样。他们的批评和建议非常有价值，使得我从多方面更加完善了自己的思想。

约翰·内维尔·凯恩斯

1890 年 12 月，于剑桥

第一章 导论

第一节 研究政治经济学范围和方法的本质与意义

在经济和经济的(economy and economic)字眼中存在一种歧义,这种歧义使得目前关于政治经济学本质的认识存在大量混乱。完成任何一项行动,只要尽可能地节约了金钱、时间和力气,人们便说这项获得是经济的。而经济则意味着慎重地和明智地使用我们的各种资源,以便我们从这些资源中得到最大的净效用回报(maximum net return of utility)。

但是,这些词的使用并不总是指在金钱的量入为出方面进行理性的考虑。在政治经济学的著作中,经济的一词一般简单地被用作实际财富(substantive wealth)这个形容词的对应语。例如,说到一个经济事实(economic fact),总是一个与财富现象有关的事实。说到经济活动(economic activities),总是意味着人类直接进行财富创造、分配和积累的活动;说到经济习俗和制度,也是人类社会关于财富的习俗和制度。

在上述意义上,政治经济学或经济学便是一个与经济现象有关的学说的整体。下面我们将讨论这些学说的特点与范围，以及适应其发展的逻辑方法。确认一门学问的范围，观察的目标首先是确定它的研究对象的明显特征，以及把握这个对象所需要的知识类型。确认范围还需要考察问题研究本身和那些与之有关的知识分支之间的关系。顺便说到方法，我们便涉及应用逻辑的一个分支，其目的是决定专门服务于研究工作的逻辑过程的性质，以及决定受方法影响的研究结论的逻辑性质；逻辑过程的性质也即是观察的方法和观察所利用的材料。

下面的讨论属于被我们称作政治经济学的哲学或逻辑的东西，并不直接涉及我们关于经济现象的知识本身。因为这个原因，提出任何这一类讨论时，可能会使人感到某种烦恼。有人说，我们需要少谈方法，而多去注意正确方法的积极应用；需要不断刨根问底，增加可靠的经济知识，而不是耽迷于如何获取经济知识的方法论方面的争论。对这样的反对意见，逻辑学家会这样回答：研究问题总具有逻辑意义，即使它没有经济意义。但是，它也有经济意义。想一想就会明白，从政治经济学本身的观点看，对于范围和方法的准确理解具有实质性的意义。

首先，时下对于经济法则的本质的理解，存在着广泛的认识混乱。因为这个以及其他的一些理由，经济学家尽可能准确地把握自己研究领域的边界与内涵，应属当务之急。政治经济学究竟关注实际，还是关注理想；或者政治经济学仅仅回答“是什么”，还是也关心“应该是什么”，并且为了实现那些被宣布为理想的目标而制定规则，对这些问题是不应该有什么含糊的。即使理论的和实际的研究都已经包含在范围之中，清楚地区别这两者，搞清它们的关系，仍然要放在研究的首位。对这些问题的错误理解，会导致对经济事实本身的错误理解，并最终损害经济科学的权威性和影响力。

再说到方法，有人认为，不要去谈论什么样的观察方法是正确方法，最好是在揭示新的经济事实时发挥和应用正确方法。但是，我们能预先假设问题的正确性么？长期以来，因为我们先对观察工具做了研究，还由于我们有了应用它们的合适的方法以及由这些方法所产生的种种结论，我们才节省了研究的时间。单就推理方法的使用而论，如果不存在这种方法发生效力的条件，那么，推理所获得的结果的效力也就没有保证了，经济知识由此不是长进，而是要倒退了。

产生推理结论的过程影响结论的性质与价值，什么样的结论被接受，取决于各种条件和限制。如果结论完全是经验性的，那么它总在某种程度上有存在的可能性；观察结论建立在大量事实的基础上，而事实材料的收集受时间和空间的影响，我们的观察结论不能离开时间和空间。在另一方面，如果结论来自演绎推理，那么，在结论赖以成立的假说被证实以及推理条件被肯定之前，结论就不可能是一个真实的存在。似乎可以认为，李嘉图的主要弱点是他没有清楚地了解自己的方法的真正意义。在表达观点时，李嘉图少了一种应有的慎重，未能避免以错误的概念影响自己的读者。

毫无疑问，为构造一门学问而提出正确的方法是一回事，而成功地把这门学问建立起来是另一回事。同样毫无疑问的是——如同奥地利经济学家门格尔（Menger，Carl）所评论的，科学的创造和革命是由那些不停地钻研科学方法的人们所推动的。即使他们没有清楚地意识到自己在使用正确的方法，或者没有转过去研究这些方法,但他们的成功仍可以归结为正确方法的运用。据此来说,我们在评价他们对学科发展本身的贡献之前,先应该仔细分析他们的方法。

经济学的方法是否应该被讨论,这不应当成为问题。然而,其他学科的逻辑在有关逻辑或方法论的一般著作中都做过充分讨论。一来见之于学科本身的性质,二来由于外在的因素,更详细地考察政治经济学的逻辑是有多方面特别理由的。

首先,与自然科学所研究的现象相比,经济科学处理的现象更加复杂,更缺少一致性(uniform)。经济学的结论除过一些最抽象形式之外,既缺乏确定性,又没有普遍性,不像物理学法则那样。而涉及经济研究的方法,有一种类似的难题;确定经济推理效力(validity)的条件与限制的困难,更显出特别的复杂性。在一个学科领域中,突出一种方法而排斥别的方法,是不可能的。不同的方法是否能够调适,取决于研究材料是否合适,观察达到什么阶段,观察的目标是什么;因此需要判别各种方法适用的地方和相对的意义。

较详尽地讨论经济学方法的真实原则的另一个理由,是因为错误的推理在经济学中比在其他学科中更为常见。这部分原因是经济学所关注的对象极其困难和复杂。经济学要处理的现象是日常生活观察到的事物,充满了复杂性;经济学缺少技术术语,人们的日常对话不能给经济学提供这种术语。一个并非虚假的事实是:人们以为他们自己不需要经过预先的科学训练就能够理性地认识经济问题,不论它是多么复杂;而在其他学科领域,预先的科学训练对于研究工作是十分关键的。不经过充分的科学准备而谈论经济问题的愿望之所以强烈，是因为经济条件对于人们的物质利益有强大的影响。尊敬的沃克(General Walker)先生说："几乎没有什么人胆大妄为到要向化学家或机械师通过终身学习和劳作而积累的知识挑战；但是，几乎任何有读写能力的人都自以为有权利就贸易或货币问题提出和坚持自己的主张。连续多年来的经济学文献，包含了具有科学精神的著作，也出现了一批对经济史一无所知、对经济观察不屑一顾的最平庸也是最臭名昭著的著作。此种情景真好像占星术与天文学之间、炼金术与化学之间的你追我逐。"一般而论，鲁莽的概括和不知所云地吵来吵去，就开始成为大众经济学的普遍倾向。伴随这种情形的是，对基本概念漏洞百出的分析，思维的混乱，以及把错误命题看作不证自明的公理；在这些场合，演绎推理被派上用场，但不管推理发生效力所必要的条件是否存在，推理的结果就被拿出来了。

还需要指出的是，由反对派划出的壁垒分明的界限，以及他们的狭隘的教条，把整个问题搞得更加复杂化了。被争论的不亦乐乎的那些题目，不仅使得绝少偏见的学者感到厌烦，更伤害了政治经济学本身的信誉。如果一个学科新的花样层出不穷，旁观者自然要怀疑这个学科了。由此推论，如果经济学家对于如何开始他们的研究工作达不成一致意见，他们就不会对经济学的进步做出什么贡献。

在讨论经济学方法的学者那里，最为常见的错误可以说是相互不通气的错误。鉴于经济学研究分门别类地发展，适合一个门类的方法就会受到这个门类的重视并逐渐会应用得多起来，而其他方法则也会受到其他相关门类的重视，但相互之间却有门户之见，甚至相互排斥。由此看来，争论的双方说好一点都算正确，说不好就都是错误的。对于被拒绝的方法的批评，常常建立在误解和混乱表述的基础上。那些为使用方法辩护的人本来也没有幻想方法能创造奇迹，而批评者却对方法有一种苛求；每一派解释自己的方法时所依从的条件与限制（qualifications and limitations）总是受到另一派的轻视。因此，在方法论的争吵中，与门户对立这种错误相伴随的，或者由这种错误引起的，是流行开一种先歪曲对方论点然后再驳斥对方的恶劣做法（ignoratio elenchi）。在下面的论述中，我将试图公正地评论经济学家们所能够利用的所有不同的观察研究工具，同时我还将注意分析每一种方法的局限性。

第二节　政治经济学概念：作为一门实证的、抽象的和演绎的科学

关于经济学方法争论的要旨，可以通过对两个存在广泛差别的学派的大略比较来描述。一个学派把政治经济学看作是一门实证的、抽象的和演绎的科学，另一个学派则把它看成是一门伦理的、现实的（realistic）和归纳的科学。必须明确指出，这种明显对比在每一派别的那些第一流的经济学家的著作中是看不到的。这些经济学家讨论同一个问题时，他们所使用的方法具有广泛的、真正的一致性。但是，一旦涉及他们各自工作的不同方面，他们对一些重要性的评价就不同了；而在他们对方法的正式表述中，这些差异就被放大了。

亚当·斯密没有讨论过经济研究的正确方法问题；因此，他的

观点只能从他对问题的研究的过程中抓到。事实上，尊崇他的学说的人代表了上述两个学派。人们认为，是亚当·斯密第一次把政治经济学提升到了演绎科学的殿堂。但是，他也被看作是政治经济学的历史方法的奠基者。

存在这个明显矛盾的原因显而易见。演绎推理与归纳推理之间的转换，在亚当·斯密那里总是天衣无缝。考察财富现象，如果有什么方法可以借助，亚当·斯密是决不会拒绝的。为了通过实例证明自己的观点，只要有合适的场合，他可以求助于人类本性的基本事实，也可以求助于工业生活的复杂事实。他相信事物的“自然”秩序，这种秩序可以从一般判断中演绎出来；但他更经常地用实际历史过程来检验自己的结论。他从一种抽象上升到了他所处的经济世界的真实的复杂状态。因此，如果通过演绎推理他提出了工资均等化趋势的学说，那么，他还会用归纳研究的方法揭示出阻碍或限制这种趋势的因素。如果他提出增进富裕的“自然”过程，他还会做一种历史观察，用以揭示富裕的增进过程是一种什么样子。如果他主要基于抽象方法而谴责地方产业保护，那么他还会以具体事例和多种多样的分析来证明自己的观点。

在斯密著作中明显存在的归纳方法，可以在他的继承者马尔萨斯（Malthus，Thomas Robert）那里看到；而李嘉图（Ricardo，David）继承和发展了斯密抽象演绎的方法。后来英国学院派经济学家将这两位最具有特征性的东西兼收并蓄（assimilate），而真正给后人的研究工作在方法论上打上明显烙印的，是李嘉图，而不是马尔萨斯。

西尼尔（Senior，Nassau William，1790—1864）和 J. S. 穆勒

(Mill,John Stuart,1806—1873)这两位是将经济学方法加以总结并使之形式化的英国经济学家。西尼尔的观点在他到牛津大学当教授之前的一些概括性讲演中已经形成,后来也见之于他关于政治经济学的论文之中。穆勒写了《政治经济学的一些待解决的问题》和《逻辑》(第六本),包含了他关于经济学方法的观点。凯恩斯(Cairnes,John Elliot,1823—1875)的《政治经济学的逻辑与实质》详尽讨论了方法论问题,这本书以其明白晓畅的特点而受到人们的喜欢,并因其对逻辑问题的讨论而长期成为英国政治经济学的权威性教科书。巴奇霍特(Bagehot,Walter,1826—1877)关于英国政治经济学公理的论述以及关于政治经济学初学者指导的论文,集中在他出版的《经济研究》中,他的论文在某些方面也具有代表性。

这四位作者在原则上有些许差别,但他们都同意,政治经济学之所以是一门科学,是因为它在方法上是抽象的和演绎的;在范围上是实证的(positive),而不是伦理的或应用性的(practical)。下面我们对他们的具有特征性的命题做一个简短的总结。

首先,要在政治经济学本身与它在实践中的应用划出一条界线来。政治经济学的功能是观察事实,发现事实后面的真相,而不是描述生活的规则。经济规律是关于事实的本来面目的定理(theorems),而不是现实生活的实际规范(practical precepts)。换句话说,政治经济学是科学,而不是艺术或伦理研究的分支。在竞争性社会体制中,政治经济学被认为是立场中立的(standing neutral)。它可以对一定行为的可能的后果做出说明,但它自身不提供道德判断,或者不宣称什么是应该的,什么又是不应该的。同时,它的最重要的价值与经济科学的现实应用相联系,而且,它还要求经济学家关注经济学的现实应用，不过，这不是出于一个纯粹的经济学家的自身特点的要求，而是出于一个社会哲学家的要求；作为一个经济学家，也应该拥有社会哲学家所拥有的必要的理论知识。应该承认，如果在政治经济学的理论本身与它的应用之间划出界线来，那么，应用问题的社会与伦理方面就不会被当作不入流的东西而受到轻视了，而它们的确可能具有很重要的意义。

就政治经济学在整个科学体系中的地位而言，政治经济学还没有被认为无法从一般的社会哲学划分出来。经济活动完全可能受到其他各种各样的社会活动的影响，反过来，经济活动也有可能影响其他社会活动。但是，在一定意义上，把财富问题与其他社会问题分开进行研究是可能的。的确，从科学研究的要求来说，这样的孤立研究是必要的；科学依靠分析具体现象而获得进步，在研究中总是把构成事物整体的不同方面和不同要素分门别类进行处理。因此，经济科学形成了一个社会科学研究独特的、虽然不是完全独立的分支。

说到科学发现必须借助的手段，因为经济现象所受影响的多样性和复杂性，个别经验或直接归纳的方法对于超越效力不确定的经验概括，是很不充分的。此外，实验是经济学家不能使用的资源。于是，我们不应该把对具体经济现象的分析作为我们的出发点。相反，正确的行进方法是演绎，或者按照穆勒的话来说，是"priori"（演绎）。被演绎科学作为基础的不可动摇的最终前提(ultimate premisses)在数量上是有限的，因此，重要的是开头不能出错。在一定程度上构成经济现象的事物在数量上是不确定的，其中一些事物的影响程度超过其他而占据优势。那些占优势的事物构成了人类本质的简单的无可争辩的事实——例如，人的经济行为受到人追求财富的欲望的支配——好比土壤的物理属性和人的生理学构造一样。[①]

政治经济学据此在主要方面被认为是一种抽象的科学。因为在数量有限的基本假设下导出结论，政治经济学忽略了许多因素，这些因素对于个别案例是重要的，但与出自大量现象的例证相比，就不重要了。除过追逐财富这种欲望之外，其他的动机当然也存在，并在不同的情形下决定着人的经济行为。然而，这些动机决不能成为需要考虑的第一位的东西，因为这些动机的影响是散在的、不确定的和不可靠的。据此可以认为，经济科学主要的学科范畴(principal subject-matter)“经济人”这个抽象完全是合理的和必要的；经济人的活动完全决定于其追逐财富的欲望。这个道理还可通过与物理学和数学的比照来说明，这两个学科也建立在相应的抽象范畴的基础上。[②]

因为同一个理由，政治经济学被穆勒和凯恩斯当作一种假说。因为它的前提并没有穷尽影响其结论的所有可能性，其法则仅仅

① 然而，学说的应用需要到什么程度，还是有一些观点上的差异。巴奇霍特认为，英国政治经济学学说并不适应于一切社会，只适应于相当发达的社会，以及与当今英国的发展特征相类似的社会。凯恩斯也有时谈到过经济观察的相对性。另一方面，西尼尔曾评论道，关于自然和财富的原理是普遍适用的；尽管涉及财富分配的原理易于受到特定国家的特定制度的影响，事物的本质状态还是可以用一般原理来描述的，而且，由特殊干扰因素所产生的例外情形总还是可以解释的。换句话说，在巴奇霍特把政治经济学的前提仅仅与特定时代和国家的经济习惯与制度联系起来的时候，西尼尔把它们看作是本质的、几乎是无条件独立于时代和国家的。

② 穆勒和巴奇霍特在经济学推理中尤其主张高度抽象。巴奇霍特不只一次说“政治经济学不是谈论真正的人，而是谈论假想的人；不是谈论我们所看到人，而是为了方便谈论我们以为是的那种人。”(《经济研究》第5页)。

只是一种假说，其他发生相反作用而影响结论成立的因素（counteracting agencies）都被舍弃了。同样的意义还可以这样来表述：政治经济学只是一种揭示趋势的科学，而不是说明实际事务；它的目标是发现和探究某种重大的作用力量，好像这种力量独立起作用，没有别的什么东西发挥任何干扰性的影响。①

西尼尔用这样一句格言总结自己的观点：比之观察，政治经济学更依赖于推理。然而，穆勒、凯恩斯和巴奇霍特都主张，在政治经济学的设定法则被用来说明和解释具体的经济事实之前，让观察和经验发挥作用还是必要的。因为，如同研究个别案例一样，必须搞清楚需要在多大程度上考虑那些干扰性因素的作用，也即影响经济现象的小的因素的个别修正作用。通过与实际观察相对照，可以检验那些由演绎推理得出的结论，并确定它的应用可能性的大小。所以，一方面，个别经验的方法被认为对于经济规律的发现是完全无效的，也不能对这些规律的效力提供独立的支持；另一方面，个别经验的方法又是对构成政治经济学框架的演绎推理的不可或缺的补充。

上述被几位作家范式化了的关于经济学方法的学说，需要拿他们的经济学原著来解释，甚至在某些方面是确认。通过对他们的著作的研究，我们发现，他们的实际所做与他们的理论不完全一致；从他们的原著我们得出结论，他们表述自己关于方法问题的学说时，在态度上过于绝对，并在总体上夸大了政治经济学的抽象

---

① 西尼尔断言政治经济学原理只有在不存在干扰因素的情况下才具有真实性，但他仍然把政治经济学看作实证的、并非假说性的科学。他的意思是说，政治经济学的前提不能任意假设。

性。他们非常确定地坦陈政治经济学的演绎方法已经达到了一个什么样的阶段，而他们自己的著作在处理经济问题时则远远够不上他们所设定的标准。

正如西奇威克（Sidgwick，henry，1838—1900）教授所指出的那样，穆勒以及这一学派的其他经济学家总是应用一种归纳的和分析的方法；在这个研究方面，演绎推理因素反倒居于次要的地位。穆勒从经济学方面仔细讨论农民所有权（peasant proprietorship）时，更像一个归纳经济学家。毫无疑问，在他的分析中也有一种基于心理分析资料的演绎的因素，如把所有权的影响推及到农业和能源方面。但是，即使在这一点上，他仍然大量使用进行归纳分析的材料，他的一般观点主要依靠对农民所有权的实际作用进行归纳的和比较观察的方法，他的资料来源于法国、瑞士以及其他能够大量地观察到制度作用的国家。凯恩斯在他的《奴隶权力》（*Slave Power*）这本书中，分析了奴隶劳动的一般经济性质，通过对事实认真的归纳研究提出了一些重要的经济学论点，而演绎的方法几乎没有采用。

当然，关于穆勒学派所研究的分配和交换的一般理论，是建立在抽象推理基础上的；但即使在这里，穆勒学派作家们（在本章注释里我们已经提到了他们）也还是倾向于夸大他们自己的方法的特别之处。他们没有远离现实经济世界的具体事务（concrete realities），还远不至于使得他们对政治经济学的描述引导他们的读者去脱离现实而陷于幻想。如果认为他们所构造的学说整个出于人类本性的少许基本法则，则是完全不符合事实的。无论如何，为了构建他们的和谐性（consistency），他们最好的经济学研究的一大部分应该被看作是对政治经济学发现的实践性修正(practical modifications),而不是提出这些发现本身。

包含在穆勒《论文集》里的方法理论,与他的《原理》中的实践性内容之间,有特别明显的对比。前者的“经济人”概念具有核心的和广泛的意义,而在后者中,这一概念的作用就不值一提了。还有,在他的《政治经济学原理》中,穆勒很明确地论述了这些原理本身,还论述了这些原理在社会哲学方面的应用。他在这本书的序言中说,他的愿望不只是要提出抽象的政治经济学学说,还要涉及更多的东西。他的目标是囊括“一个远超出政治经济学范围的题目广泛的思想领域,并将此作为一个抽象思考的分支。”从最广泛的意义上说,对道德和社会的关注受到了应有的重视;但要发现一个以伦理手段处理经济问题的一个好的例证,实在太难了,而在“劳工阶级的可能的未来”这样的题目之下反倒有可能拿出好的例证来。

第三节　政治经济学概念:作为一门伦理的、现实的和归纳的科学

早期的有系统性研究基础的作者对经济学方法的强调,特别是英国对政治经济学抽象性意义的强调,引起了一种相反的思潮,这种思潮产生在德国,代表人物是罗雪尔(Roscher, Wihelm Georg Friedrich,1817—1894)、希尔德布兰德(Hildebrand,Bruno,1821—1878)和克尼斯(Knies,Karl,1821—1898)。这两个学派因此有了较为明显的区别,有时分别直接被称为英国学派和德国学派。这个称呼有一种简明的好处;考虑到英国和德国经济学

家19世纪中叶在方法问题上的著述，这种称呼不是没有道理的。然而，也不应该太过于在字面上看待这件事情。上一节提到的在方法问题上的学说，完全不能反映英国经济学的全貌。特别是，英国经济学家费力气挖掘了大量的历史的和统计的资料，如果只看到方法方面的论述就不能对此做出评价。对于那些坚定地信守英国学派传统的当代经济学家，只是在宽泛的和修正的意义上认识关于方法的学说。此外，所谓德国学说，且不论它的起源在哪里，已经不再是任何国家的特别拥有的东西。例如，德国学说出现在美国新兴经济学学派的著述里，但美国学者不承认新的运动只是一个德国运动。甚至在英国，反叛的精神很早就在理查德·琼斯(Jones，Richard，1790—1855)身上表现出来；在最近一些年，更强烈的反对呼声由克里夫·莱斯里(Leslie，Cliffe)和其他学者发出来了。另一方面，在使用高度抽象的方法研究经济问题的著名学者中间，也包括了几位德国学者，例如有冯·屠能(Thunen，Johann Heinrich von)；最近，奥地利出现一个新学派，非常强调政治经济学抽象研究方法的必要性。[①]

鉴于前面已经做过的解释，把罗雪尔和克尼斯归为德国学派

① 维也纳的卡尔·门格尔是德国学派观点后来发展的主要代表人物。参考他的《社会科学的观察方法及其对经济学的特殊意义》。他主张，一方面有必要区别理论政治经济学与经济史学和统计学，另一方面也有必要使之与政治经济学的应用区别开来。他批评了占统治地位的德国学派对抽象方法的错误理解，以及他们对历史的过分强调。他还指责德国学派试图把理论政治经济学引向伦理学的方向。在一系列有强烈论辩性的书信中，他直接批评施莫勒。这些书信被冠以《德国国民经济学的历史主义的错误》出版发行。布拉格的埃米尔·萨克斯(Sax，Emil)在基本点上同意门格尔的观点，但也以温和的形式表达了自己的观点。他极为强调纯理论的重要性。参考他的《国民经济学的知识与任务》。

是比较方便的。下面一段话简明扼要地说明了这个学派关于政治经济学的方法和范围的基本观点。①

与英国经济学家相比，德国学派所认定的政治经济学的范围更加广大；它不仅谈论"应该是什么"，也谈论"是什么"。在这两种研究方法之间划出一条明显的界限来，实际上是不可能的。他们认为，不存在由凯恩斯抓住不放的那种纯粹实证的政治经济学科学。

德国学派自称是伦理的，它把政治经济学看作一个很高的伦理目标，认为政治经济学应该关注人类生活的最重要的问题。政治经济学不能仅仅分析产生经济行为的各种动机，也应该评价它们的伦理价值的高低。政治经济学应该确定一种好的财富生产和分配的标准，使得公正与道德的需要被满足。它还必须提出一种经济发展的理想，这种理想包括了物质的生活，但更重要的是精神的和道德的生活。政治经济学还应该讨论实现理想的方法和手段，诸如端正思想动机，普及经济生活中的良好规范和健康习惯，以及政府的直接介入等。②

德国历史学派的另一个特点，是他们的支持者强调政治经济

① 后面的论点参考罗雪尔《德国国民经济史》(esp，pp. 1032—1036)；克尼斯《从历史方法角度考察政治经济学》；舍恩贝格(Schönberg)的论文《国民经济》(见他的《手册》§ §1—13)；瓦格纳的《国民经济系统》(国民经济与统计年鉴，March 1886)。新德国政治经济学是由罗雪尔、希尔德布兰德和克尼斯在1842—1853年间奠定基础的，对这一发展过程所做的评论，参见科恩(Cohn，Gustav)的《国民经济体系》(§ §108—122)，另见阿什利(Ashlley，William James)《经济学中的德国学派》(见《帕尔格里夫政治经济学词典》)。

② 应该注意到，涉及一个学科的范围上的差异，可能在很大程度上仅仅是纸面上的。某一研究者可能把一个东西包括到学科之中，而另一学者则可能把这个东西作为这个学科的应用；但不能认为后者忽视了这个东西，或者说不把它当一回事情。

学的社会方面，以及经济现象和其他社会现象之间的相互依从。他们认为，因为这种相互依从的存在，除非政治经济学与其他社会科学各领域紧密结合起来，否则就难以对它展开研究。因此，研究工作必须有现实性。如果仅仅是从实际经济生活的复杂现象中进行抽象，那么经济学家就将非常贫乏。经济学家推理的主体，不应该从只有追逐财富一种动机的抽象的“经济人”开始，而应该从现实的人开始；现实的人受多种动机驱使，受到他所生活的那个时代和社会实际条件的影响。与这个理论特点相联系，他们强调经济学说的相对性。生活的经济条件多种多样，支配人的行为方式的规则也因此丰富多彩。

至于经济学知识赖以扩展的推理方法，受到极端重视的是对实际经济世界的不断的个别观察，并据此概括出一般结论。因此，德国学派也被称为归纳学派和统计学派。又因为在建构政治经济学时特别重视历史资料的意义，它更多地被称作历史学派。他们认为，探究过去，才能更好地理解未来；将不同历史时期和不同国家的经济条件做比较，才能充分明白经济学说的局限性，才能使经济学家免除片面的和狭隘的教条主义。因此，研究经济变革的过程在历史学派那里受到很大重视。

还需要指出，源自对政治经济学范围和方法的独立认识，主流的德国学派与老一代的英国经济学家对于政府干预和自由放任的态度也不相同。但是，对这个比较我还没有直接使用最新的经济文献。

我们将会看到，上面提到的一些特征决不是相互独立的。在某些情况下，联系非常紧密。例如，我们的观点越是现实，借助历史和统计的必要性就越是明显；历史方法必然导致对经济学说相对性的认识，现实的观点与社会的观点也就联系起来了。政治经济学的伦理概念强调所有其他观点；事实上，如果政治经济学直接关注“应该是什么”是理所当然的，那么其余多数问题就可以给出下面的说法。[①] 从各种特征相互依赖这一点可以看出，在讨论各种各样有争议的问题时，重复是不可避免的。因此，在下面的讨论中，即使我们只是在讨论一个个很特别的问题，一些同样的基本点还是要反复出现，但这些基本点出现的背景是不同的。

在新的学派内部，具有差异性的风格和倾向也值得注意。这个学派的更前卫的成员不满意对历史方法的强调，但他们走得更远，干脆拒绝其他方法的帮助，除非用其他方法做个点缀。他们不是简单的改革者（reformers），而是革命者；因为他们宣称要对政治经济学来一个脱胎换骨的改造。依他们的说法，以往的政治经济学无什么价值可言；只有通过方法上的彻底转变，政治经济学的未来才有希望。旧的学说，以及创造这个学说的旧的方法，要被扔到一边，扔得越干净越好。施莫勒（Schmoller，Gustav，1839—1917）教授和英格拉姆（Ingram，John kells，1823—1907）博士可以作为新学派的代表性前卫人物。前者区分了政治经济学和经济史学，或者至少主张把政治经济学放到了经济史哲学（philosophy of economic history）里面。尽管英格拉姆也有相同的革命倾向，但他的目标有所不同，他把政治经济学归到了普通社会学。

德国学派中的更温和的支持者所采取的立场（包括罗雪尔本

① 不过，我们将指出，相反的观点也不能说在理；换句话说，不通过价值判断而采取一种研究经济问题的现实态度是可能的。

人的立场)与前述前卫人物有明显不同。他们风格稳健,态度中庸。在强调政治经济学的历史观察方法的同时,他们也承认结合使用其他方法的必要性;在把政治经济学的现实观念看作一个整体的同时,他们也承认抽象的价值,至少在一定的准备阶段是如此。他们在旧的基础上接受了许多十分典型的旧结论。阿道夫·瓦格纳(Adolph Wagner Heinrich Gotthelf,1835—1917)教授可以被看作是这个新学派中最温和群体的主要代表,他认为演绎和归纳方法在经济学中都具有意义。他说:"这是两种方法:一方面是从心理动机出发的演绎——首先是从个人利益动机开始的演绎,然后是从其他动机开始的演绎;另一方面,是对历史的归纳,对统计的归纳,以及对不大准确、不大确定,但却必不可少的一般观察和经验的过程的归纳。依靠这两种方法,我们研究政治经济学的不同问题,并尽我们所能去解决它们。"①

---

① 见《经济学季刊》(vol. 1., p. 124),在瓦格纳的《政治经济学教学手册》(vol. 1., p. 17)中,他进一步表达了同样的看法:"这不是一个完全改变演绎方法的问题,也不是一个用归纳方法完全替代它的问题。达到后一个目标是不可能的;如果达到这样的目标,那一定错误百出,什么目的也达不到。问题在于使演绎过程得以改善,把发展建立在一个好的深刻的心理基础上,并求得原理的更好应用,以解决实际问题。还须指出,要时刻注意演绎的前提,对决定方法可应用性的必要的限制决不能含糊。一言以蔽之,关于方法争论的真正解决,不是在演绎或归纳之间做出选择,而是承认演绎和归纳。每一种方法应该视需要解决的问题的本质之所在而决定是否应用;如果有可能——并非总有可能——两种方法应该结合起来应用,尽管具体情形总是两个中的某一个更显重要。"冯·希尔(von Scheel)博士表达了同样的观点,他说,不同的方法是可以为解决经济问题服务的。"我们应该使用演绎和归纳两种方法。最合适的方法随着需要解决的问题的本质的变化而变化。"(舍恩贝格的《作为科学的政治经济学手册》,§3)古斯塔夫·科恩也有类似的说法。他说,那种认为不需要演绎,而仅仅依靠历史的或统计的资料就可以满足科学需要的观点,与另一种与此相反的观点同样是极其片面的,另一种观点是认为从基本假说开始演绎推理,整个科学大厦就可以建立起来。(《国民经济学基础》,p. 35)E. R. A. 塞利格曼(E. R. A. Seligman)博士代表新运动的美国支持者写道,走了极端的那些德国人"的确过头了,他们不适当地低估了英国学派的工作,过于偏执教条地否定了任何一般法则形成的可能性。"(《经济科学讨论》p. 21)

第四节 片言只语不能充分描述政治经济学的方法

归结一句话，我们不应该夸大古典的英国学派和新学派之间的对立。前者更生动地分析了政治经济学的抽象问题，并在关于方法的著述中自始至终讨论这些问题。后者则更生动地分析了具体问题，并把重点放在了英国学派总是忽视的所有问题上。但是，严格地说，差异仅仅是一个程度问题。当我们拿当代最好的经济学家在解决问题时的实际研究过程做一个比较，我们就可以发现那种对立已经在一个很小的程度上，而这些经济学家有的说他们属于新学派，有的则说他们满足于被划到旧学派一边去。①

至于后面对这些学说如何解释，这里先提出下述看法就够了——尽管我们强调经济研究中演绎方法的意义，而且也反对那些宣称必须要重构政治经济学的新学派的支持者所表露的非历史的精神，但我们仍然不打算详尽地说明老学派学说的合理性，对后者穆勒和凯恩斯已经做得很好了。片言只语不能充分地描述政治经济学的方法；没有哪一种方法能说自己不需要与其他方法相配合。相反，只要看看政治经济学的个别分支或某个方面，合理的方法既是抽象的，也是现实的；既是演绎的，也是归纳的；既是数学的，也是统计的；既是假说的，也是历史的。

① 1890 年，当这本书的第一版出版的时候，这一章所提到的争论渐渐变得平缓了；从 1890 年开始，经济理论家和经济史学家的相互理解有了一些改善。参考阿什利教授《关于经济史的研究》。（《观察：历史与经济》，pp. 1—21）

第二章　政治经济学与伦理和习俗之间的关系

第一节　经济学的一致性、经济理想和经济说教：三者之间的关系

说到政治经济学的范围，没有什么问题比它与实际生活的关系更重要，在一定意义上也更困难了。在理想与实际之间，它究竟要解决哪方面的问题？它是一种求得理论解释实际(investigation of uniformilities)的一致性的实证科学，还是一种依据自己的目标而决定行动的实际规则的手段？例如，涉及竞争对工资的影响时，什么是政治经济学的真问题？需要探求这种影响的严格内涵，并回答在多大程度上或在什么形式上竞争行为影响其他因素或被其他因素影响？或者，竞争结果在道德上的意义能被证明么？又在多大程度上竞争行为通过相互合作(combination)而被补充，或通过直接政府干预而被替代才是合理的？

这里提到的区别的确是三重的，而不是通常暗含的是二重的。经济现象的真实状态是共生的和有序的，当我们的研究进入状态时，在既定的和假说的条件下，我们仍然不得不考虑对某些内容做

进一步解剖。另一方面，经济活动和条件的社会价值，要通过研究经济理想(economic ideals)和确定标准来判断；而完全实现给定的目标，必须服从于对经济规律的研究，即服从于对一些原理或准则(maxims or precepts)的认定。[①] 例如，只要涉及利息的支付，首先一点，我们要有实证研究，搞清楚在一定经济条件下支付利息的原因以及确定利率的因素。其次，要回答诸如利息是不是应该支付，如果应该支付，公平利率是多少这样的问题。最后，对支付利息要不要干预，如果需要干预，那么废止它还是使其接近一个公平的标准，对此，我们有没有最好的办法？这些问题也需要回答。

另一个例子来自税负方面。考察税负方式(incidence of taxation)本身就是一项实证研究，不同税负形式对相对价值的影响也是一项实证研究。换句话说，这些研究涉及事实本身。涉及不同范畴的问题，我们要区分两方面的问题，一是理想的税负水平的

---

① 还有一种区别，即由学生圈子说出来的格言与这些格言在不同国家的实际立法中的真实结果之间的区别，但这里不需要对此做详细讨论。甚至这个区别也总是不能被清楚地了解。例如，布拉姆威尔勋爵(Lord Bramwell)在不列颠协会(British Association)的F分部的主席就职演说时，就把这个问题搞混了，他说："什么是增加一个社会的财富的最好的办法？这是一个社会必须研究的问题。社会将要为创造财富制定规则，也就是说要制定法律。这就是政治经济学。亚当·斯密不是第一个政治经济学家，尽管他被看作当今流行的一些法则的缔造者。但是，在亚当·斯密之前，这些规则就已经存在；因为它们中的好些是错误的，因此受到不少反对。有过这样一条规则——尸体应该裹在毛织品中被埋葬。法律被用来确定工资；法律还被用来反对囤积居奇(regrating and forestalling)，还别忘记那个高利贷法。你不能否认这些是经济法则，因为你认为它们是错误的。"这里提到的法则在任何意义上都不能被看作是政治经济学的法则。即使政治经济学被看作是一种手段，这个手段的说教也应该区别于政治家们和财政部长们的实际活动，尽管他们的活动会具有说教的法律外观。

决定问题，另一是在更狭窄更严格意义上的税负规则的决定问题。如果税负公平是我们的目标，那么在什么意义上是我们的目标，为什么是我们的目标，这算是一方面的问题；另一方面的问题则是用什么样的规则才能实现最接近公平的税负目标，这些规则涉及累进税制度的采纳以及直接税和间接税两者的恰当结合等。

上述诸问题之间有密切的联系，问题的性质本身是清楚的，并且属于知识系统中的不同领域。有的属于实证科学，还有的属于规范或规制(normative and regulative)科学(与伦理有关，但不属于伦理学的分支，也不属于所谓应用伦理学的分支)，其余的则属于一种手段，而不属于现代意义上的科学。

在此处讨论的意义上，实证科学可以被定义为关于事物本相(what is)的系统化的知识门类；[①]规范的或规制的科学，则可以被定义为关于判别事物是否具有可取性(what ought to be)的标准的系统化的知识门类，它关注人的理想，而与实际状况无关；[②]至

---

① 标志这种类型问题的实证这个字眼的使用，是不能令人满意的；凯恩斯和其他一些人使用这个字眼时，取与假说(hypothetical)这个词相反的意义，但这两个词并没有对应的意思。然而，要找到毫无含糊之意的词是很难的。假说这个词在一些方面看是很好的，有时用起来很方便。但是，在某些地方要避免使用这个词，它会被认为有一种与实际(actual)这个词相反的意义，而真正对应的两个词分别是理论和事实(theory and fact)。或许前面提到的几方面的问题与实际问题很少有甚或没有关系，当然也和事实真相没有关系。西奇威克在他的《伦理学方法》中使用了思维的(speculative)这样一个词；但这个词与理论的(theoretical)这个词相比，更暗含了某种不确定的东西，和远离日常生活的东西。因此，在现在的意义上，最好不要使用这个词。

② 应该特别注意到，一个知识领域不能归属于与科学相区别的手段的范畴，简单说是因为它所关注的是“应该是什么”。逻辑和伦理学都是科学，尽管它们分别只关注正确的(right)推理和正确的行为。在后面的讨论中，只要拿科学与手段相比，并且没有进一步的条件限制，那么，我们所考察的一定是实证科学，而不是规范科学。

于手段，则是实现给定目标的一个规则系统。[①] 实证科学的目标是建立一致性(uniformities)，规范科学目标是为了确定理想，而手段的目标则是产生出准则。

政治经济学到底被看作是一门实证科学，还是一门规范科学，抑或是一种手段，再或者是三者的综合，这在某种程度上是一个命名和分类的问题。因此，把经济研究中的问题从它们所属的三个领域区别清楚，是非常重要的；搞清楚它们的相互关系也是非常重要的。常常可以看到人们把这些问题搞得一团糟，并由此产生了许多愚蠢的错误。

在下面的讨论中，我将努力证明，分析独立于经济理想的经济一致性，且不产生经济准则，既是可能的，也是能达到目的的，虽然其中逆命题不能成立。可以认为，如果这个看法是正确的，我们至少应该把只关注事物真相、寻求经济法则[②]的决定的政治经济学

---

① 为了避免误解，还应该指出，亚当·斯密和他同时代的学者，以及当代的经济学家，在使用科学这一词语的时候，并没有顾及我们上面所提到的科学与手段的区别。他们把科学看作是任何一种系统化的知识，而不论它们包含了理论命题还是包含了实际的行为规则。然而，只要在英国，现在最好的权威学者是在狭窄的意义上使用这个词的。

② 我们这里在科学的意义上而不是在法理学的意义上使用了法则这个字眼，以后我们还要在这个意义上使用它。我们把法则看作是一个定理(theorem)，一种一致性的表述，而不是一个由制裁所强加的命令。供需法则，李嘉图的地租法则，格雷欣(Gresham)法则(即劣币驱逐良币法则——译者注)，等等，可以提供上述意义上的经济法则的样本。这些法则的效力纯粹是一个理论问题，我们对这些法则的态度不(或者决不应该)受我们的伦理的或政治的观点的影响。但只要我们开始制定规则以约束政治家和立法者，情况就不同了。在我们呼吁公平贸易或自由贸易时，在我们为劳动时间的法律限制或土地国有化辩护时，或者在我们为自由贸易的一般政策而斗争时，我们就已经进到了一个更高的阶段。政治经济学被看作是实证科学，在此基础上所进行的考虑，仍可以形成我们政策立场的立足点，但这些考虑又不能不受伦理的和政治的因素的影响。

这门科学当作一个基础。进一步的问题是，我们是不是也应该承认广义的(不是狭义的)政治经济学包括了(a)试图决定经济理想、并被称作政治经济学伦理学的一个伦理学分支；(b)试图产生经济准则的政治经济学手段。

第二节 离开道德判断和经济规范构造，研究经济法则或经济一致性的可能性

前一章已经指出，在某个经济学流派中滋生了一种倾向，赋予政治经济学以鲜明的伦理学特征，不去努力把理论科学和实践科学的两种研究路子区别开来。更有人认为这种区别是不可能的。瓦格纳教授在清楚地划分实证问题和伦理问题的同时，否认二者在研究中可以分开，虽然他也认为这二者的研究与手段的研究可以分开。他提出了下列五个问题(其中前两个按照上面定义属于实证科学的范畴，第三、第四个属于规范科学的或伦理科学的范畴，第五个属于手段的范畴)，这五个问题构成政治经济学的一般性问题：(1)经济现象的描述；(2)对经济现象原因的解释；(3)确定一个衡量社会道德的标准；(4)确立一个经济增长的目标；(5)对于达到目标的方法与手段的考察。这些问题中的前四个，他以为其联系太多以至于难以区分。只有第五个，他考虑，能与其他问题区分开来，因为它处理的是关于一种手段的实际问题。[①] 瓦格纳干

① 《经济学季刊杂志》(*Quarterly Journal of Economics*, vol. I., pp. 124—128)。

脆没有指出区分其他几个问题的可能性。例如,冯·希尔(von Scheel)博士评论说,政治经济学的历史、理论和手段形成了一个不可分的整体。①

但是,如果再想一想就不会怀疑,没有什么铁定的理由使得我们不去做伦理价值的判断或确立一个经济增长的目标,就不能描述和分析经济现象,尽管反过来说未必成立。例如,很清楚,在我们知道自由竞争的结果之前,我们没有办法知道自由竞争在多大程度上接近我们的理想。在我们判定需要什么样的政府调节和政府干预作用会有什么样的副作用之前,我们不能说自由竞争所带来的效果通过政府干预或自愿联合的调节,将会令人满意。然而,我们能够成功地观察到在竞争支配下的经济现象的本质,而不需要拿它与任何理想的标准去比较。我们也能够正确判定干预作用(诸如法律、舆论以及自愿联合等)而不是竞争作用所发挥或能够发挥的效果,而并不需要回答获得干预成功应该如何去推动才令人满意。②

在他的《政治经济学基础》最新版(1892)里(§§ 57—64),他有点画蛇添足,把上述第一和第二项内容归为第三个理论问题,称作类别发现。这里出现了一种对称的有趣的结构,其中有三个理论问题,三个实践问题。就在《基础》这本书里(版本同上),瓦格纳似乎更倾向于承认将三个理论问题分开讨论的可能性,尽管他主张完整地研究任何经济问题都离不开这六个方面。这个应该被允许,但我们同时也可以区分严格意义上的经济科学、政治经济学伦理学和应用经济学。

① 舍恩贝格的《手册》(vol. I., pp. 71—72)。

② 讨论科学与手段之间的联系,搞清楚逻辑的顺序与历史的顺序是必要的。经常有人说,按照逻辑顺序,科学先于手段,而按照历史顺序则相反。其原因是,在思维真理的实体(bodies of speculative truth)系统化地形成之前,对于产生于人的实际需要的行动方针的需求已经被人们所认识,并努力被满足。在任何成熟的生理科学出现之前,关于药物的经验性手段已经存在。的确,正如乔治·克尔尼华·刘易斯爵士(Lewis,

对于不做伦理判断或形成经济规范而研究经济一致性是可能的这个命题，事实上不需要拿什么来证明，涉及它的争论很容易被抓住，以致说点什么来支持它而又不显得狗尾续貂，就很难了。然而，对于基于错误的理解而发生不能从普遍的认识中确定事实真相的困难，我们还是可以给出解释的。可能的解释是，研究经济法则的任何努力，如果没有做出伦理价值判断，也没有参照试图达到的理想，就一定会导致对道德考虑所具有的任何经济意义的否定。为了追寻理论的纯粹性，政治经济学在最糟的意义上变得不道德了，其倾向是为经济活动确立一个独立于道德法则的空间——这些指责的确对于19世纪中叶的英国经济学有特别的针对性。

如果要从哪一个时期英国第一流的经济学家的著作中发现什么能够支持这个指责的证据，的确很不容易；但某种证据却可以从那个时期经济科学的大众传播者的倾向和态度中找到。去找一找

George Cornewall)所指出的："任何学科的纯科学研究，如果不试图建立实践法则或行为规范，那么，这个学科的研究就走到了尽头。"(《政治学的逻辑与观察方法》，19章，§5)但是，我们已经说过，在逻辑顺序中科学先于手段，所以我们不能满足于为行动方针制定规则，而把关于事物本相的知识放在一边。因此，当这个知识在别处不能发现的时候，手段的研究应该去发现它，如同它自己的研究那样，以使科学与手段双双同时成立；不过，这两类研究仍然没有得到确定的区别。严格地讲，与其说在历史顺序的意义上手段先于科学，不如更准确地说，在开始时此两者之间并没有明确的界限。根据我们可以找到或已经找到的关于手段的早期文献.其中科学定理或深或浅已被提出，这就证明了作者所解释的那些规则。当亚当·斯密把政治经济学看作一种手段的时候，国家财富的一大部分有了科学的形式。这里所倡导的政治经济学体系——"自由天赋权利(natural liberty)的简单明了的体系"——本身没有包括任何精心构筑的规则章程。亚当·斯密主要是想在科学的基础上驳倒其他理论体系，建立属于他自己的科学基础。因此，他的前三本书，范围再大一点还包括第四本、第五本，基本上是对实际现象关系的讨论和解释。关于这一点，请参阅西奇威克《政治经济学原理》的导言和第2章。

他们发生错误的原因是有用的。那是一个不必揪住不放的错误。没有什么比下面这个说法更令人悲哀了：经济学家在经济研究中隐含着一种允许人们摆脱普通的公正与人道义务的主张。这种误解也许是因为经济学家认为在需求与供应之间存在不公正；但又不相信道德主义者和社会改革家能够解决这个问题。无需证明，经济活动或任何其他类型的人类活动都不能独立于道德法则。

但是，远不能认为这里讨论的错误的主观态度，是构造一个纯粹实证经济科学的努力的必然结果。另一方面，承认实证研究和规范研究都具有他们基本明显的性质，实在是一个错误；解决实际经济问题而不去理会它们的伦理意义，这个错误的根源也在这里。但竭力把两方面的研究系统地搞到一起，也一定不是解决问题的办法。从纯粹实证的观点看，道德力量的发挥应该加以考虑，——由于这一点未得到承认，便有了发生混乱的另一个原因，对此要引起特别的注意。当竞争的效果被正确地揭示出来并公之于众时，研究工作也就一锤定音了。

经常有人暗示这个意思，虽然还没有被经常挂在嘴上；但人们所谈到的无论如何只是实际上能发生什么，而不是希望看到什么发生。[①] 事实上，尽管竞争力量在经济世界发生了压倒性的影响，

① 在金斯雷（Kingsley，Charles1819—1875）的《奥腾·洛克》（Alton Locke，英国1858年出版的政论性小说——译者注。）这本书里，我们知道一个国会议员——可以是一个受尊重的哲学家、经济学家和自由党党员——会对一个劳工代表团说，他如果能帮助他们，他将是多么高兴；但这是不可能的——他不能改变自然法则——工资是由工人们自己的竞争来调节的，即由政治经济学法则来调节的，反对这个法则是发疯和自杀行为（第10章）。没有什么学说比这个学说更粗野的了。然而，这是政治经济学的第一流的学者教给我们的东西。J.S.穆勒强调说，“财富的分配服从于社会的法律和

它们并不具有这里所描述的普遍性和必然性，也不可能被道德化。经济现象依存于一个个独立的当事人的活动，他们的习惯性行为不仅受到法律干预的调节，也受到他们自己道德标准以及公众舆论带给他们的社会压力变化的影响；因此，涉及具体的经济事实，或者在经济世界中判断什么事情应该如何时，在一个假想的结局中是不可能拥有真理的。当然，在经济事务中，利他动机（extra-regarding motives）不像利己性格（self-regarding character）的动机那样强烈或稳定。然而，利他动机依然会发挥明显的影响，并随着社会责任感意识日益增强和扩散，这种动机的意义将更加重要。[①]

习俗，财富分配所服从的规则是由社会共同体中的统治集团的情感和观念所创造的，并且在不同的国家和不同的时代很不相同。如果人类还想做出选择，这个制度更仍然会千差万别。”（《政治经济学》，ii.1，§1）我们应该明白，“共同体的统治集团”不仅仅包括那些在立法中呼风唤雨的人，还包括那些能够控制公众舆论、对人的道德意念发挥影响的人。进一步参阅穆勒的《自传》，246 页，在那里，他说财富的分配依赖于人的意志，因此可以通过人们的努力加以改变。同时，描述财富分配法则的可选择性或专断性，需要慎之又慎，不可走得太远。例如，不可以为最高统治者的力量，不管它是民主的还是其他类型的政府，就可以为所欲为地对它的人民施加某种分配制度，而完全不考虑一般经济动机的影响，不考虑长期自然形成的、与共同体共生长的经济习俗和惯例。

① 在人民谈到供应和需求时，他们有时忘记了这是属于他们自己的、依存于人类意志的现象，而且，导致供应和需求变化的因素本身受道德条件的影响也在变化。要害就在这里。例如，因为社会良心被触动，当人们知道某种商品是在他们认为不道德的条件下生产的，他们将不会购买该商品。或者如果一个厂家因为对其雇员极不人道而臭名昭著，他们也将不会再与这个厂家打交道。这一类因素的影响已经十分广泛，厂家自己的认识也是这样。1888 年，伦敦几家大商号在英国上议院选择委员会（Select committee）异常愤怒地拒绝承认关于他们对自己的雇员实行血汗工资制度（Sweating System）的指控。不只一个公司提请委员会注意这样一个事实：“因为有这个面对他们的权威提出的指控，他们的业务活动受到伤害，他们公司受到诅咒。”

然而，设想经济现象由于上述理由而不能进行实证地研究，或者我们对经济现象的研究必然受制于对伦理价值做出判断，这仍然会使我们的思想陷于混乱。承认人们为自己树立的经济理想所发挥的实际的或潜在的影响，与人们对这些理想的客观价值的讨论，完全是两码事；我们对经济科学的研究必须保持严格的实证性（在我们现在使用这个词的意义上），同时，我们要详尽研究舆论的压力或公正、慈善和对大众福利关心的动机究竟能对经济现象发生什么样的影响。

人们争论说，政治经济学不能与经济学的手段分开，因为后者对经济发展的实际过程发挥了影响。[①] 在这个争论包含有实际因素，它往往被人们所忽视；但它也不能导出满意的结论来。人是会受到他们实际所做的事情的影响，而这样做是因为他们思想上认为应该这样去做；当法律和舆论强制实行经济规范的时候，经济规范将导致经济事实的改变。但是，如果不把实证性引入实践的观念，所有这些都无法得到考虑。例如，考虑一下关于高利贷和制定公道价格的非法性的学说对中间贸易的影响。研究这个影响的程度和本质，是一回事；而研究这个学说本身的效力是另一回事。尽管历史学家可以或多或少把这两种讨论结合起来，他们仍明确地承认逻辑上的分离。我们可以对这一节所讨论的内容做一个总结。正如心理科学承认道德动机的存在与作用而不借助伦理判断一样，政治经济学也可以承认经济世界中道德动机的作用而不成为一个伦理科学。

---

① 参阅 H.C.亚当斯（Adams，H.C.）的《经济科学讨论》，p.102。

第三节　承认严格实证的政治经济科学——建构经济学一致性的唯一领域

姑且认为在经济研究中把实证方法与伦理的和现实的方法剥离开来在逻辑上是可能的，但不能以为这样的剥离既令人满意，又天衣无缝。该指出财富的生产与分配方式对人类福利的影响是多么的巨大；也该强调那些构成经济学家观察对象的人类活动具有伦理意义这件事，这种伦理意义至少与其经济意义一样值得重视。毫不奇怪，政治经济学的伦理研究对于一丝不苟的学究具有强大的诱惑力。更不用奇怪，随着我们的社会同情心日益增进和强烈，限制纯粹实证研究的念头应该显出愈来愈大的不耐烦。

但是，在所有这些争论中，关键之处仍是模糊不清。没有人想要限制纯粹的理论研究。人们普遍认为，经济学对事实的实证研究的目的不在于自身，而是要作为现实研究的基础，其中伦理的考虑自然有其一席之地。问题不在于实证研究将完成和构造所有经济研究的基础，而在于要么它系统地与伦理的和实际的研究相结合，要么它继续独立地发展下去。

如果以科学发展的需要来论，诸种选择的最后一种最为适宜。如果我们满足于在一个时间里做一件事情，我们的工作将会更加认真，我们理论的结论与我们实际的结论将更值得信赖。在下面的讨论里，我们将更为详尽地说明为什么要明确地肯定实证研究的独立性。[①]

(1)把实证研究与规范研究放在一起来讨论这种想法，有可能妨碍我们对其中某一个问题做出清晰的不带偏见的回答。例如，如果我们对决定竞争性工资的法则的讨论一方面是为了说明公正工资的决定，而另一方面又要说明法则本身，那么后一个目标是难以达到的。的确，经济理论的价值只是由它与实际问题的关系来衡量；经济学家总是应该从实践出发，将最终的应用价值作为理论研究所追求的目标。但是，在用最终目标约束人们行为的同时，应把实证知识作为中间目标加以研究积累。如果经济学家不去系统地研究理论问题，而是在实践中遇到需要解决的重要问题时零敲碎打地求助于理论研究，那么，这样的知识也是不可能精确严谨的。如果经济学的科学基础是可靠的，那么，应该努力使实际问题至少是暂时隐藏的幕后，而长期来看，研究结论将因此更值得信赖。[②]

还需要指出，因为纯经济的现象自己无法显示出对实际问题

---

① 把实证研究与伦理研究结合起来，不同于把科学研究与手段研究结合起来。然而，两个问题有很多共性，因此，为了避免不必要的重复，我们将把它们放到一起来讨论。读者将注意到，在下面的讨论中，不尽人意之处会时不时地在两个问题的分析中分别表现出来，而结合起来讨论还是必须坚持的。

② 培根(Bacon，Francis)在一段被广为引用的话里，对那种很容易让人们离开纯科学而转向实际应用的急功近利的做法做过评论。他说："像阿塔兰特(Atalanta，希腊神话故事中的女神，善走，答应与追上自己的人结婚，但以死亡惩罚追不上者。另一神 Hippomenes 在竞走时扔金苹果在路上，Atalanta 去拾取金苹果被追上。——译者注)一样，他们怎么会中断自己的事业，转身去取金苹果，而使胜利失之交臂？但是在真正的研究以及获取新成果的过程中，上帝的智慧以及他缔造世界的过程会给我们提供榜样。在创世的第一天，上帝只创造了光，为工作给了一个日子，那一天没有创造物质对象。同样地，在每一种体验之中，先是做出关于原因和公理(Axioms)的发现，去追寻光，而不是苹果。但是，我们所真正发现的公理能够产生很多的实际的用处；并带来源源不断的实际影响。"(《新工具》，Novum，Organum，Book I.，Aph，70)

的答案，所以，要么我们对问题的解决方案将是不完备的，要么实证的经济科学将充斥一些不能引起我们兴趣，也不能切中问题要害的空泛之说。[①]

(2)把理论研究与实际研究结合起来，有可能把大众的似是而非的判断理论化为一些经济现象的本质。被规定为纯科学定理的东西，总是被看作一种对现实具有指导意义的普遍真理。尽管经济学家自己反复抗议，甚至提出经济学原理的人本来的打算也只不过是要作实证分析，而不是要告诉人们该怎么去做，但在大众之中仍有一种根深蒂固的倾向，以为政治经济学原理是人们行为的主要准则。因此，由于在经济理论中人们的买卖行为通常被假定受自利倾向的控制，政治经济学便被以为在劝说人们追逐私利；还

① 邓巴教授(Dunbar，Charles Franklin，1830 — 1900)十分强调政治经济学学院式研究中的严格的科学立场的重要意义。他说："研究经济法则，如同研究重力法则一样，是一种极为严格的科学研究；经济法则的确定属于大学里面竞争的事情。是的，大学存在的一个伟大目标，是在这一类研究中培养人的心智，使人们获得知识长进。但是，对于一些既涉及法律政策，又涉及人们的自发趋利活动的混合性问题，就不属于大学的一声宣告能够解决的问题。的确，这里也涉及科学问题，如同它们涉及其他许多问题一样；但它们的解决不是一个科学判断的手段。相反，它是一个政治手段问题，只是需要经济科学、法理学和人本身的自然性质的研究的点拨。嵌入以往的重大问题的历史故事，无疑是大学研究的目标；以持久不衰的专业兴趣揭开一个个历史谜团，是极为有价值的专业训练。但是，大学的任务不是以权威的口吻宣布它在历史个案研究中的政策发现，这些历史个案的发生所依存的条件是不确定的和暂时的。日常生活中大量的货币和实业问题，在复杂现象的分析以及实际材料的搜集与评价中，会提供最好的实际的资料；但是，在研究问题中，所有这些只是帮助获得才智，而不是解决问题本身，而解决问题才是关键。大学要成功地发挥其功能，它可以为解决与立法和行政有关的问题提供科学论据；但是，如果这些论据与构成实际决策的基础的其他材料搅和在一起，从大学教授那里发布出来的进一步的评论，就不属于其职责所在的专业技能展示，而只能是一种专业之外的闲话(obiter dictum)，这种事情只会增加关于自发性趋利问题研究的困难。"(《经济学季刊》，July，1891，p.411)

由于许多经济规律建立在竞争公理的基础上，工会便被看作是违反经济规律的组织；又由于经济学认为在一个完全竞争的市场上价格由供求决定，所以经济学被认为是主张价格由供求来决定。类似这样的混乱在英国极为普遍，因为在政治经济学的历史发展中找到了某种根据，这门学科便在很大程度上被公众看作自由放任的政治主张。①

为了摒弃这个偏见，最好的办法是注意把经济规范与经济规范所赖以建立的实证科学的结论区别开来。如果理论研究与实际研究被系统地结合起来，这种区别将不再存在了。而且，如果承认我们对经济学的研究始终是伦理性的，我们自然会得到人们的理解，至少会被原谅。实际上，在每一件事情上表白一种伦理价值判断，并说得恰到好处，是没有可能性的。还要指出，众多经济现象的科学特征相同的时候，经济现象的道德特征却可以很不相同。

(3)还有一个理由，要说明为什么实证的政治经济学科学应该得到明晰的和独立的承认。随着知识的进步，人们关于经济世界中事物的状态或可能的状态的看法，是有可能取得一致的；而对于个人或共同体行动所遵循的规则，要取得一致性意见，就比较难了。对于前一种研究，只是涉及对事实判断的一致意见；而对后一种研究，理想的冲突以及实际的或可能的观点上的差异，都妨碍取得一致意见。例如，就有社会主义与个人主义对立的问题。即使哲学家们之间在事实判断方面是一致的，他们仍然对这个问题可

① 政治经济学与自由放任学说的联系将在关于这一章的结论的附录中进一步予以讨论。

能会给出不同的答案，因为他们关于人类社会的理想是不同的，关于此二者能够实现个人自由的保障能力的看法，也是不同的。

如果从理论视角出发认为政治经济学已经获得了很好的进步，那么，将所有导致争论的非本质的或不成熟的因素抛到一边，便是很有意义的。可以有把握地认为，政治经济学原理的讨论越是独立于伦理和现实方面的考虑，这门科学就越能尽快走出争论阶段。伦理学闯入经济学只能导致已有的争论不断扩大并无休止地延续下去。如果对经济问题的伦理考察是系统的、彻底的，而不是情绪化的、浮躁的，那么，基本的伦理问题即作为长期争论主题的那些问题——例如，像公正基准的决定以及这个基准与一般实用主义标准的关系这类问题——是不能被排除的。然而，我们有必要只在最后一个阶段才去面对这些问题，有理由建立一个独立于这些问题的实证的经济科学。

在政治经济学这个用语还没有被进一步规定之前，它作为实证科学的意义是什么？我们下面将讨论这个问题。①

经济学家在做自己的理论研究时，应该注意完全不涉及实证结论的伦理的或现实的意义，这些实证结论才是他所要确立的主

① 作为一个实证科学的名称，经济学或经济科学要优于政治经济学，前者不大可能被含混不清地使用。然而，政治经济学这个名称非常深入人心，已经难以被抛弃了；因此，我们便不加选择地使用这三个名称。要承认，政治经济学这个字眼的含糊之处，也会是其他两个字眼的含糊之处。例如，坎宁安博士（Cunningham，William，1849—1919）在他的《经济学与政治学》里就没有区别“经济学”和作为一个公理体系的“经济科学”。他说，“经济科学总体上是现实的，除非它发挥一种指导人们追逐财富的作用，否则它就没有必要存在”；经济学的原理因此可以被看作是（体现在商业体系或自由放任体系中的）现实原则，这些原则陈述了一种方法，使人们借以达到目的。关于经济政治学这个概念的使用，以及对这一节所讨论的主题的进一步分析，请参阅本书 53 页注①。

要目标。这种孤立研究一般被以为是行不通的。的确,有一些现实问题,特别是货币流通与金融问题,其中的经济属性是如此重要,而理论与现实的联系又是如此直接与交融,拒绝一并考虑理论研究的现实意义好像显得有点过分迂腐,也还会产生没必要的重复。归结起来说,如果我们提出了伦理价值判断或现实应用问题,就应该被看作是偏题,而不能以为我们在述说经济学命题(dicta),不能把它们当作经济科学本身固有的和重要的组成部分。换句话说,理论和现实的研究不应该被系统地搞到一起,或者被杂糅在一起,而这正是那些宣称政治经济学是理论和现实研究的不可分的一个整体的那些学者想做的事情。①

第四节　应用经济学

强调经济科学所能提供的理论知识的重大现实意义是多余之举。只有在这种理论知识的基础上,产业政策与金融政策才能被正确实施;我们无论准备建立社会理想,还是打算采取切实的步骤去达到目标,认真研究各种经济条件下产生的经济后果都是必不可少的前提。

---

① 严格坚持经济科学观点的经济学家,被批评没有应用一致原则,因为把政治经济学描述为一门实证科学之后,他们继续在他们的论文中大量涉猎伦理的和实际的问题[参阅德瓦斯(C. S. Devas)《经济学向伦理学的回归》,见《国际伦理学杂志》,1897 年 1 月号]。然而,如果他们的研究只是偶然地通过举证而涉及伦理和现实方面的问题,如果他们始终记住他们的首要目标是研究事实本身,那么,缺乏一致性的情况是不会发生的。我们所期盼的是,不要把经济学与伦理学系统地搞到一起,不要把经济法则的本质搞得模糊不清。

因此，这里就产生一个问题：如果独立的经济科学的确是存在的，那么是不是经济学家就不需要通过建立一套确定的政治经济学手段(其中清楚地构造了一套指导现实的操作模式)来补充他们对这门学科的研究？

为了深入讨论这一问题，需要指出，如果引导经济学家关注他们自己领域确实存在的某些实际问题，那么，他们更有可能将自己的理论研究转向最为实用的方面，使得他们不仅仅能提供一般理论，还能为理论的应用做出贡献。

还需要指出，借助对政治经济学二重性的清楚认识，同时认真区别政治经济学分别作为一门科学或作为一种手段的不同的立足点，我们将能很好地纠正那种极为普遍的关于经济规律真正本质的错误认识。①

然而，即使我们承认系统地研究经济科学的现实应用问题是令人向往的，我们还是可以怀疑政治经济学手段这个片语是否没有暗示一个在范围上确定的、同时自身又是完备的学说，尽管真正具有这些特性是不可能的。经济理论的现实应用各种各样；建立在政治经济学研究基础上的各种规范性认识，也会由于采取个人的，或民族的，或世界性的观察点而不同。把这个看法放到一边，一个更为严重的困难从人们普遍认同的事实中出现了，这个事实是：现实问题很少会仅仅依靠经济的办法得到完全的解决。是的，在某几个方面——如货币金融方面——为了判定一个已知建议的

① 这是西奇威克教授为清楚地区别政治经济学的科学性和手段性而提供的主要理由之一(《政治经济学原理》，1901，395 页)。

经济后果，我们确实需要得到充分的信息，才能就建议的取舍做出正确的抉择。但是，更多的情形不是这样的，经济以外的一些东西也需要考虑，例如税收问题，或政府与产业和贸易的关系问题，或共产主义与社会主义计划的一般讨论等等问题。需要考虑伦理的、社会的和政治的一些方面的问题，这些问题存在于作为一门科学的政治经济学的范围之外。

因此，如果手段仅仅限于政治经济学的现实应用，且纯粹而又简单，手段的规范将难免缺乏固定不变的性质。这种规范将只能依条件变化而有所不同。同时，这里有一种危险，即这些规范的假说性质可能被忘却，经济学家可能把一切非纯粹性的经济思考不当一回事。

另一方面，如果手段试图对现实问题提供一个完整的解决方案，那么，手段必须在很大程度上是非经济的，其范围将是模糊的和不确定的。因此在构造经济学手段的努力中，有人反对炮制一种人类行为方式的绝对的规则；正是经济学家着急要占领更大的地盘，构造一个所谓经济学说体系，而这个体系远超出了经济范围，并且也不可能从它与一般政治和社会哲学的分离中得到什么好处。[①]

搞清楚政治经济学手段的问题，在一定意义上说是一个字面上的问题。如果关于手段的作用范围以及它与实证经济科学的关系的一切可能的误解能被消除，这个问题相对而言就不很重要了。然而，总的来说，要形成一个清楚的思路，就要按照各种关系本来

① 政治经济学作为一种手段，要给它划定一个确定的范围，存在一定的困难。对此所进行的更详细的讨论，参见本章的一个附录。

的意义，把所进行的研究看作是发现政治哲学或立法手段或社会哲学的经济内涵，而不是去构造一个独立的政治经济学的手段。为替代手段这个范畴，我们应该搞清楚政治和社会哲学的特殊分支，并研究各种现实问题，其中，经济研究揭示财物的意义，经济知识在这种研究中扮演重要角色，经济学家将把自己的注意力转向这些现实问题的研究。通过这个替代，我们仍然可以在应用经济学的名称下总结经济科学的更重要的现实分析能力。这个名称有一种特殊的好处，它没有暗含那种充满科学边界约束、内涵确定的一整套原理。①

① 然而，应该指出，应用经济学这个名称还是有些模糊。一种科学被应用有两种情况：首先是对特殊事件的解释；其次是提供行为方面的指导。应用经济学或应用政治经济学这个字眼的确在三种不同的情况下被使用：(1)在教科书的意义上使用。(2)把陈述和解释特殊的经济现象作为经济理论的应用，但并不就现实问题的解决提供任何必要的参考文献。(3)从充满各种经济学推理的更为抽象的理论中，分离出更具体、更显特殊性的部分。参考下列几种说法：

(a)“为管理事务提供可靠手段，或为经济制度改革提供意见，以达到增进一般福利这样的直接目标，需要研究经济现象，这便是应用政治经济学的使命。因此，它的直接目的是现实的，它不研究一定事件如何和为什么发生，而只去关心怎么样做好一件事情。”[科萨(Cossa，Luigi，1831—1896)：《政治经济学研究指南》，英文版第1版，Part I，Chapter 2]另参考 Comewall Lewis 对纯粹政治学和应用政治学的区分(《政治学的观察与推理方法》，Chapter 3，Section 5)。

(b)“后面的论文有一些是应用经济学原理来解决实际问题的，其中，涉及加利福尼亚和澳大利亚的黄金发现的文章、爱尔兰土地保有期的文章，是最为重要的。把很多论文看作应用政治经济学的论文，或许是合适的。其余的文献主要涉及理论方面的文献”(凯恩斯，《理论政治经济学与应用政治经济学论文集·序言》)。在应用政治经济学名称之下，上面提到的应用的两种类型，都在这里做了分析。

(c)“货币、银行、劳资关系、地主和佃农、贫困以及金融，是应用政治经济学的主要部分所涉及的内容，所有这些方面又都涉及同样的基本法律，但它们发生的条件又极不相同。”[杰文斯(Jevons，William Stanley)：《政治经济学的未来》]。在这个最终意义上的应用经济学，可以被看作是经济科学本身的具体的而不是抽象的一部分。

如果我们愿意，我也可以谈及某些现实研究问题，诸如产业立法的手段，税收或政府财政的手段，等等。人们对这些说法本身没有异议。在每一种情形下，我们都会有一套清晰的、较为严密的学说，而且并不意味着我们的依据只是经济的。我们要用一系列手段，去替代政治经济学的那个最高手段概念，其中每一个手段都确定了经济活动的某种特殊领域的边界。

第五节　政治经济学与伦理学

现在，可以更简明地说明政治经济学和伦理学的关系了，虽然我们仍不免要重复已经讨论过的问题。我们注意到，因为人的经济活动部分地决定于道德的因素，在实证经济科学中考虑道德动机的作用是必要的。然而，科学的功能不在于研究伦理判断；因此，政治经济学作为实证科学可以说独立于伦理学。

但是，如果我们转向经济科学在实践中的应用，即应用经济学，情形就不同了；因为涉及人的行为，解决实际问题的办法没有什么可以认为是完备的，除非我们考虑到伦理方面的因素。很清楚，关于经济问题的现实讨论，不能与道德准则相分离，除非我们的目标仅仅是经济事物的现实关系，而不去对确定绝对的行为规则做任何尝试。还要指出，尽管过去某个经济学流派有一种倾向，试图把关于道德准则的充分理解抛开，而去解决现实的经济问题，但目前这种倾向在有些影响的经济学家中间已经不明显了。

在这里，从最广泛的意义上说，已经是经济研究的第三个分支了，我对此一开始就做了区别。从逻辑上说，这个分支应该是另外两个分支的中间环节，即实证科学与所谓手段之间的中间环节。它可以被看作是应用伦理学的一个分支，或者也许可以叫作政治经济学的伦理学。其中经济学家和伦理学家的作用被结合起来了，社会道德的一般原理在其经济活动的特别意义上得到了考虑。①

在这项研究中，我们的目标是科学地界定人与人在经济往来中所应承担的义务，尤其要科学地界定社会的责任，因为社会责任意味着控制或改变经济条件。换句话说，我们要努力确定一些标准，借此对经济活动做出判断，而这些经济活动的特点已经由我们事先的实证研究发现了。进一步说，我们要确定一种涉及财富生产和分配的理想，以满足公正与道德的需要。最终是要确定应用经济学或所谓政治经济学手段的功能，而需要研究的问题则是如何接近理想，用什么办法接近理想；以及在上述条件下确定如何以最小的支出换取最大的福利。

有一个典型问题，是中世纪伦理学家提出来的，他们要研究公正价格的构成是什么，这属于政治经济学的伦理学。例如，出售物品时价格在其价值之上，是合理的吗？出售物品时其质量、性状以及数量并不是如其出售者所表白的那样，是合理的吗？出售者有义务指出所售物品的毛病吗？贱买贵卖合理吗？当代学说是，在完全竞争条件下，正常的价值由生产成本来决定，这是一种实证科学的分析。伦理问题的真正的解决办法，例如公平价格的构成问

① 可以在政治经济学的公共道德准则与私人道德准则之间划出一条界线来。就后一类问题的研究，W.理查蒙（W. Richmond）先生的一卷充满说教的《宗教经济学》堪称范本。还可以参考坎宁安的《货币投资伦理学》（《经济评论》，1891.1）。

题的答案，可以认为竞争性的价格将是公平的价格，其条件是竞争诸方面都是自由的，竞争本身也是有效的。或者也可以认为，这里就没有一个理想的公平价格，并且在实践中找不到公平价格。在某种程度上，关于生产成本是正常价值的调节者的学说，已经包含了这里提到的思想。

第六节　本章内容的方法论意义

我们可以对这一章内容做出扼要的总结了，需要讲的话是强调概念区分的意义，这种区分我们已经进行了讨论。要注意的主要问题是，我们不仅在一般经济问题的研究中容易把规范性研究与实证性研究搞混，就是在方法问题的研究中，也难以避免这种尴尬。在对问题的研究中，我们究竟是采取伦理的和现实的立场，还是采取纯科学的立场，会使我们关于观察方法的相对价值的评价迥然不同。所以，人们一般认为，在研究现实问题时，抽象的研究方法就不那么得心应手了；抽象方法更适应于处理理论问题。换句话说，在处理现实问题时，我们在很大程度上应依靠历史的和归纳概括的方法。

再者，经济学的一致性与经济学规范二者在许多情况下与特殊的社会状况有关，后者较之前者，其一般联系的性质更不容易把握。詹姆斯·斯图亚特先生说："政治经济学在每一个国家必然是不同的"，他这样说，指的是政治经济学的手段；涉及现实问题，他的这个说法并不过分。对这一类问题，几乎总是可以从两个方面认识，现实的决定所赖以产生的依据，往往莫衷一是，并引起争议。

但这些争议的相关意义总是随着条件的变化而变化。因此，一般来说，对于有特殊的经济环境，并达到一定的经济发展阶段的那些国家，给定的经济政策是一定能够制定出来的。政策应用于不同的国家，大概至少要做出修正。对一定时期的一个国家是好的东西，对另一个国家便可能是坏的东西，甚至对这个国家在其他经济发展阶段上也可能是坏的东西，这种情形是完全可能的。因此，依同样的道理，以往时代的经济制度的价值，不可能依现存条件得到充分的估量。我们不是正在这里否定经济规律的相对性，而仅仅是确认经济学规范(economics precepts)的更大的相对性吗？要不是在心里仔细地区别法则与规范(theorems and precepts)，前者的相对性或许就要被夸张了。

正是因为这种差异经常被忽视，人们关于方法问题的争议就变得突出了。在由此而引起的争论中，争论的一方所主要考虑的是理论问题，而争论的另一方考虑的是现实问题。结果，争论的每一方极有可能交替地用歪曲对方论点的手法来驳斥对方。

再者，因为经济学总体上被看作是现实性的学科，所以一些学者错误地否认经济学说能够有准确的或确定的表述。这种观点暗含的意思是，经济研究只能产生出一大堆还算派上用场的结论(rules)，但这些结论的效力和可应用性却受到严格限制，还离不开大量的假设和例外的规定。即使我们承认这个说法并非完全不适用作为一种手段的政治经济学，但有一点毫无疑问是荒谬的，即认为对于经济学规范是真实的，那么对于经济法则也是真实的，对二者干脆不做任何区别。

诸如此类的错误，正是我们在这一章花工夫讨论许多细微问题的一个借口。后面几章几乎完全用来研究作为实证科学的政治经济学的范围，而这个科学系统的方法也将系统地加以研究。

附录 A　关于政治经济学与自由放任

政治经济学和自由放任之间的联系，可以从两个不同的方面加以讨论，而这两点并非总是得到清楚的区别。首先政治经济学和自由放任的联系被当作一个假说或者理性的基础；其次，政治经济学和自由放任的联系被当作一种行动准则。

(1)抽象的经济学说，大部分以自由竞争和政府不加干预为基本假设。最近这 120 年以来，这个假设在政治经济学理论的发展中的确拥有一种不可替代的中心意义。这种局面的产生有两个原因。首先出于一个一般的理性原则，即简单的事实是最好的事实。如果准确地判断经济自由条件下将发生什么，那么我们将最终更善于处理复杂的事实，并估计不同的干预作用所发挥的影响。第二个原因是，在现代经济社会里，自由放任作为一般准则，已经是一个明确的事实。建立在不干预假设基础上的结论，要比其他可能的假设所产生的结论，更符合现代产业的基本事实。

除此之外，从理性基础出发，政治经济学与自由放任之间并没有实证性的联系。经济学家承认，在不同状态下的社会，不论是实际的还是可能的，其条件与现代社会的产业迥然不同，不干预并非是最恰当的。进一步说，涉及现代产业本身，处理最复杂的经济问题终归是必要的，其中，对完全竞争的干预将不得不加以考虑。因此，自由竞争的假说仅仅适用于一个初步的阶段；凭借这个假说的帮助,我们仅仅跨越了漫长的经济理性成长道路的一个站点。

想一想就知道,政治经济学并不总是预先假设政府干预是不存在的。考察一下进出口关税的效果,社会救济以及政府垄断的效果(如在孟加拉的鸦片垄断)吧。再看一看政府所保证的对穷人救济的行动对工资的影响吧。还有,几乎所有的关于货币的讨论,例如关于复本位制以及可兑换纸币制度的讨论,都与自由放任的假说相去甚远。讨论中的例证说明,对货币的某种控制是由政府实施的。简而言之,只要政府干预在什么领域成为明显的事实,经济学家就会承认和讨论它的影响;今后只要政府在经济事务中的作用进一步扩大,当代政治经济学就不得不对其加以重视。

有时,人们对社会主义的社会与经济国家(economic state)的社会做了区分;但这种区分一经表述,经济这个词就与经济学家自己所认同的意义相分离了。的确,在一个纯粹的共产主义社会,大量涉及分配与交换的普通经济理论将变得毫无意义或者不再具有应用价值。但是,尽管在这样一个社会里人们的经济活动在某些方面会受到控制,但要经济活动消失是不可能的;因而,关于经济活动的讨论将仍然是必要的。例如,资本的功能以及它与劳动的合作方式将仍然需要得到解释。生产成本将仍然需要分析,而且我们还将仍然会有报酬增加或减少现象。的确我们也将仍会有租金现象,即不同条件之下的生产成本的差异现象。

此外,区别于纯粹共产主义的社会主义计划,还不必要完全取消自由交换。因此,在这个计划之下,交换理论将仍是必要的。如果不是我们的社会主义共同体相互分隔,将还要讨论一些更为复杂的问题,如国际贸易和国际兑换。

最后，即使一些旧的经济现象不再存在，仍然会产生一些新的需要进行科学研究的现象。

我们是可以在用来解释现存经济秩序的当代政治经济学，与那种解释社会主义社会的科学之间做出一种对比的，但如果要认为因为社会主义的胜利就会取消作为科学的政治经济学，那就完全错了。

(2)让我们再来考虑政治经济学与作为一种行动准则的自由放任之间的联系。问题与我们刚刚讨论过的有所不同。很清楚，我们一方面可以为了不相信自由放任作为现实原则而去研究自由放任的后果；或者另一方面承认考察政府干预的经济效果的必要性，但却因这种干预的事实总要发生而感到遗憾。

尽管问题没完没了，但因为自由放任被当作一般经济原理，它也就被看作必不可少的经济准则。直到最近，这种思想上的混乱由于一些事情受到鼓励，一些著名的政治经济学方面的当代学者在实际教学中提倡对贸易和工业不进行干预的一般性政策。因此，从把政治经济学看作关于财富的立法方面的一般性手段开始，大众越来越把它看成是将政府干预减少到最低限度的特殊制度；而自然权利的准则——每一个人都应该获得思想的自由，身体的自由，以及处理财产的自由——经常被看作基本的经济学公理。

政治经济学因此变成了教义原则（dogmatic creed），研究的价值本身取决于它被这个教义所能够接受的程度。把政治经济学等同于不干预原则是如此普遍，以致我们经常看到对政治经济学的专业性批评，也就变成了对自由放任的批评。比如，可参考 H. 谢林博士（H. Stirling）在他的《黑格尔的秘密》中那些锐气实足的攻击①。同样,当人们谈论政治经济学的解体不再时髦的时候,他们都说的是自由放任不再是可接受的准则了。很清楚,笼统地批评政治经济学,而不是批评它的哪个特殊的体系,真是愚不可及。因为特殊的体系解体,只不过使得它们被新的体系所替换。

若把政治经济学看作一门实证科学,那么很清楚,不论自由放任还是其他什么行为准则,均不能构成它的内容的一个不可分割的部分。一些经济学家对自由放任的倡导——这种倡导还大概以经济学家传播经济真理的天职为根据——无论如何应该算是应用经济学的范畴。前面已经说过,英国的主要经济学家在他们的应用性著作中无一例外地赞成自由放任。但是,做一个仔细分析可以发现,他们在赞成这一原则时总是有许多限制和例外的说明。他们没有把它看作是不可动摇的、最终会受到验证的公理,相反,他们把它看作一种现实的结论,其效力如何要依具体情况而定。②

例如,亚当·斯密主张,除过维持诸如国防和司法行政这样的公共制度之外,政府还有责任为促进商业和鼓励教育而维持某些机构。他评论说:"国王或联邦政府的第三个和最后的责任,是建立和维持公共的机构和公共的生产组织,这些机构和组织尽管对社会有利,但却不能产生足以回报个人或集体的投资的利润,因此,不能期望会有个人或集体建立或维持这些机构和组织。"他还承认了一项关于自由贸易政策的例外情形;他直言不讳地指出,在

① 第二卷,569 页,另参考 Carlyle 对政治经济学的批评。

② 凯恩斯(Cairnes,John Elliot)说:"我们不要忘记,自由放任是一个现实准则,而不是科学教条;如同其他的较为稳定的准则一样,这一准则也不排除例外。总之,这一准则决不会阻碍人们去进行任何社会或产业变革的尝试。"

某些情况下保护民族工业是需要的，还有一些情形也需要考虑：对某些外国货品的自由进口是否恰当，一些外国货品在中断进口一个时期以后恢复自由进口是否合适。他还用具体事例分析了干预问题，他说："在一些不同的行业里，法律逼使工厂主付给公认货币，而不是生产品，是相当公平和公正的。"还有，他一方面认为对一个国家的纸币发行的干预"在一些情形下是对自然权利的违背"，但另一方面又认为，"一些制度如果以少数人的自然权利的行使为依据，可能是公正的；但如果它危害到全社会的安全，任何国家的法律都会予以禁止，不论这个国家是最自由的国家，还是最专制的国家"。[①]

马尔萨斯，这位英国著名经济学家，我们发现他是"谷物法"的保卫者。李嘉图只在不多的地方涉及了国家的经济作用；但麦克库洛赫（Mcculloch）这位通常被认为是最为刻板的李嘉图的弟子，明确地主张在某些方面进行政府干预，[②]而J.斯图亚特·穆勒（Mill，John Stuart）所列出的一长串关于自由放任的例外情形，更是早已为人所知。至于新近的学者，对于政治经济学与不干预原则之间存在基本的和必要的联系的观念，并非认为是理所当然。在当今时代，一个强有力的经济学学派的鲜明标志之一，是拒绝承

① 关于亚当·斯密对自由放任的态度，请参考西奇威克（Sidgwick，henry）《经济科学的范围和方法》5—7页。西奇威克博士说："由于亚当·斯密的贡献，关于个人之于绝对的产业独立性的自然权利的理论教条——如新近一些德国学者所讲的——将会从人们的内省感受中构造出经济学说的历史。"另参阅尼科尔森（Nicholson）教授的《国家财富》的绪论，以及Rae的《当代社会主义》1891年版，353—359页。

② 有不少麦克库洛赫赞成政府干预的例证，见Rae的《当代社会主义》，pp. 360—372.

认不干预原则；甚至那些在经济研究中发现反对保护和反对社会主义者立法主张的最严格的论点的学者，也还不打算要大家接受不受限制的贸易和产业的自由化政策，不打算把这种政策作为经济正统派的试金石。

附录B 作为一种手段的政治经济学的范围

把政治经济学作为一种手段，并据此确定它的研究范围，我们的确遇到了一些困难，这我们在前面已经简短地谈过。这里我们打算讨论一些细节问题。先要涉及的问题是作为手段而研究的福利的范围，其次要涉及的是它所肯定的理想的具体特征。

(1)上述第一点可以归结为这样的问题：经济手段究竟是个人的还是社会的？是民族性的还是世界主义的？

(a)很清楚，个人以及社会会出于自己的利益而去研究经济科学。垄断者会从对垄断价值的研究中找到现实行动准则，同样，制造商要研究生产过剩和产业危机，银行家则要分析危机周期化的条件，工会领袖要研究一次罢工获得成功的有利条件。据此，我们可以建立一个关于经济学手段的分支，去研究一些基本原则，用来指导人们追求自己的经济利益。此外，有一些技术性的手段，如银行手段，其基础是经济科学，但它的目标没有被看作是社会的目标。

然而，那些主张承认政治经济学是一种手段的学者，一致认为政治经济学所追求的结果是否令人满意，不仅取决于一定的个人的观点，还应取决于整个社会的观点。政治经济学不能被看作是一种致富的手段，或者一种投机或投资的手段；也不是一种教导工厂主为了最大限度地盈利而组织和运行其商业活动的东西。换句话说，政治经济学的手段不能等同于经济科学的全部的现实应用。①

(b)假设经济学手段的目标是社会的，而不是个人的，进一步的问题是：它的目标是否仅仅是国家的繁荣昌盛，抑或还有全人类的繁荣昌盛？李斯特通过"政治经济学"和"世界经济学"而对二者做出了区分。他认为，前者"仅限于研究一个给定的国家在既定的国际条件下如何通过发展农业、工业和商业而获得繁荣、文明和富强；后者则是要研究整个人类如何获得繁荣"。②

在上述两种手段决定的准则之间发生冲突肯定不是普遍情形。但是如果完全不承认冲突会发生，就请注意出境与入境、进口与出口诸方面发生的那些问题吧。J.S.穆勒指出，完全有可能做

---

① 这里要提出一个小问题：就整个立法方面，经济手段的目标在某种程度上是否是社会的？拉维莱(Laveleye,E.L.V. de)给政治经济学的定义是"关于人们以最小的耗费获取能够满足人们愿望的最为丰富的物品所应该采纳的法则，以及公正分配和合理消费的法则"(见《政治经济学的基本概念》第二章)。按这种观点，现实经济的各个分支是极端重要的；这里还有充分的理由提出两个方面的考察对象：一个可以称作政府财政手段，一个则是产业立法手段。前者包括从实际立场出发的对税收和政府债务的讨论，后者则要研究政府对贸易和产业在多大程度上以及用什么方法进行管制。然而，政治经济学的手段所涉及的范围，要比这两个方面的任何一方面的范围都广大。例如，在私人慈善事务中，政治经济学为了社会利益而构造约束个人行为规范的准则；或者为了财富的平等分配，政治经济学提倡自愿的合作和利润分享。建立并适应稳定的经济道德，在经济生活中养成良好的习惯，都有赖于政治经济学发挥其道德功能。

② 《政治经济学的国民体系》(Sampson Eloyd 翻译)，119 页。除了李斯特，还有其他一些经济学家包括一些著名的自由贸易经济学家都承认，自由贸易与贸易保护的一般问题的讨论，会因采取民族的或世界的这两种不同立场而有所不同。

到通过征收出口关税而造成其他国家付费来获得好处，印度和中国的鸦片贸易提供了一个实际案例，一个国家可以通过征收出口税而从国外得到极大好处。穆勒说，从世界主义的观点看，“我们所得到的比如是他人所失去的，因此，如果国际道德被正确理解和实行，这种与普遍利益相悖的税收，将不会存在。”[①]进一步分析，在涉及机器出口的限制问题时，穆勒评论说，这种做法即使使得个别国家得到好处，但从国际道德规范的要求看，仍然是不合理的。他说：“各个国家的共同利益要求每一个国家必须坚决摒弃一切使得商业世界总财富变得减少的不当做法，虽然这种做法有可能在一个较小的总量里攫取一个较大的份额。”[②]

因为冲突的发生有时不可避免，依照政治经济学手段的本来意义来认识它便很有好处了。按照李斯特的建议，最简单的解决问题的办法是承认两种手段的区别——一种是“世界经济学”的手段，另一种是“国民经济学”的手段。前者的准则要求适应不同国家的特殊条件而经常做出调整，而如果不顾民族性的要求，去追求更大多数国家的福利，就成了一个世界主义者了。按后者的准则，如果一些国家与另一些国家的利益发生冲突，其中一些国家的利益就不得不做出牺牲了。

(2)政治经济学作为一种手段，其更为基本的问题与它所追求的理想的本质有关。(a)政治经济学认为法律、制度和经济习惯对生产和财富积累最为重要吗？(b)政治经济学还要进一步研究通

---

① 《政治经济学尚未解决的问题》，25页。

② 同上书，31页。

过什么方法实现理想的公正的分配目标吗？(c)或者，进一步放开政治经济学的研究范围，按照最充分、最广义的观点来考察一般福利，政治经济学应该如何理解个人和国家的所有经济活动？①

(a)如果作为一种手段的政治经济学只是简单地把财富的增长看作它所追求的目的，它的范围就相当确定了，它的结论所赖以产生的材料，就将完全属于经济科学。不过，从构建法律和变革制度的角度看问题，财富的生产不是一个社会唯一的或最高的目的，所以，从这种意义上理解的经济手段不可能产生绝对的和最终的规则。话只能有条件地讲，只能在生产增长或财富的积累的角度，说这样或那样的行动是应该采用的。因此，在准备实施政治经济学的假设的准则之前，很有必要研究一下这些准则是否与其他社会目标相一致，是否符合公正的要求。在发生冲突的地方，就必须

① 这里提到的三个问题中的第一个，有时被看作是"经济政治学"，第三个则是"社会政治学"。参阅皮尔森(Pierson)《经济学原理》序言，第1章。皮尔森博士自己坚持认为，在经济学与社会政治学之间可以划出一条清楚的边界，但不能在经济学与经济政治学之间划出边界。他把经济学定义为"向我们揭示人类为了增进物质福利所应遵循的规则的科学。"他拒绝承认经济学与经济政治学之间的区别的主要理由是，经济学研究目标是搞清楚现实生活的规律，而经济政治学只是扼要概述作为实证科学的经济学所产生的结论。同时，皮尔森博士承认，经济学准则的属性总是有条件的。前一章的讨论差不多是反对把经济学等同于社会政治学的，所以，我们的意见与皮尔森博士的意见是一致的。但是，我们也反对他关于经济学范围的论点；他把经济学与经济政治学当成了一回事。还需要指出，尽管在某些情形下经济科学的内在规定性与所谓经济政治学的准则之间的差异，还可以勉强被说成仅仅是一个陈述语气与指令语气的表述方面的差异，但理论的表述不能被很快转化为对等的指令(corresponding imperatives)。这一点适用于经济学的多数基本问题，如决定市场和正常价格的法律，租金的法律，以及决定货币价值的条款等等。甚至对一项确定的税收负担者的研究，一般来说也不会很快成为行政指令的基础。对于不主张把经济学定义为行为规则系统的人来说，这一点具有决定性的意义。

诉诸别的更高的权威。这个权威将决定一种认识在什么程度上服从其他认识。

在这个意义上构造一个确定的政治经济学手段有些令人生疑。因为经济科学自身包括了所有必要的内容，要认识其理论的现实层面依靠它自己就足够了，不需要将其内容系统地转化为一整套准则。在完全涉及财富生产的增长时，构造一个确定的准则体系难以避免一些误解的出现。事实上，政治经济学经常会搞出一些明显的错误来，因为它先是认同财富增长最大化的手段，紧接着就把这个手段赖以存在的必要条件忘在脑后了。指责经济准则被不必要地实施，是毫无用处的。如果我们提出了政策依据，并宣称经济原理直接就是现实的，那种人们关于经济学家把财富增长看得超过一切的印象就一定会增强。然而，如果搞清楚经济原理自身是实证的，搞清楚在其他事务方面经济学是如何认识法律和制度对财富的生产和积累发生影响的，搞清楚政治经济学并非把自己的知识内容拿来决定任何行动准则，而只是把它的研究结论拿来为立法者和社会改革家服务，并由他们做出合适的评价，那么，发生那种错误的机会就会减低到最低限度。

(b)按照西奇威克教授的说法，“除过保障政府支出的理论之外，我们可以让作为一种手段的政治经济学的主旨包括下述内容：(1)创造人均产量最大化的手段；(2)在共同体成员之间恰当分配产品的手段，而不论分配所依从的原则是平等或公正的原则，还是全部产品效用最大化原则(as useful as possible)。”[①]经济手段这

---

① 《政治经济学原理》1901 年，397 页。

个概念,比上面所讨论的范围要广大。但它的范围似乎一方面过于广大,另一方面又似乎过于窄小。在最狭窄的意义上,我们越过了经济思考的范围之外,考虑了公正问题;但在一些情况下,我们的准则也是有条件的。在我们还没有考虑与之相关的所有层面上的问题时,这些准则不可能是绝对的。例如,在形成税收和政府财政准则时,政治与社会的目标要与平等的和严格的经济目标一并考虑。还有,在探索决定财富分配理想的因素时,需要考虑的不仅仅是分配与美德之间的关系,还需要考虑分配影响其他社会福利因素的机制。私人工业组织被一些学者批判为具有反社会精神的性质,这种精神来源于社会的竞争性冲突。另一方面,社会主义工业组织被另外的学者所批判,认为它阻碍个人自由的实现和个体独立性的实现。但是,这些争论与个人主义和社会主义对财富分配和生产的影响无关。

(c)按照经济手段的第三个概念,它为了社会福利的最完全的实现,确立了指导个人和政府行动的目标。舍恩贝格教授代表占统治地位的德国学派的观点以及他自己的观点发表评论说:“政治经济学主要不是去研究最大的财富量是否被生产出来,而是要研究人们怎样活着,生活的道德目标如何通过经济活动得到满足,公正、人道以及美德的需求,如何得到满足。”[①]伊利(Ely, Richard Theodeo)教授以同样的观点代表所谓美国经济学家“新学派”,把政治经济学的理想描述为“体现在每一个人身上的并能够实现的人类能力的最完美的发展”。他继续说,“政治经济学目标是研究

① 《作为科学的政治经济学手册》,§9。

经济货品的生产和分配，这种生产的分配应该有利于属于一切社会成员的人类生存目的和目标的最高实现程度（the highiest practicable degree）。”[①]所考察的目标现在成了一个社会存在的最高目标，所产生的每一个问题都经过了全面的考虑，而不是从某个片面观点出发。所制定的规则也将不再是有条件的，而是绝对的，是适应任何所讨论的文明国家或政府的。

就经济学家为了社会目标而倾向于努力给现实问题寻找绝对的答案这一点来看，上述观点正是各个经济学派的大多数经济学家所愿意采取的态度。进一步看，如果经济学家还只是做纯粹理论观察或仅仅关注有条件的准则，问题就似乎是经济学家有了一份超出他所能胜任的工作。但是，难道经济学家不能超越自己的研究范围吗？经济学家为了建立自己的科学基础，需要经济学本身所不能够提供的好多东西。在最广泛的意义上说，经济学家应该是政治科学和社会科学的学生。经济学家也应该解决社会伦理的基本问题。事实上，如果要发现绝对的准则，政治经济学的诸种手段不可能孤立地建立在单一的理论科学基础上，这是一般规律，我们不可能例外。

因此，正如在上一章所提到的，我们的结论是，政治经济学的确定的手段——制定调节人类行为的绝对的准则，其界限是模糊的，并就其性质而言是非经济的。

① 《经济科学讨论》，p.50。

第三章　作为一种实证科学的政治经济学的特点与定义

第一节　政治经济学与物理学

就物质财富的生产在很大程度上依赖于物质条件这一点而言，我们需要问一问，政治经济学是否具有某种物理学的性质？但是，对这个问题的回答是否定的，因为，在政治经济学不得不考虑物理法则的作用的时候，它也只是间接地涉及它们；这些物理法则并不构成它的学科要素(subject-matter)。例如，政治经济学并不试图建立和解释与农业或采矿业或制造业有关的物理学法则。这属于机械学、化学、地质学以及农业科学的功能范围。政治经济学对这些法则唯一所关心的是，它将某些法则作为前提或数据，使其成为它自己推理的基础，并发现这些法则在形成和改善人的经济活动方式中所发挥的影响。因此，即使是土地报酬递减规律，作为一种绝对的物理事实，也很难被看作一个真正的经济规律，尽管它在经济科学关于物质规律问题的序言中占据独一无二的地位。土地报酬递减规律的经济意义在于，它与投向土地的人类劳动力的生产力有关，也与它对财富的分配与交换的最终影响有关。如果经济学家超出谈工业而谈及农业的具体问题,从这里的观点看,是因为土地报酬递减规律有更加突出的意义。

政治经济学与物理学的关系就是这样简单,物理学的规则是它的先决条件;它有时把物理学规则看作前提,但从来不把它们当作结论。

因此,当人们把财富的生产看作经济科学的大的门类之一时,人们所指的主要是财富生产的社会法则(即由劳动分工、对外贸易和分配方式等所发挥的对生产的不同的影响),而不是依靠这些法则方得以发生的生产的物理过程。财富生产的物质需求需要在其最广大的范围里加以总结归纳;但政治经济学并不直接关注不同行业和不同工作岗位的技术性问题。而且,当经济学家承认物质条件影响人的经济效率时,这些条件的直接影响被看作物理学和其他学科的事实。经济学家关注这些物理法则,仅仅是因为这些法则间接地影响财富的社会状态,或被这种状态影响。

与纯粹的物理法则相比,经济法则的多样性(differentia)是由于其暗含着自愿的人类行为(voluntary human action)。[①] 的确,竞争的力量有时看来好像是在机械地、自动地运行着,但是,正如我们曾指出过的那样,这不是事实。例如,当我们谈到由供应和需求所决定的商品的价格时,我们的意思是,供应不是现存的总量,而是商品的所有者为了出售所提供的数量;很清楚,在这个意

① “不同的自然法则当然会被认为与人类的经济密切相关,但它们不是经济法则。我们将后者理解为关于经济事实的法则。一个经济事实不是自然的、物质世界的现象。人作为拥有自由意志的智慧生物,为了满足自身需要的目的,积极地与自然现象相协调,是经济事实产生的原因。”舍恩贝格,《作为科学的政治经济学手册》,§13。

义上，与需求相等的供应，依从于人们的判断与意志。

第二节　政治经济学与心理学

为了把政治经济学从物理科学区别出来，它有时被说成是伦理科学，有时又被说成是社会科学。这些名称中的后一种受到偏爱。初看起来，伦理科学这个字眼不免含糊。在广泛的意义上，这个字眼包括了所有涉及人类主观能力（人具有感觉、思想和意志）的各个分支科学。但是，它更经常地用来被作为伦理学的同义词；所以，把经济科学说成是伦理科学有可能模糊了它的实证特性。[①]

但上面的评论并不是我们反对把政治经济学简单地描述为伦理科学的唯一理由。与人有关的科学分为两个类别——一个与纯粹的人的个人能力有关，另一个则主要把人当作社会的一个成员来看待。这个划分的后者是政治经济学。的确，这门学科所讨论的有些问题，例如，与资本的功能有关的问题，或多或少会产生与孤立的个人有关的初始形式；所以，分析与鲁宾逊·克鲁索的行为有关的某种初级的经济学原理是有可能的。然而，只要我们在政治经济学的门槛上再前进一步，那么，把人看作相互关联的共同体的成员，并包括共同体之外的其他成员，而不是孤立的个体，就十分必要了。现实经济生活的最显著的特点是不同的个人之间的相互依存关系；政治经济学可以说是主要关心作为社会生活的一个特殊方面的经济生活。

---

① 参阅上一章已经涉及过的政治经济学与伦理学之间的关系。

那么，政治经济学应该被看作一门关于社会的科学，而不是关于伦理的或心理的科学。它以心理学为前提，正如它以物理科学为前提一样；经济学家在研究更为抽象的问题时的自然出发点，是对行为动机的研究，个人在经济关系中受这种动机的影响，但是，这门学科并不因此成为心理学的分支。基本事实是，在其他条件都相同的情况下，人宁愿有较大而不是较小的收益，而在某些条件下，他们又将为了未来的满足而放弃当前的需要，诸如此类，是具有很大的经济重要性的心理学事实。但是，它们是由经济学家所假设的事实，而不是由他们所建立的事实。经济学家不是试图解释或分析它们；也不是观察它们所产生的所有结果。在严格意义上说，经济法则不同于上面的表述。它们不是人类本性的简单法则，而是从人类本性的简单法则中产生的复杂的社会事实的法则。从凯恩斯那里我们可以得到一个例证。他评论说："租金是一个复杂的现象，它产生于人的利益的作用；但这种作用离不开土壤的物质条件，而土壤又与蔬菜生产的生理学属性有关。政治经济学家不是试图解释土壤品质所依赖的物理法则，也不是去分析存于地主和佃户心中的、调节交易条件的自利的心态。经济学家把它们当作事实，而不去分析和解释它，仅仅是了解和考虑它；不是把它当作学科要素，而是把它当作推理分析的基础。如果需要进一步的信息，其来源应该是其他学科：物质的事实应来自化学家或生理学家；精神状况的事实应求助于生理学家或伦理学家。"①

① 《政治经济学的逻辑方法》，pp.37，38。

无疑，政治经济学与心理学的关系，要比它与物理科学的关系更近一些，而对于这一点，上面摘引的凯恩斯的话似乎对此不甚明白。是社会的，而不是纯心理学的现象，构成政治经济学的主旨．这个事实是很清楚的。当然我是指政治经济学领域的公认的科学著作，如亚当·斯密的《国富论》。亚当·斯密从心理构造出发探讨财富现象，但心理构造本身不是他探讨的目标。在人们比较《国富论》和《道德情操论》时，这一点总是被人们所忽略，常常把后者看作是对政治经济学的一个补充。

的确，J.S.穆勒在谈到政治经济学时用了一个词组“道德或心理科学”；他继而把政治经济学定义为“关于财富的生产、分配的道德和心理法则的科学”。[①] 然而，请看一看下面的法则，这是穆勒自己在他的《政治经济学原理》中所阐述的：租金不能进入农业生产的生产成本；在其他条件不变的情况下，货币的价值依赖于以一定速度流通的货币的数量；对所有商品的课税，将减少利润。诸如此类的法则，不应该被看作是道德的或心理学的法则，即使它们最终当然依赖于心理基础。

此外，如同下一章要讲的，尽管在一些经济问题的研究中心理学的假设具有重要性，简单的从人的些许初级的心理法则出发而进行的演绎推理还是不能完整地解释产业世界的现象。政治经济学以什么样的目的，依从什么样的条件，来应用心理学的资料，将在后面做出分析；这里需要指出的是，从这些资料出发所进行的推理，需要补充来自对复杂的社会事实(facts)所进行的直接观察，

① 《政治经济学的尚未解决的问题》，pp.129，133。

这种社会事实构成了经济生活。①

第三节 作为社会科学的政治经济学与作为政治科学的政治经济学的区别

不论从什么角度看，政治经济学最好被描述为一门关于社会的科学；如果要在社会科学与政治科学之间划一条界线，尽管有政治经济学这样一个名称，它仍然应该被归为前一类，而不是后一类。虽然有时候它也需要关注政治的法律的条件，但它主要研究的是人们的社会关系，而不是人们的政治关系。换句话说，只是在政治经济学的特定的领域，我们才把一个人当作一个国家的成员

① 不妨顺便指出，杰文斯的《政治经济学理论》给予了政治经济学太多的心理学特性，太少的社会特性。经济理论被说成是"自利和效用的机制"(23 页)，它"完全基于快乐和痛苦的计算；经济学的目的本来是以最小的痛苦代价，换取最大的幸福。(25 页)"这个观点在另几页得到进一步阐发。"快乐和痛苦无疑是经济学所考虑的最终目标。以最小的代价最大限度地满足我们的需要——以最小代价放弃我们所不欲拥有的，而尽可能多地得到我们所欲拥有的——换句话说，使幸福最大化，是经济学的问题。"(40 页)杰文斯关于快乐和痛苦的算计的概念，结果产生了一个效用理论，要把这个理论当一回事实在是太难了。不过这个理论还没有构成经济学的核心理论。把快乐和痛苦的算计当作经济推理的一个主要的因素(datum)是可以的，但绝不能把它当作经济科学的一个组成部分。把它当成应用心理学的一个分支更为合适，还可以给它一个"享乐学"(hedonics)名称。同时，因为它的经济意义，经济学家应该明白这个理论，如果他们不能独立地发现它。它可以在经济学著作中占有一个重要地位，但它只能是一个前提假设，而不可能是经济学的最终结论。杰文斯在建立了自己的效用理论以后，又在最严格的意义上针对经济现象应用这个理论。在总体上说，杰文斯为观察这些现象所付出的代价，使他的《政治经济学理论》为这门科学做出了前所未有的、宝贵的和具有挑战性的贡献。

来对待。如同克尼斯(Knies,Karl)所评论的那样,"政治经济学的主要部分应该独立于所有政治影响而关注人的社会经济生活"[①]我们可以把在自由契约条件下的分配与交换法则作为一个例证。这些规则虽然算不上穷尽了政治经济学的内容,但至少这门科学的主要的和基本的内容是由它们注入的。而且,尽管经济学说在某些情况下与特殊的政治条件有关,但它们更多地与产业组织发展的特殊阶段有关,这些产业组织在很大程度上,虽然不是全部,独立于政治的影响。

以上评论主要与经济学的实证科学内容有关。考虑到政治经济学的现实方面,它与政治学的联系还是很紧密的。可以肯定地说,应用经济学主要与国家在社会共同事务中的经济活动有关,或者与由国家控制的个人的经济活动有关。此外,如同我们在有机会时已经讲过的那样,以社会整体利益为目标的经济准则,也可以用来作为行动独立于外部约束的个人的行为指导。[②]

第四节　财富与经济活动的定义

分析至此我们已经可以给作为实证科学的政治经济学下一个定义了。但在做这件事情之前,我们先要简短地讨论一些关于财富和经济活动的术语,这些术语我们已经经常地使用了。从不同

① 正是因为这个理由,以及本书 36 页注释①中所给出的理由,近些年一些学者宁愿把这门学科称为经济学,而不是政治经济学。

② 参阅第 2 章附录 B。

的观点出发，人们对不同的术语会有不同的定义（这也无关紧要），财富这个词就属于这种术语。我们应该记得，我们现在的目的只是给出一个定义，使得我们能够一般地将经济研究与关乎人的利益的事项区别开来。因此，我们还不需要面对关于财富计量方面的麻烦。效用可以被定义为直接或间接地满足人们需要和愿望的能力；效用的物属（possession of utility）则是一种性质，学者们都同意将这种性质表示为财富。似乎也还清楚，我们无法出于我们现在的立场将财富看作一切效用的源泉。因为有许多其他手段可以用来满足人们的需要，家庭亲情，熟人的尊敬（esteem of acquaintances），健全的良知，文化品位，等等，从来没有包括到政治经济学的范围之中，还有许多财富生产和分配的准则，与经济学家所讨论的那些事情的准则没什么瓜葛。除效用的物属之外，还有一些性质，如存乎于人的自然本性之中或者来自他人的主观态度中的效用源泉，也不可以归入财富范畴。这个新的特性可以在具有潜在的可交换性的性质中看到。这并不意味着除非可以被买卖否则财富就没有意义。因为一个物品可以具有潜在的可交换性，但实际上未被当作交换的对象。在一个共产社会，这个标准将会被应用。的确，因为这种社会的特殊性，财富可以在另一种意义上更自然地表述，财富的根本性质可以被定义为由国家的命令来分配的一种能力。然而，因此而能够被分配的效用的物属，将与在经济自由状态下可以通过买卖而得到的物品没有什么区别。在这两种情况下，人的个性以及对情感和尊敬的追求，都会被置之度外。

因此，财富可以被定义为满足人们需要的一切潜在的交换手段的总和。①

这个定义所认同的财富类别，首先是具有排他性的合意的物质商品，如食物、书本、建筑物、机器等；其次是使用或者接受物质商品的权利和机会，抑或是从这种物质商品中获取利益的权利或机会，如抵押权和其他债权，公共公司和私人公司的股份，专利权和版权，图书馆和画廊的利用特权，等等；再次是一些不会产生任何物质产品的个人服务，例如，由演员、士兵、家佣、律师和外科医生提供的服务；最后是在一定期限内指挥和控制某人劳务的权利。

说到种种劳务，要注意到，尽管它们涉及的利益或多或少是永久的，它们自身是暂时的现象。但它们是劳动的产物；它们被当作交换的对象物；它们拥有交换价值。② 因此它们所产生的问题与

① 马歇尔教授把财富定义为包括"人之外的一切物品，也即(1)属于他而不属于他的邻居，因而明确地归于他的物品；(2)直接能够用货币加以计量的物品——这种计量一方面反映了人们在一定生存状态下的努力和牺牲，另一方面也反映了他们所满足的愿望"(《经济学原理》，第1卷，1895，127页)。这个定义大体上与本书给的定义是一致的。一方面，物品应该能够被排他性使用，使得它们有可能被交换；另一方面，潜在的可交换性是一个必要的和充分的条件，使得物品能够直接被货币所计量。还应该指出，在为了下定义方便而强调可交换性的同时，要看到财富的其他性质在经济科学的某些方面更有意义。例如在生产领域，财富的初始含义是劳动和牺牲的成果。又如在分配领域，排他性使用权利需要更明确地得到认同。参阅尼科尔森(Nicholson，Joseph Shield)教授的文章《财富》，见《大英百科全书》第9版。

② 当一个物质商品售出或给出时，它的所有权随之从一个人手里转到了另一人手里。然而，当一项服务被提供时，所有权没有发生转移；因此，过去一直否认劳务可以交换。但是，将所有权的转变看作是交换或者视为交换所必须，是一种误解。一方面，物质商品可以无偿地转变所有权；另一方面，当我们说A因B将会给自己特殊利益而给B一定的利益时(反过来也一样)，这才真正涉及了交换的要害。每一方让渡的利益才构成某些物质商品的所有权，而它也构成一项劳务活动，即交换的一方付出努力，伴随另一方获得实际的或想象的满足。因此，可以相当有把握地说，一项劳务可以与另一项劳务相交换，或者与一个物质商品相交换；还可以有把握地说，劳务是有交换价值的。

物质财富生产中的问题没有什么两样；因此，按照我们现在的观点，它们当然可以包括到财富范畴之中。①

我们再来看，按照上面的定义，个人的能力和种种才干都被排除在财富范畴之外了。能力和才干本身不能成为交换的对象物。有时，我们的确说要为某人的才能而付钱，但实际上，我们是为那种才能发挥时所产生的劳务而付钱。在一定时期内，如同上面指出的，任何人支配劳务的权利都应归属于财富的范畴。

把人的素质和能力从财富范畴中分离出来在总体上是与科学的便利要求相一致的，也是与大众的思维和语言相一致的。按照J.B.克拉克（Clark,J.B.）的分析，大略地区分了有能力的人和富

① 有时人们将容易积累的性质看作财富的最主要的特征；而把劳务说成是财富时，无疑就与普通的用语习惯弄拧了。的确，在某种意义上，一种对象只要不容易被积累，则在财富的评价中难以被考量。但是，另一方面，如西奇威克所分析的那样，“在对一个国家的居民收入做一般性评估中，直接有用的——或者也可以说是‘可消费的’——劳务，是会被包含进去的：因为这种劳务是用提供劳务和接受劳务的双方的收入来支付的，以名义收入即以货币表示的收入计，其结果反映了国家的总的真实收入，如果这个收入概念包括劳务的话”（《经济学原理》，1901，88页）。下面的一段话摘自一本在经济问题讨论中很有影响的杂志，这段话可以作为一种典型的似是而非议论的范本，因为它把劳务从可消费的财富范畴中剔除出来了。“关于财富分配的最激烈的评论，只涉及财富的一小部分；从理论上说，这一小部分可用来调节表面的不平等。从富人的财富中能够被剥夺的只是一小部分，因为他自己实际所消费的只是财富的一小部分。对更大的部分，他只是可以控制花费或利用它的途径。他直接供养了一批人，这些人为他打扫厅房，照看马匹，侍弄花木，而这些人也许本来可以在其他方面使用更有实际意义，但这些人依靠他的财富来供养。差不多他的全部收入都直接或间接地为获得劳动而支付了，那么，剥夺他只能把全部事情变得一团糟（A general dislocation of the whole apparatus）”。这一段话，如果不是真正错了，那么至少也会引起严重误导。除过富人所消费的物质财富之外，他还享受了多种多样的劳务，而在其他条件下，这些劳务可以通过共同体而得到更公平的分配。

裕的人，也区分了人之自身和人之所有。[①] 同时，就技能最终体现在物质商品的生产中或者体现在劳务的发挥过程中这一点而言，为技能的获得而耗费的劳动应该具有间接的财富生产性质。因此，演员和医生为获得技能而耗费劳动，是生产性的，同样，木匠和鞋匠在技艺学习中的劳动耗费也是生产性的。进一步说，对于一个国家的生产性资源的任何正确评价，都应该对其居民先天的和后天获得的能力给予最为充分的关注。

还要指出，不论是根据上面的定义，还是根据诸如在"个人财富"这样的题目下而提出的关于一切能够使可交换的财富的生产效率提高的能力都应该包括在财富之内的观点，财富是否仅限于效用可交换的资源这样的问题，实际上都不影响政治经济学的范围。按照我们先前的定义，尽管所谓个人财富不构成政治经济学的主旨，但它仍会作为财富的源泉而被讨论，仍然会被看作有重要影响力的经济因素。

按照财富的上述定义，经济活动相应地可以这样定义：它是指满足人们需要的那些手段的生产和分配活动，这种手段能够成为交换的对象物。一个共同体的经济生活，是由组成这个共同体的成员们的经济活动所构成的，他们在共同体中发挥出个人的或合作的能力。经济这个字眼有时被当作经济生活的同义语；国民经济因此意味着一个国家的经济生活。可以观察到，随着文明的进步，任何个人为使自己的需要得到满足，已越来越依赖他人；经济生活的复杂性因此增加了。换句话说，随着社会的进步，产业组织

① 《财富哲学》，5页，6页。

和产业功能的分布变得日益复杂，由人的经济活动所产生的各种现象越来越异彩纷呈。

第五节 政治经济学的定义

政治经济学作为实证科学，经常被简略地定义为关于财富的科学；这个定义有直接和简明的优点。这个定义似乎有这样的好处：它说明政治经济学所关注的既不是物理现象，也不是心理的或政治的现象，而是产生于人与人之间的社会关系中的人类活动。

为更清楚地表达这一点，政治经济学可以定义为研究产生于人类社会经济活动中的现象的科学。

不能认为这个或其他任何定义能够恰到好处地表述经济学的本质。考虑到政治经济学的范围以及它与其他研究分支的关系，各种拟提出的定义应该易于与各种已经给出的或可能给出的解释保持一致性。可以说，关于政治经济学的定义如同多数其他定义一样，我们对它所进行的讨论远比我们最终选择一个定义要重要得多。

附录 经济现象的相互关联性

与政治经济学有关的现象，通常被分为财富的生产、分配、交换和消费几个方面。然而，科学被明确划分为几个方面不应该被看作是绝对的或不可动摇的。划分的目的是为了分析的方便；但是，现象之间是相互作用的，讨论一个方面的问题而不与其他问题相关联，不可能令人满意，也不可能具有完整性。

以生产和消费为例，很清楚，人的习惯性消费决定了将要生产的财富的种类；而按照我们已经谈到过的生产性消费和非生产性消费的区别，财富的物质性消费的形式将影响财富的生产数量。财富生产的数量和种类会受到分配的影响，这一点不很清楚，但影响的存在却是肯定的。大富豪消费奢侈品，但如果财富分配更加公平一些，这种奢侈品就完全有可能不会被生产，或者不至于生产到那种程度上。还有，如果财富分配更加公平一些，共同体中的过去最贫穷的阶级的平均效率会增加，这一是因为他们有了更好的食物、住房和衣物，或者是因为父母亲为子女提供了更好的教育和训练；另一方面，他们本来打算工作的时间也可以缩短了。财富生产的数量，也一定会因为财富分配的这种变化而受到影响；尽管我们无法预先说出这种影响会在哪个方面突显出来。

说到生产与交换之间的联系，可以观察到，只要劳动分工不断深化，前者就要受后者的某种影响。例如，银行家和证券经纪人，批发商和零售商，他们的功能似乎只是简单地推动财富的交换，但实际上他们在财富的生产中发挥了作用，有时还是重要作用。如果没有交换，生产不是不会进行，但恐怕只能是在小规模上进行。严格地说，在商品尚未到达准备消费它们的所有者手里之前，生产活动还不能说是完整的。① 在交换与消费的关系上，二者仍然有

① 约翰·斯图亚特·穆勒在资本这个题目之下研究生产问题时，引入了本可以避开不谈的分配问题。在他的关于资本的基本命题里，特别是在那个受到许多批评的命题（对商品的需求不是对劳动的需求）里，其结论的可靠性部分地取决于资本和劳动的完全流动性的假设。但是，这个题目只是在主要讨论分配问题时才会出现，在穆勒著作靠后的章节里才涉及这个题目。穆勒著作中那些讨论资本的章节令读者感到阅读困难，甚至感到不满，原因大概就在这里。

密切的联系；因为交换的比率大体上服从于需求法则，进一步说是服从于消费法则。分配和交换的联系可以从不同观点来讨论。如果要问在现代工业条件下财富分配如何受到影响，答案很清楚，影响在于交换的手段。有人对此已经做过很好的表述："总体上说，交换比率的调整形成了分配的过程"。① 我们还可以再进一步分析，在个人主义社会里，分配理论会即刻转变为交换价值理论。从一个共同体的净产出中所分出的每一份额，反映了这一份额的接受者所提供的一定的劳务或效用的价格。工资因此可以被看作劳动的交换价值，利息是资本用途的交换价值，租金则是土地利用的交换价值。②

从另一种观点看，物质商品交换价值的理论依从于分配理论。按照克里夫·莱斯里的意见，至少生产成本理论与整个利润和工资理论密切相关；如果不是我们已经确立了正常工资法则和正常利润法则，生产成本学说就没有什么意义了。

因此，很清楚，交换和分配理论是不能相互分离的，也是不能孤立地拿来做研究的。

与经济现象的相互依从有关，我们还可以略为涉及一下前面已经提出来的一个问题，即财富的消费是不是应该构成一个政治经济学的明确的研究分支。③ 就大的范围而言，问题在于方便与

---

① J.B.克拉克：《财富哲学》，64页。

② 参考西奇威克：《政治经济学原理》，1901年，176页。

③ 可以发现，财富的消费，单就这个术语被经济学家使用的意义上说，并非必然招致它的消耗(destruction)。在政治经济学里，我们用财富的消费这个术语只是意味着财富被利用，在利用中，财富是不是会被消耗，则完全是不确定的。所以，在经济学的意义上，珠宝的消费过程就是它们被佩戴的过程；我们所居住的房子，我们挂在墙上

否，而不涉及关于政治经济学范围的观点是否被真正误解。

下面这些小题目除过涉及对经济消费的本质的分析之外，主要是不同经济学家在财富的消费这个大题目之下所考虑的内容：效用理论①；不同消费类型之间的区别，特别是生产型消费和非生产型消费的区别②；不同消费类型的影响，特别是奢侈品的影响③；反奢

的图画等作为消费物品都是如此。没有人居住的房子，被收藏在贮藏室的图画，至少不再是正在被理性地“消费”的物品。参阅西尼尔《政治经济学》54 页，沃克《政治经济学》。西尼尔评论说：“在政治经济学的语言中，如果用‘消费’这个词替代‘使用’这个词，那便会是一个进步。”

① 参阅杰文斯《政治经济学理论》。G. 沃克的观点是，把整个消费理论从现在的许多著作中分离出来，“对于经济问题的数学处理极有意义，并将展示出一种使政治经济学变为一种精确科学的前景。”（《政治经济学》，298 页）我们很难认为这个观点是正确的；杰文斯要比其他英国经济学家更坚持经济学的数学方法，他的最具有特征性的学说建立在效用理论的基础上，而他把效用理论就看作是消费理论。是的，他毫不含糊地提出了这样一个论点：“经济理论应该以一个正确的消费理论为开端。”（《政治经济学理论》，1879 年，43 页）在别的场合，他说，消费理论是经济科学最重要的分支，他认为大部分英国经济学家忽视消费理论是难以理解的和有悖常理的［参阅《半月评论》（*Fortnightly Review*）26 卷，625 页］。洛桑大学的瓦尔拉斯（Walras, Marie-Esprit Leon, 1834—1910）教授是另一位数理经济学家代表人物，他的观点与杰文斯没有什么大的区别。属于消费理论的关于需要被满足的研究，是他的交换价值学说的基础，参阅他的《纯粹政治经济学纲要》。

② 参阅萨伊（Say, Jean-Baptiste, 1767—1832）《政治经济学概论》，麦克库洛赫《政治经济学原理》；罗雪尔《国民经济学基础》；拉维莱《政治经济学的基本概念》；勒鲁瓦－博利厄（Leroy-Beaulieu, Paul, 1843—1916）《政治经济学大纲》；柳居士（Lexis, Wihelm, 1837—1914）《国民经济中的消费》，见舍恩贝格编《政治经济学指南》。

③ 参阅 J. B. 萨伊、麦克库洛赫、罗雪尔、拉维莱、莱斯里、勒鲁瓦－博利厄。在财富消费问题的研究中，麦克库洛赫不经意地但却是很清楚地提出了常常被经济学家所忽视的一个观点，即对奢侈品的向往是增加而不是减少了财富的生产。“在正常情况下，生活必需品的获得并不用耗费很多劳动；对奢侈品不大追求的未开化的民族以懒散和贫穷著称，一旦遇到最坏的年景，他们就岌岌可危了。要让他们变得勤勉起来，摆脱那种在艰难困苦的条件下使他们麻痹的懒散，就应该鼓励他们追求享受，追求奢侈品以及各种娱乐活动”（《政治经济学原理》，493 页）。莱斯里在这个方向上走得更

侈法政策，以及其他试图约束消费的法律[①]；商业萧条的后果以及普遍生产过剩的不可能性[②]；保险以及保险的经济利益[③]；政府支出与税收理论[④]；人口学说，特别是经济欲望以及享受标准(a standard of comfort)的存在对人口增长的影响[⑤]。

很容易发现，上面这些题目很自然地也会由政治经济学的其他分支做出讨论，事实上，那些没有把消费问题独立进行研究的学

远。他评论说，非生产性支出和消费是对一切生产的最高刺激，如果没有巨大的浮华奢靡的支出，一个民族将会陷于困境(《论文集》，1988，170 页)。人们的生产首先是为了生存，保障一个工人进行有效率的生产的消费，不能说是非生产性的。古诺(Cournot，Atoine Augustin，1801—1877)(《财富理论原理》)指出，我们能够想象一个没有严格的非生产性消费的社会；给动物欲望的每一项满足既导致健康的保持，体力的增加，生存的延长，也促成种族的繁衍。沃克在消费这个题目下批评了一个观点，这个观点说财富的耗费从某种意义上增加了生产。具体来说，这个观点是错误的；从大的方面说，正确的理论应该是，对奢侈品的和高标准享受的追求在一定条件下会增加生产效率。

① 参阅麦克库洛赫、罗雪尔和柳居士。柳居士教授讨论了某些易损耗商品供应中的危险(如煤炭，石油，水银)，以及为了未来后代们的利益而采取的对这些商品使用的某种限制性政策。他还讨论了出于对气候、卫生和道德的考虑而采取的干预消费的政策；例如，对森林消耗的限制，涉及对劳工阶级供应住房的法规，对酒精消耗的限制，等等。

② 参阅詹姆斯·穆勒(Mill，James，1773—1836)、罗雪尔、柳居士和沃克。他们在消费这个总题目下研究了这一问题。柳居士教授讨论了消除或缓解商业危机的办法。

③ 参阅罗雪尔、拉维莱的著作。

④ 萨伊、詹姆斯·穆勒、拉维莱以及其他一些学者在财富的消费这个题目下讨论了这些问题，他们的观点是把税收作为征服消费借以实现的手段。

⑤ 参阅沃克《政治经济学》第 5 分册；勒鲁瓦－博利厄《政治经济学概论》，第 4 分册，第 3 章。我们会看到，在那些认同严格的消费学说的经济学家中间，对于这个学说应该研究一些什么问题还没有一致意见。例如人口理论，沃克在消费的题目下讨论它，詹姆斯·穆勒在分配的名下讨论它，麦克库洛赫在生产的题目下讨论它，罗雪尔则把它列为政治经济学的第五方面内容，区别于生产、流通、分配和消费。还有，在关于商业危机的作用和税收理论方面也有争议；杰文斯和瓦尔拉斯关于消费的理论也很不同于上面提到的其他学者的观点。

者们正是这样做的。例如，生产性和非生产性消费之间的区别，不同消费形式对生产的一般性影响，都可以在生产这个大题目下得到恰当的讨论；同时，（表面上的或实质上的）生产过剩现象也可以与交换理论联系起来，因为只有在交换系统下这些现象才可能发生。还有，税负的最终归宿、财富的分配现象和分配法则有关系；除过税收的不同形式对生产发生影响这一点之外，税收理论的其余部分应属于应用经济学，而不是我们在这里所涉及的实证经济学。这个最后的评论也适用于反奢侈法的讨论，适用于消费增长在何种方式上和何种程度上受到鼓励这样的问题的讨论。保险可以被恰当地看作一个分配问题；至于人口理论，因为劳动是生产所赖以存在的条件之一，人口增长法则可以与生产联系在一起进行讨论；或者它可以包括在分配理论之中，因为它与由劳动的供应而发生的对正常工资率的调节法则有关。效用理论，一如我们所进行的讨论，拥有一个特殊的地位，然而，它也与交换价值法则的决定有密切关系。

一言以蔽之，生产、分配、交换和消费诸方面处于相互影响相互作用之中。如果不打算对这些方面的任何一个做独立的考察，就应该把它与其他诸方面的关系当作重头来分析。与消费有关的所有命题是按各自归属来讨论，还是根据它们与其他方面的联系来讨论，在一定程度上取决于分析工作是否方便。①

① 因此，西奇威克博士在明确承认与消费有关的某些命题的基本意义的时候，认为在他的那样一篇论文里，把这些命题分别归于生产、分配和交换的题目下进行讨论，会更加方便，更有助于说明问题；相反，如果把它们归并为一个题目就相当麻烦了（《政治经济学原理》，1901 年，34 页）。J.S.穆勒（《未解决的问题》，132 页注释）和彻布莱茨

总体上说，在消费这个大题目下由穆勒和其他学者所讨论的生产性和非生产性消费之间的区别、生产过剩现象、税制原则等，似乎在经济学的其他大题目下进行讨论也很自然很方便。由杰文斯讨论的效用理论，则建立在一个不同的基础上。不像人口和税收等理论那样，效用理论纯粹与财富的消费有关，所以更需要一个严格界定的消费理论。同时，因为我们已经提到过的杰文斯关于经济学定义的观点，效用理论可以被看作是经济科学的一个必要的序言部分，而不是一个完整的经济学说的内容分支。单就我们在上面定义过的关于消费这个字眼的意义来说，财富的消费算不上经济活动，而只是经济活动的归宿和目的。财富被生产，被分配，被交换，是为了被消费。人类需要的满足是全部动力。因此，真正的消费理论是政治经济学的基础；它可以被看作政治经济学的思想材料或前提，但它不构成经济学法则，与经济学的生产法则、分配法则和交换法则平起平坐。

(Cherbuliez, Antoine Elisee, 1797—1869；《经济科学概论》，第5页)在拒绝将消费问题作为一个可讨论的题目的时候，多少有些不慎重。穆勒说："如果认为消费还可以与生产分开，与分配分开，那么，政治经济学就与财富的消费没有什么关系。我们不知道作为一门严格的科学中的任何关于财富消费的法则：它们不过就是人类享受的法则而已。"彻布莱茨说："财富的消费，仅就其重要的形式而言，是一种无法与财富的生产的分开的现象。财富的生产也是财富的应用——财富生产出来本来就是为了满足人们的需要，这没有什么可讨论的。当财富到达非生产性消费者手里的时候，经济活动也就终结了。"

第四章　政治经济学与普通社会学的关系

第一节　经济科学与一般社会科学的关系：相互冲突的观点

在我们进入正题之前，有必要清楚地研究一下政治经济学是否有资格作为一门内涵确定的学科。孔德（Comte，Auguste，1798—1857）和他的追随者认为，由于财富现象与社会生活的其他方面有着极为密切的联系，任何把经济科学从一般社会哲学中分离出来的企图是注定要失败的。他们认为，社会现象作为一切现象中最为复杂的现象，其主题的不同方面在科学上是一个整体，不可分离；如果试图把社会的经济或产业方面的分析从知识、道德和政治分析分离开来，一定是非理性的，从来都是如此。他们也承认，财富的某些现象可以用科学手段加以分别研究，但他们否定这种研究能够构成一门独立的学科。[①]

① 参阅马蒂诺女士（Martineau，Harriet，1802—1876）《奥古斯特·孔德的实证哲学》，第2卷，51—54页；Frederic Harrison 先生的论文《凯恩斯教授论 M.孔德和政治经济学》，见《半月评论》1870年7月号。最近，孔德的名声再次响起，这是因为英格

与上述观点形成明显对比的是另一些经济学家的观点，他们认为政治经济学是一门独立的抽象学科，专门研究财富现象而不涉及其他学科。按照前一种观点，经济学与社会学的关系就只是一种从属关系或包容关系，而这种观点则认为经济学是完全独立的学科之一；对财富现象进行研究是完全可能的；他们会把其他社会现象放到一边专门来研究财富现象；可以把人们只看作一种沉迷于财富获得和消费的生物。

正确的看法应该在这两种极端之间。那种可以被称为极端分离派的学说，把政治经济学这个本来是一个整体的一部分或一方面认定为一个整体，并因此使得政治经济学难以完整。另一方面，孔德的观点则忽视了一个事实：任何一门知识的进步，要获得科学的严密性和准确性只有通过一定范围的专门化才有可能。如果要经济学的学生承认政治经济学服从并融合于社会学，那么他们理所当然地希望社会学本身能得到更清楚的界定，并期盼自己的基础学科更加规范化。

我们将努力证明，对经济现象的研究如果不去考察各种各样的社会事实对经济世界的影响，那将是不完全的，但与此同时，也只有承认一门主要与经济现象直接关联的、具有严格的系统性的知识门类的存在性，才既有现实意义，也有理论意义。依照这个观

拉姆博士在《大英百科全书》发表了《政治经济学》一文（重新发表时题目改为《政治经济学史》）。英格拉姆博士拿自己的历史知识严格批评了英国大部分学者的政治经济学研究状况，其结论是，如果政治经济学不能归属和融入一般社会学，它的思想成果将不会再引起人们的注意。他说，“需要做的事情不仅仅是改造政治经济学，而且还要使它与一个完整的社会科学融为一体。”

点，经济学被认为是一般社会哲学的一个分支，其他的分支有法学、政治组织学，以及宗教、道德和知识发展的哲学；但政治经济学应该有属于自己的一批专家，而不能将经济现象的研究与人类生活的其他方面系统地搞到一起。换句话说，经济学家坚守中庸之道是可能的，即经济学家既不去想象他们的全部研究范围有一种完全不现实的明晰性，也不去通过否定那种在自然科学中必不可少的专业化，而绝望地被实际现象的复杂性所困扰。

需要牢牢记住，在这一章以及随后各章中，政治经济学被当作了一门实证科学。同样地，社会学被理解为理论真理的总和（a body of theoretical truth），而不是一套系统的现实行为准则。如果我们懂得基于经济原因的现实争论很少会就事论事地得到解决，那么经济理论的分立也就不那么可怕了。两个问题常常难以被清晰地区别开来。然而，具有下述这样的认识是很重要的：那些强烈主张经济学分立的学者，也可以用同样的态度反对忽视非经济性质的社会后果的影响而以诉诸简单的经济分析去确立人的行为规则。

第二节　经济推理中抽象概念的作用

依照上面被我们称为极端分离主义者的观点，政治经济学研究了人类社会和行动的一个方面，并对此进行绝对独立的考察，使得政治经济学把人仅仅看作是一个渴望拥有财富的人。正如几何学家离开物体的自然属性而只考察物体的尺寸，物理学家离开物体的化学构造只考察物体的物理属性一样，经济学家只把人放在经济关系中加以研究,认为人的行为受制于一种开明的(enlightened)自私;每个人的行动是自由的,但也不至于影响其他人同样的自由。

正如我们此前偶然所做的评论,虽然J.S.穆勒关于政治经济学的具有建设性的论文内容广泛且思想不很统一,但他在《论文集》里仍表达了这样的观点。[①] 他把经济学描述为对财富分配和生产的法则的研究,这些法则不是基于一切人类的本质现象,而仅仅基于对财富的追逐,或者说基于人们对这种追逐的对抗,即厌恶劳作,不计代价地即时放纵享乐,等等。完全的抽象应该从对每一个人的行为或热情的概括中得出。换句话说,经济学家假想了自己的研究主题,它不是一个我们在复杂的现实生活中所看到的完全的真正的人,而是一个抽象物——通常被称为经济人——他追逐财富,向往轻松生活,除此之外别无他求。

根据这种观点,政治经济学是这样一种科学,"它研究社会现象的一系列法则,这种现象产生于财富生产中人类的共同努力,且

---

① 马歇尔教授做了非常清晰的有说服力的比较。他说,"1830年,约·穆勒写了一篇关于经济学方法的论文,提议对经济学抽象的框架做出更清楚的概括。面对李嘉图学说的内涵的假设——除过追逐财富的欲望,没有其他什么动机能成为经济学家研究的对象,穆勒以为,如果这个动机得不到严格表述,那是很危险的,而事实正是如此。他差不多承诺完成一篇论文,专门把这个问题拿出来讨论,但他没有履行这个承诺。一个变化使他改变了思想情感,后来,在1848年,他出版了他伟大的经济学著作。他称这部著作为《政治经济学原理及其在社会哲学中的应用》;这本书里他并没有试图严格地将利己人假说与其他假说区别开来。"

这些现象不因为人们追求其他目标而发生改变"[①]。必须承认，经济学家在应用自己的结论时，应该为其他的情感冲动留下发挥影响的余地，甚至在他为自己的学说做出正规分析(formal exposition)时，也要引入许多现实的修正；但是，不论什么样的情感冲动都不应该成为政治经济学的组成部分。

上面分析的唯一错误，是以部分替代总和，以为政治经济学只是以抽象开始，也只是以抽象结束。穆勒说过的现实的修正(practical modification)需要一个科学的方法，并在科学领域有其一定的作用。在许多情况下，它们不只是孤立的修正，而是在许多个别案例上的应用。离开经济人的假设进行抽象概括也是可能的；而且，无论如何，对自由竞争的各种干预也允许人们对其进行科学的归纳与分类。

人们在经济研究中所进行的抽象概括在政治经济学中有重要作用，这种抽象为某个大略的目标服务，这个目标便是以最小的努

---

① 《政治经济学中未解决的问题》，140页。巴奇霍特在他的《经济研究》中也表达了同样的意思。"政治经济学在其完整的形式上，如同我们现在之所为，是一门抽象的科学，如同静力学和动力学(statics and dynamics)是演绎科学。说到底，它研究的是非现实的和想象的主题"(73页)。它"不研究我们在现实中看到的完全真实的人，而是研究了一个简单的、想象中的人，这个人符合一个纯粹的定义，在这个定义中，所有与之相冲突的因素都被舍掉了。政治经济学的抽象人耽迷于一个愿望——拥有财富"(74页)。巴奇霍特将政治经济学的这个观点加以合理化，他的分析是："科学准则始于简单的常识；先是尽量避免一些例外的干扰因素，注重主要力量如何发生作用；当你完全能够把握它时，再逐步地考虑那些阻碍性的和干扰性的因素"(74页)。我们可以毫不犹豫地接受这里提到的准则；但是，我们曾说到政治经济学在其完全的形式上是一个抽象的科学，这个说法与这里的准则是不一致的。我们的论点是，正因为经济学从抽象分析开始，在其完成的形式上，它作为现实科学的成功意义并不亚于其作为抽象的科学。凯恩斯在他的《政治经济学的逻辑方法》中对这一点似乎给出了正确的分析(42—45页)。

力和牺牲获取最大的价值①。毋庸置疑，我们的经济活动会受到各种各样的动机的影响，这些动机有时候显示其作用力，有时候也发生相互作用；更无可置疑的是，在经济事务中，对于大多数人来说，那种始终如一的追逐财富的欲望所产生的影响要强于其他任何转瞬即逝念头所产生的影响。为了对政治经济学进行一种精确的研究，保持一种简明的研究风格(simplicity)是很有必要的；而为了保持这种风格，在无须检验的假设下去跟踪追逐财富的欲望所产生的后果，就既是正当的也是十分必要的。因此，一开始先把其他动机放到一边，只承认自由观念和完全竞争，那么至少在研究工作的某些领域里，我们就可以确定更为稳定持久的行为倾向，并首先形成一种较为接近实际的认识。

事实上，这种近似正确性在许多情况下的确是非常符合现实。例如，在现代经济条件下研究股票交易所(Stock exchange)的价格或者大批发市场问题，我们基本上只关心人们的经济活动，其中当事人完全按照经济人的观念来支配自己的现实生活。这绝不意味着这里所涉及的人属于我们常说的那种自私的人，因为绝大部分禀性并不自私的人在他们所从事的大部分商业活动中直接受到严格的商业目标的影响，并要受到法律以及普通商业习惯和道德的制约。人们有理由追逐财富，这或者是为了子孙后代的最大利益而教育和养育子女，或者是为了博爱的目的而向社会贡献他们

① 这里将达到一个大略的目标，而不是纯粹的自私动机，有助于避免对“经济人”的误解。从人的许多未被揭示的动机看，关于最终目标，人追求财富的愿望对人行为的影响并不像经济学家所想象的那样重要。我们还要指出，迫使人们追求财富的那些未被揭示的动机远不只是一种自私。参阅 Sigwart《逻辑》，§99(英文译本，第 2 卷，455—457)。

的财富，抑或是为了他们所依存的那个共同体的一般福利的增进。人们追逐财富的最终目的可以不同，但这种行为的直接经济后果却没有什么差别[①]。

① 克里夫·莱斯里批评敛财的概念是一个乏味的抽象(barren abstraction)，这种抽象使许多在实际生活中不尽相同欲望被搅和起来了。他评论说，“还没有哪一个哲学的分支像经济科学那样深深地打上现实主义的印记。大量事物在某一点上彼此相像，人们针对它们所共有的那种唯一的特征而给出它们一个共同的称谓。严格地说，人们只看到这个共同性的某种迹象，但却把它们的主要差异放到一边，便因此把大量的东西不分青红皂白归为一类。逐利动机是大量的不同动机、欲望和情感的一个一般的称谓，它们的经济性质及其影响有广泛差异，在某些方面它们经过许多变化，但在另一些方面在保持了历史延续性。虽然道德学家的观点与此相反，但却同样错了；他们厌恶抽象方法，在爱财富，爱生命，以及爱健康、清洁、礼貌、知识和艺术的一般名义下，谴责淫荡、贪婪和虚荣。所以，在政治经济学中，一切需求、嗜好、冲动、趣味、目的和观念等诸种不同的东西都被理解为满足致富欲望，都被熔铸为人类本性的原则；这个原则便成为产业的源泉和经济世界的运动规则。……劳动分工，交换过程，货币使用使得抽象的财富或货币似乎看来像生产的动机，掩盖了消费者的需求和愿望是生产的真正动机这一事实；消费者的需求决定由生产者提供的商品。在把重商主义学派骂了一通之后，当代经济学家自己也一头栽到错误的泥潭里去了，而这种错误正是他们所怪罪的。如果每一个人为自己生产自己所需要的或自己想拥有的物品，那么在‘获利欲望’这个字眼下被汇集在一起的各种动机是多么不同，就一目了然了；这些动机在不同的个人、不同的阶级、不同的民族，不同的性别和不同的国家都是极不相同的。获利欲望绝不必然意味着对产业的刺激，也不意味着对节约的鼓励。战争、征服、掠夺、海上劫掠、盗窃、欺诈等，都是它所诱发的牟取财物的方式。斯蒂芬(Stephen)统治时期的强盗男爵(robber baron，中世纪英国的贵族强盗，专门掠夺进入其领地的商人——译者注)以及受其欺凌的商人和犹太人，受同样的动机的驱使。支配浪荡公子在放浪形骸的生活中花天酒地的那些动机——游乐、感官享受、奢侈以及浮华显派——也会驱使更多的其他人在商业活动中孜孜以求，不懈努力。”(《论文集》，166—170页)这些论点是很有说服力的，但它不能支撑克里夫·莱斯里想得出的结论。对财富的欲望，指的是一般购买力的欲望，即增加一个人对一般生活中的必需品和便利条件的控制能力；克里夫·莱斯里没有向我们证明，在一般经济事务中，人们受这个欲望影响的假设以及由此产生的人们对于报酬宁多勿少的结论，或者是不合理的，或者干脆是无用的。对于构成生活必需品和便利品的那些特别的内容，人们的想法是千差万别的，他也没有给我们指出这一点。如他的著作已经注意到的那样，尽管潜在的目标各不相同，但追

在某些情况下，金钱所发挥的直接影响作用并不大，甚至在经济学说的具体应用中对此不加以考虑，也不会出什么大的乱子。然而，更为一般的情形是，由金钱的其他影响所产生的抽象概括能够具有近似现实性，只是这种近似性需要进一步发展和修正。

上述说法的合理程度，在公理意义上是得不到一些经济学家承认的。他们坚持认为，即使把人们的行为方式都归结为利益的决定作用，这种抽象并不必然导致实证分析的错误，但这一概念仍然是没有实际意义的。他们认为，这与生活现实之间存在一个明显的矛盾。例如，克尼斯提出的反对理由是，一个仅仅由自利所持续驱动的社会，是从来没有实际存在过的。他承认，诸如价格法则这样的规律作为假说，在一个社会里存在是有可能性的，但他否认这样的假说研究有任何有用的或实际的合理性。他说，一个人也可以将一项研究建立在利他主义假说的基础上，或者把人都看作有强烈博爱精神的人。他要告诉我们的是，类似这样的研究对于经济学家理解和解释现实经济世界，要么都一样有帮助，要么都没有帮助，根本上都没有区别①。

逐财富的直接影响却没有什么差别。一个人获得一般购买力的欲望可以是为了高贵的和最不自私的目标，但这并不意味着他会低于市场价值出售他的劳务或货品。假设人们欲望所及的目标极不相同，如西奇威克博士所说的那样，只要这些目标是可交换的和可衡量的，它们"就可以被当作一件物品——财富的一个确定的量；正因为如此，'追逐财富的欲望'便涵盖了所有的需求、嗜好、激情、享乐、目的和观念，这些不同的对象都用一个字眼来概括——财富满足欲（wealth satisfy），在演绎政治经济学所需要的程度上，我们可以假设它的现实普遍性和绝对性"（《政治经济学》，1891，41、42 页）。我们还要指出，这里还没有点到这个要害：在不同的条件下，可以产生很不相同的行为。依照经济学推理，趋利欲望影响人们行为的假设必须与其他假设相结合——例如，不存在权力与欺诈——这些假设使人们的欲望表达限制在一定的条件之下。

① 《从历史角度考察政治经济学》，1983，504 页。

严格地说，上述争论的第一点——没有一个纯粹利己主义者社会真正存在过——是似是而非的。克尼斯所批评的经济学家总是坚持说，他们做的是抽象分析，这个想象的存在比真实的存在更为简单。他们从不断言说现实社会在一切方面都是由私欲所控制的。争论的核心甚至不在这里，在他们作为经济学家所关心的生活领域，追逐财富的欲望独立表现自己，其他动机的表现并不影响它的独立意义。他们所确信的是，如果对经济领域做一个广泛的考察，每一个人对财富的欲望较之其他欲望更强烈，更具有一致性，而其他欲望只是对追逐财富的欲望发生一种限制作用。他们因此认为，通过这个欲望的计算，他们会有办法找到材料来确定其平均状态和最终状态①。

克尼斯的其他批评仍有些似是而非，但却不是完全不着边际。他这样认为，以纯粹利他主义为基础的教条，在符合具体实际方面，与以利己主义为基础的教条是没有区别的，换句话说，人们在相互的经济往来中，增大自己的利益的愿望，与增大自己邻居的利益的愿望，是同样强烈的、没有区别的②。但是，这个论点肯定与所有现实经济生活的事实相矛盾。看看我们的现实世界吧，难道我们没有发现利己性作为主要力量在决定着人们的行为吗？——

① 门格尔特别强调，所谓利己主义教条，被德国历史学派经济学家误解了，他们拿它与“充分经验现实性”(full empirical actuality)做了一种不适当的比较。参见门格尔《社会科学的方法》，79 页。

② 在理论上说，演绎唯一的利他主义的意义的打算，恰好把其他动机带来的一切影响放到一边去了。然而，这个打算在这里根本没有任何实际意义。Henry. Maine 爵士恰当地指出：“所有的科学都建立在抽象的基础上，在抽象的过程中，要权衡各种因素的重要性，有的因素被舍弃了，有的因素被保留了。”(《制度的早期历史》361 页)这样就把争论的问题归结为在经济事务中利己主义和利他主义动机的相对重要性。

尽管它也受道德、法律和社会良知的约束。在商品买卖中，在出租和承租中，在借进和借出中，每一个人都在尽其所能地为自己争得好处，难道这不是一个不争的事实吗？他可以受到法律、道德和公众舆论的限制；类似这样的限制因素所产生的影响最终应该加以考虑。但正常条件下的追逐财富的欲望是积极的推动力；这个欲望的直接经济后果是相同的，不论多么无私，所获得的财富，最终也还是要消费的。这个一般性的经验事实，证明经济学家从经济人的概念出发研究问题是有道理的，经济人是现实经济关系中人的近似形象。在这个概念基础上的结论包涵了一个假说因素；但无论如何，在政治经济学的若干领域里，它们还是能够处在现实经济世界的具体事务所允许的范围里①。

---

① 对于上述观点，在其他方面批评英国政治经济学的学者，也是承认的。R. Mayo-Smith 说，"没有哪一个经济学家在研究经济问题时敢于否定这样一个事实：人通常受到利己性的驱动"（《政治经济学讨论》，113 页）。瓦格纳说，"假设利己性理论的应用总是恰当的，其最靠得住的理由是，它被证明是最好的方法性工具。这里，我们有了适用于所有的人的共同要素。我们有了建立在真实的'自然'和普遍法则的基础上的要素。它基于人的天生属性以及人的心理本质（依从人的天生属性），还基于人与外部世界的关系。因为它影响个体，因此也代表了种群（species）的利益，因为种群的生存和延续是通过个体来实现的。历史经济学家的目标是模糊不清的，他们总是否定利己性假设的价值，走过了头。与倡导纯粹演绎这个错误相比，他们的错误走到了另一个极端，而且错的更厉害。固然不同的个体，不同的民族，不同的时代，以及利己动机与其他动机的不同的组合，都会修正利己性的表现模式，但他们没有记得，毕竟在利己这一点上，人类具有普遍的共性"（《国民经济学与统计学杂志》，1886 年 3 月号，231 页；《经济学季刊》，10 月号，118 页）。瓦格纳所强调也是我们已经阐述过的观点："说到经济行为的动机，利己通常不意味着某个个体的独自的利益，还包括了其他人的利益；每一个独立的个人都从其他人那里获得利益。例如家庭，获得财产是为了遗赠给后代，在这里，利己行为转变成了利他行为。但是，我们仍然可以说，尽管利己动机超越了个人，利己本身是没有变化的。"这里似乎有一个矛盾，但实际上不存在矛盾。个人的行为构成了整体行为诸环节中的一环，这个整体行为是利他的；但如果考虑到个人行为本身，就其直接后果而言，要与纯粹的利己主义动机区别开来是很难的。

同时，在经济的某些领域，可以看到利他动机也在发生着作用，经济学家的一般推理所依据的抽象概念或多或少也承认利他行为。然而，像英国政治经济学这样一门准确的学科，是不是可以建立在利他主义假说的基础上，是颇令人怀疑的。因为，对一般福利(general welfare)的追逐欲望不像追逐财富的欲望那样可以被计量[①]。

在上面的讨论中，我们已经了解了克尼斯对于仅仅受自利动机驱使的经济人的描述。但我们应该记住，如我们已经指出的，经济人不需要被想象为一个纯粹自私的人。我们总的看法是，经济人在经济活动中的直接目的是以最小的努力和牺牲，获取最大的财富；仅仅在直接目的上，我们才认为经济人受利己动机的驱使。

现在我们该谈另一方面的问题。当经济学家从充分的经验现象抽象出经济观察中的最大可能的效用这一概念时，他们不凭借这一概念解释一切经济现象。全部经济科学所赖以建立的充分基础，既不是经济人这个概念，也不是其他的抽象概念。在研究工作的完成形态上，我们一般使我们的对象显现某种复杂性。如罗雪尔所指出的，我们必须使我们的理论“在实际生活的无限多样性”上得以完成[②]。

---

① 参阅马歇尔《当代经济学的作用》，§§ 8—11。

② “依据抽象原则，所有的人在本质上都是一样的，只是因为受教育的差别以及生活地位的差别等因素才导致人们有所不同；人们在生产于消费的经济活动中，天赋、技能以及权利也都是平等的。按照李嘉图与冯·屠能的分析，抽象分析是经济学家打好知识基础的必经过程。更值得指出的是，当一个经济现象是因许多不同的因素影响而发生时，研究者应有意识地暂时把其中的一个因素分离开来，以考察它的特殊意义。其他因素可以暂时被认为不发生作用，并且是不变的，然后提出问题：被考察的这个因素的变化的效果是什么？这个变化产生的效果是增大的还是减小的？但是，这毕竟只是一个抽象，它不是出自实际的变化，而只是发生在理论的形态上，所以我们决不应该忽视实际生活的丰富多彩。”(《政治经济学原理》，§ 22)

第三节 例证:需要完整的实际解决方案的经济问题

人们想找到关于财富的分配最终的答案,然而,把人看作一味关心利益之所获,不考虑与钱财无关的事项,那是极不充分的①。对一个国家或一个地方的热爱②,惰性,习惯,期盼被人敬重,对独

① 如果经济动机意味着影响人的经济活动的任何动机,那么很清楚,财富欲望不是唯一的经济动机。瓦格纳对上述意义的经济动机从五个方面做了分类:(1)获取的愿望以及对贫穷的恐惧。(2)希望获得非经济的报偿(例如赞誉),以及对非经济的伤害(如惩罚)的恐惧。类似这些动机的表现在奴隶劳动中显得比较重要。(3)名誉感以及对名誉受损的恐惧。理想条件下的同业公会制度是这些动机表现的例证。另一个例证是工人们为自己的优良工作质量而产生的骄傲感。(4)对行动和行使权力的热情以及对无所事事的可怕后果的恐惧。"有时候,那些管理着大规模企业的忙忙碌碌人们的直接目的是积累财富;但是,他们可能并不是为了物质利益的好处,而只是为了财富所能赋予的一种力量。"竞争的动机在一定条件下也可能发生某种影响,但竞争动机更类似于对权力的迷恋。(5)非自利动机是责任感以及良心上的自我约束。"因为这个动机,竞争不可能被推到极端,价格也不可能因为个人利益的驱动而达到最高或最低的极限;因为追逐个人利益必定会受到荣誉感和人际交往礼节的制约。在这个意义上,我们不仅要注意到所有慈善活动,还要注意到这样的情况——在经济或社会领域,人们总是尽可能地克制着将自己的私利作为其经济行为的唯一的基础。见《政治经济学基础》第33—36页;《经济学季刊杂志》(*Quarterly Journal of Economics*, vol. I., pp. 118—121)。"

② 张伯伦(Chamberlain)先生在1885年的一次讲演中说:"政治经济学家也许发现,要理解诸如一个种族的传统和历史是极为困难的。对家庭和国家的爱恋、宗教热情以及政治情操这样一些非现实的因素,应该会绝对地避免一个苏格兰高地的人接受让他迁离家乡的建议,这个家乡是其祖辈生活与耕作之地,也是其祖辈为之流血并求得归宿之所在,对此政治经济学家也很难理解。但人的本性是一个比政治经济学规律更显重要的力量。万能的上帝把对国家的热爱植入了人们的心灵,使得爱斯基摩人对冰雪永久覆盖下的大地有不可抵御的爱恋,同样使得阿拉伯人爱自己的荒漠,苏格兰人爱自己的起伏连绵的山野。"没有哪一位重要的经济学家可以真正领受这个责难。在政治经济学(如果不是指它本身的一个完整的部分)的应用中,他们承认归纳性观察

立性或权力的热恋，对乡村生活的偏好，等级偏见，偏执顽固[①]，公共精神，同情心，公共观念，对可接受义务的责任感，关于正义与公平的现代观念等，都是会对财富分配发生影响的因素；尽管这些因素在不同条件下的具体意义有很大的不同，但经济学家仍然感到很有必要认识财富的分配。道德动机可能发挥的特殊影响，在前一章中已有颇为详尽的讨论。在那里，我已经指出，在抽象的理论分析当中，经济学家假设，与商业活动有关的传统道德规范一般是会被接受和服从的。然而，这样的传统道德的标准具有多样性，只是其出发点是共同的；经济学家在更为细致的观察中不应该忽视这种多样性。在特殊的情形下，市场的传统道德竟也会允许存在"买主自己小心"（拉丁文 caveat emptor）这样的规则。在同一社会的同一时间里，不同层次的交易也会不同。

影响工资的重要因素，包括合作的稳固性、劳动阶级联合的习惯，以及决定这些方面发挥作用的程度的社会力量和法律规定。还有，在讨论工资问题时，很清楚，企业的差异以及影响人们改变自己命运的意志或能力的知识的差异，都是不应该忽视的。还应该注意那些直接或间接影响劳工流动的各种立法。举一个特别的例子——经济学家讨论妇女工资的决定问题，研究是否存在什么因素使得妇女工资与男子的工资有所不同；但是，除非他们对不同

的意义，这种观察注意到一切影响劳动力在国家之间以及国内的地区之间的流动的因素；而且他们也不忽视张伯伦先生所涉及的那些因素。上述引语可以说明一般的政治经济学家是多么地狭隘和片面，也说明人们用世俗的观点替代经济学家的观点的情形是多么地容易；因为肤浅的读者常常依自己感到合适的思路在经济学教条里获取一鳞半爪的知识。因为这一类认识上的迷失，实在有必要坚持这样的观点：抽象理论不可能穷尽政治经济学的全部内容。

① 这些因素在贸易争端中会发生重要作用。

的社会影响的作用做出考察，否则他们不会得出充分的答案[①]。

让我们转向各种劳动供应差异的那些更一般的问题。我们发现，劳动供应方面的差异客观地决定于那些知识的、社会的和道德的条件，这些条件规定了人们的生活标准；此外，劳动的供应也受到食物和其他必需品价格的影响。穆勒关于社会主义问题争论的观点也表明了这些意思。“对人类增殖的明智的约束(prudential restraint)会达到一个界限，人口按一定的速率膨胀，但通过不断加剧的生活条件的恶化的连续过程，终将会因现实的饥馑而减少共同体人口数量”[②]。他说，如果社会主义“不能提供约束的动机使人口减少，这个理解就可以讲得通”。但他接着分析说，公众观念的力量会提供新的动机；依照他的评论的基本思想，进一步可以认为，公共精神和对大众福利的关心也是新的动机。很容易夸张这些因素的效力；但是当争论这个或那个社会的状态时，这个分析将至少表明观察的必要性，也能够说明不同环境对人类行为发生的影响。

在讨论财富的生产和积累时，我们又发现不同条件下的作用动机是不同的[③]。例如，仅仅出于对平凡生活的热爱而喜欢工作，

① 参阅沃克(Walker)的《工资问题》对这一问题的讨论，372—384页；马歇尔教授的《产业经济学》，175—177页。

② 《政治经济学原理》，11.1，§3。

③ 在漫长的各个历史时期，那些众多的历史悠久的社会，例如像埃及和印度这样的国家的百姓，在严格的种姓制度下，一直表现了令人惊奇的产业水准，而习俗、社会情感和宗教信仰直接起着刺激作用；至于人们的财富占有欲则谈不上什么重要作用。在信仰差别很大的宗教社会，非常活跃的产业一直在纯粹的宗教动机的刺激下获得发展。得到历史记载的那些最为辉煌的产业成就——荒野的消失，桥梁、纪念碑和寺庙这样的公共设施，驯化土著人使之习惯于辛勤劳作——都由纯粹的宗教机构依靠宗教动机而获得，做出贡献的是那些和尚、传教士和神父。弗里德里克·哈里森(Frederic Harrison)，《政治经济学的边界》，双周评论，15，1865年6月。

习惯性的储蓄，都不是我们无法想象的先验的东西。就储蓄而言，如果排除对人们追逐财富这一动机的考虑，事实上我们将不能发现决定资本积累的规律，也不能发现影响储蓄的利率变化的具体方式。

再转到纯粹的货币问题，例如决定不可兑换的货币的贬值的因素，我们或许要考虑人们的信心如何得到保持的问题，后者又可能与政治同情有关，或者有可能与知识和智慧有关，也或者与那种防止人们陷入非理性恐慌的道德约束的力量有关。这后一点与造成金融危机的现象又有着更为清楚的重要的联系。例如，这种周期性的危机循环的理论说什么也不会与物质形象的变化有关系（如杰文斯的太阳黑子理论），这个理论需要依据一个民族的知识与道德发展的水平来做出补充解释。

还可以提出进一步的解释，立法条件①、政治和社会制度对产业现象的影响要特别给予注意；但更全面的分析表明，追逐财富是我们做出有关解释的主要因素，而如果经济科学要对经济生活的现象提供充分的说明和解释，就十分有必要关注社会环境和其他多种多样的行为动机的影响。

第四节　政治经济学与其他社会问题研究的区别

因为考察现实经济问题对于其结论的完备性通常具有重要的

① 舍恩贝格指出，政府法律总是会起作用，但自由放任原则被允许发挥着更大的作用。

意义，经济学家保持对社会生活诸方面的密切关注就显得十分必要。把经济学当作孤立的东西与其他社会科学分离开来，其有害性再明显不过了。但政治经济学也不应该失去其个性。关于社会活动诸方面以多种形式相互联系的认识，不能否定它们之间存在差异这一实质。既然社会科学被划分为不同的类别，那么要取消各类别之间的边界，将会损害科学劳动分工所获得的成就。政治经济学有必要考察主要属于其他科学研究分支的对象；但这种考察应限于一种特殊的目的，即政治经济学只是在那些对象涉及经济方面时才给予关注。因此，经济学家当然忽略或跳过了许多研究对象以及这些对象间的联系，而这正是其他社会哲学家如法学家、伦理学家或政治科学的学生深以为重要的东西。如彻布莱茨正确地指出的，“科学进步的趋势总是使科学发生分化，而不是使它们煮成一锅粥；总是使学者们的观察领域分门别类地得到确定，而不是按照一个方法，在同一个模式下，把它们归拢到一起。”①

我们注意到政治经济学不得不涉及自然的以及社会的现象。例如，工资的上涨就有可能与较好食物对工人劳动效率的影响有关。再如报酬递减规律有一个直接的物质的根据。要把自由贸易的效果与国家间自然禀赋差异的假说分开来考察，也是很不恰当的。但是不能因此认为政治经济学独立于自然科学就无以存在。我们可以因为自然科学本身的相似性而进一步提出不同看法。物质世界内部在许多方面互相依赖是一个事实。例如，地质现象依

① 《经济科学概论》，第1卷，9页。

赖物质的和化学的现象，但没有人因此否认地质学可以被看作一门边界清楚的科学。我们可以说，在一定意义上，每一个事物都包含其他事物，而且也不用怀疑关于地租问题有可能构建一个政治经济学的百科全书。然而，如果要在精确知识的建立方面有所建树，分支学科的建立和专业化的发展就总是十分必要的。

若假设政治经济学不是一门独立的和孤立的科学，它仍然可以被看作思维真理（speculative truth）的一个严格的分支；它与其他社会科学相比而具有的独特性质可以使它另列为社会科学的一个门类。换句话说，政治经济学将一种具有独特性质的社会活动形式作为自己的严格的对象而确立了自己的科学内涵。①

即使我们最大限度地承认政治经济学是社会科学唯一的分支

---

① 我们注意到，施纳肯贝格——此公代表着德国经济学家的流行观点——在理论上充分论证并确实坚持了经济现象和其他社会现象的相互依赖的性质，但他仍把政治经济学看作一门特殊的独立的学科（《一门独立的科学》）。他认为，下列诸方面是每一个人的最基本的生活领域，它们在整体上构成了国民生活：司法诉讼，艺术，科学与教育，家庭生活，社会生活和道德，宗教生活，政治生活以及经济生活。他评论说，这些领域中的最后一项与其他方面有着最紧密的因果联系；它影响着它们，它们也影响着它。因此，研究经济问题必须注意这些因果联系。但同时，经济生活是国民生活中的一个明确的领域，在这个领域，人们有特殊的追求，其中也存在特殊的规律并依存特殊的制度；人们在这个领域会遇到特殊的问题，这些问题自然也会成为独立科学所研究的对象。见《指南》，第1卷，3页、16页、17页。参阅 Dr von Scheel，《指南》，第1卷，69页。他说，“与其说政治经济学应该扩展为整个社会科学，不如说它应该扩展为社会科学的一个分支；这个社会科学不应该是以往提到的那种过于狭窄的概念。”克尼斯表述了同样的看法，“一个人可以去研究那种能够提出适应一切国家和社会的基本的普遍的理论，这种理论可以冠之以社会学或其他什么名称。但是，只讲这个是不够的，对于政治和社会经济的合理的和不可避免的关注的要求，就我们所知的领域来说，还没有起码的满足。如果这个科学的分支——它专门对人类社会生活的最大、最重要的领域进行研究，并伴随劳动的科学分工的发展而成长——还尚未建立起来，那么就需要尽快将它建立起来。”（《从历史角度考察政治经济学》，1883，9页）

或部门，但依照社会知识的现状，我们还是不应该试图给予经济学一种完整的新形式，让它吸收一般社会学的内容。孔德批评政治经济学的研究结论极端贫乏。但是，被人们以为从整体上研究人类社会生活的社会学这一“科学老大”(master-science)的研究结论就丰富得很么？谢尔布鲁克(Lord Sherlbrooke)对此曾做过很好的评论，他说，区别于各门特殊社会科学的社会学要占上风还未到时候。在社会科学领域，这一天的到来需要更广泛地做出概括总结，办法是使研究社会中的人们的各种具体的科学得到更充分的发展。因此，一般的社会学知识是可以建立起来的，而政治经济学则是它的一个分支。但经济学不能等待这个意义上的社会学的建立。马歇尔教授说：“大谈统一的社会科学的更高的权威是没有意义的。不用怀疑，如果它存在，经济学将乐意在它的卵翼之下寻求庇护。但是它不存在，也没有信息表明它将会出现。无聊地等待它是没有意义的；我们应该用我们现有的资源做我们该做的事情。”①

附带指出，在有限的意义上说，经济研究有一个特殊的方面，

---

① 《经济学目前的地位》，35页。西奇威克(Sidgwick)博士在他的《经济科学的范围与方法》里表达了同样的意思。他较详细地讨论了作为实证或认定(established)科学的社会学的要求，并以孔德自己的标准做了检验，这些标准是(1)一致性或延续性(consensus or continuity)，(2)可预见性(prevision)(46页)；以这两个标准为基础，他对问题做了否定的回答。他的结论是，“没有理由对一般社会学的进步感到绝望；但我不认为我们可以闭着眼睛无视它目前的不成熟状态而去感受它的发展。当有关社会的一般性科学解决了那些我们或多或少只是试图加以清楚地确定的问题时，我们将因更为具体的研究转变为有关社会现象的不同学科而感受到它的存在。在这个转变中，实证知识将提供给我们更好的东西，使之替代那种由模糊的应用生理学类推、未完全证实的历史学概括和无把握的政治学预言所构成的大杂烩，届时将在真正科学归纳的基础上成功地实现关于社会进化的预测。”(55、56页)

较之其他方面与一般社会哲学更为接近。很清楚，在寻求关于经济成长的理论时，具体分析的方法较少使用，而讨论预先给定的产业条件的那些规律时则要运用具体分析的方法。从具体的经济分析着眼点历史地追寻成长的实际过程的确是有可能的；而离开任何社会进步的一般理论提出与经济发展具体要点有关的一般性概括也是可能的。但是，因为我们承认在经济发展中任何特定阶段的经济条件，不仅决定于先前阶段的经济条件，也决定于先前阶段的一般社会特征，所以，经济成长的整体趋势的理论，似乎没有可能在独立于社会发展一般趋势的理论的情形下被建立起来。

那些批评旧政治经济学的人们是从经济成长的方面来提出自己最强有力的理论的；还可以注意到，一般社会学经常给自己提出这样一个基本问题——"去发现那些规律，用以说明任何一个社会状态如何得以延续和更替。"[①]依照这里的含义，当社会学能够构建自己具有确定的公理化形式和内涵清楚明确的理论体系时，经济成长的理论便可以成为它的一个特殊分支并有所获益。

附录A　抽象的与具体的政治经济学之间的区别

在前一章的讨论中，自然引出关于经济学发展的两个阶段的认识，可以分别把它们称为抽象阶段和具体阶段。[②] 在政治经济

① 约·斯图亚特·穆勒，《逻辑学》，第2卷，510页。

② 参阅杰文斯《政治经济学的前景》，见《双周评论》11月号，1876年，625页。

学的抽象的或纯粹的理论中，我们关注某种广泛的一般性原则，而不去考虑特殊的经济条件；或者，按照杰文斯的说法，我们关注“那些本质上简单的法则，这些法则深深地潜藏于人及其外部世界的本质之中，并贯穿于我们目力所及的一切历史时代”。抽象理论的方法几乎完全是推理性的和假说性的；尽管它最终依赖对事实的观察，但它却出于人为的对事实的简单化处理。其结论在一定意义上有普遍的适用性，因为它们的一般化形式能适应特殊事件发生时的特殊的条件；但它们自身总是不完备的，因为我们不能单单依靠它们来理解实际生活中的经济现象。

具体经济学(concrete economlcs)起了补充纯粹经济学的某种作用，不满足于仅仅是假说的结果。它的法则或者来源于对经验的直接概括，或者来源于演绎方法的运用。在后一种情形下，前提的设定要适应特定的条件，前提与结论都要经由经验的直接检验。在构建具体的经济理论时，我们努力发现那些能解释一切历史时代和一切社会形态的法则，这些法则在多数情况下与它们的应用相联系，但不是说它们具有普遍的适用性。①

当我们把自己当作经济人，并假设在经济自由的状态下我们能够孤立地看待每一个人时，我们便有卓越的(法文 par excellence)纯经济理论。在这个基础上，竞争性价值的法则，以及工资、地租和利息形成的法则，可以在最一般和最抽象的形式上得到反映。杰文斯的《政治经济学理论》提供了这种抽象研究的典型范

① 这里说的具体经济学有时也被称作应用经济学。但是，如我们已经指出的，后一称谓是模糊的；总的来说，把它称为政治经济学手段更为合适。

式，与此相对应的则是沃克（Walker，Francis Amasa）的著作《工资问题》，这本书的研究方法总体上是具体的。

但是，抽象的和具体的政治经济学之间的区别几乎没有严格确定的可能；因为我们所能观察到的社会状态和特殊条件有时也只达到一定的程度。甚至同样的一个理论（如作为价值调节器的生产成本的理论）可以有抽象的特点，也可以有具体的特点，这要看研究的方法是什么。在某些情况下，具体理论恰好是抽象理论再加上对特殊条件的考察，这种考察能用来解释现存事实，所以从这里我们看到了观察理论被修正的必要。依据这种分析，我们与其努力去确定抽象理论与具体理论之间的界限，不如简单地认定这样一个道理：政治经济学仅就其忽略时间、地点和条件这些特殊因素的性质而言，它是抽象的；同时，当它关注这些因素时，它就变得越来越具体了。这种相关性不否定它们之间区别的重要性，这种区别的特殊意义与方法问题有关。

应该进一步指出，这里所讲的区别的方法以及区别本身并不具有普遍意义。我们已经知道，一些经济学家实际上完全否定了抽象的或假设性研究的可能性，至少否定了它的意义；同时，其他经济学家把纯经济学看作是经济学的全部。前一章我们已经花力气批评了这两种意见。纯理论作为经济分析的一般基础无疑可以说是重要的，甚至可以说它具有不可缺少的价值，但同时它也只能是一个更大的整体的一个部分。

的确，有时候从纯理论很快过渡到对现实经济世界个别现象的解释是可能的；但是，通常需要插入一套理论，这套理论具有某种一般形式，但在本质上不是纯粹抽象的；或者它可以经由简单的和一般的现象而提出，并被抽象理论所承认。正是这套理论构成了具体的政治经济学，并与政治经济学的纯理论形成某种大略的区别。

抽象理论的推理有一种具体经济学所缺少的逻辑上的精确性。作为假说，它使人感到信服和必要（demonstrative and necessary），所以在受过适当训练的学者中间对于它的结论不应该有观点上的差异。比较而言，具体经济理论有一种偶然的和不确定的性质。但是，认为它们因此不能成为政治经济学的一部分，或者认为它们在本质上是非科学的或非理论的，则是完全没有道理的。应该坦率地承认，并不是所有科学都具有令人信服的形式；为了简单地获得逻辑形式上的完美，而把政治经济学概念狭隘地归于纯理论是一个很大的错误。

附录 B 动态的与静态的政治经济学之间的区别

在前一章谈到经济成长的规律时，我们提到政治经济学的另一分支，这里还需要做一些补充说明。经济理论所要研究的是，(a) 一定经济条件下所产生的财富现象；或者(b)这些经济条件在漫长的历史阶段中伴随经济本身变化所发生的改变的方式。

这两个研究分支的前一个构成经济科学的主体。例如，它把支配产品分配，并把产品分解为租金、利息和收入的那些规律作为自己的研究对象。后一研究分支集中于对经济成长的研究；其学说在整体上构成关于经济发展或进化的一般理论。从人身依附到自由契约(from status to contract)转变的规律,以及从集体产权到个人产权过渡的规律,这都是这一研究分支所关注的具体内容的例子。

应用由孔德引入的社会科学的专门术语,穆勒和其他一些经济学家把这两个分支称为政治经济学的静态的和动态的方面。事实上,这些术语并非特别地恰当;它们甚至易引起误解。在所谓静态经济学中,我们常常需要考察特殊变化的后果,诸如需求的变化,生产成本的变化以及货币流通量的变化等。经济世界,甚至一个社会的给定阶段,总是处于永恒的运动之中;价格、工资、利润、货币体系和关税等总在变化;尽管它们独立于任何经济成长的理论,观察这些变化之间的相互关系,仍是政治经济学的专业任务。

然而,撇开这些特殊术语的使用,那种区别本身的意义无疑是存在的,特别是在经济方法的讨论中更不能无视这种意义。从几乎完全依赖研究的历史方法这一点上说,经济成长理论是例外的(exceptional);如前一章所指出的,较之其他经济学说,经济成长理论更显得隶属于一般社会学。一些历史学派的成员自觉或不自觉地把经济发展的研究等同于政治经济学全部,或者在某种程度上把它看作政治经济学中值得做科学研究的唯一的部分。相对价值(relative value),这一被他们归属于经济观察的历史方法的概念,因此是十分重要的;他们与其他经济学家的分歧的本质多少有点容易被误解。

应该附带指出,政治经济学的"静态学"与"动态学"的表述,也被用来表达一种比上述意义更为模糊的区别。如果一个经济理论建立在被称为“静止状态”假说的基础上，它便被冠之以“静态”这一字眼，也就是说，生产与消费、分配与交换这些方面所依赖的各种一般条件本质上没有什么变化。换句话说，在静态问题中，某种特定类型的变化的后果也被考虑，但一般的社会经济条件被假定是不变的；它假设社会需求的一般性质不发生基本的变化，也没有发明创造导致大规模的新的生产方法被采用，没有战争和饥馑所引发的人口的减少，没有资源供应的不断耗竭，等等。在经济学发展的更高阶段(later stage)考虑这些变化的后果就十分必要了，这时我们便进入动态学的范围。我们将会体会到，动态政治经济学的含义不像经济进化一般理论的含义那样广泛。

这里确定的动态经济学与静态经济学的区别只是相对的，而不是绝对的。但这种区别的深层意义仍具有很大的重要性，从方法论的观点看尤其如此；认识这两种研究之间的真正本质也具有重要意义。区别于对任何问题的动态研究的静态研究，涉及了更高程度的抽象；这种研究的合理性在于，当我们尽可能孤立地而不是从多重联系的意义上看问题时，我们一开始研究经济力量的运行，便有了某种清晰性和精确性。我们的问题因此被简化，我们首先把它们看作能够获得确定的和精确的答案的一种形态。但是，在我们使用抽象方法的其他情况下，静态方法就不是决定性的；只要有可能，静态方法就需要抽象程度较低的方法做补充。

马歇尔教授对于从物理学向经济学输入静态和动态这样的术语有某种兴趣。他认为，在经济推理的初级阶段(earlier stages)与静态物理学的工具之间，颇有某种相似性(analogy)；但他认为，在物理学的意义上，经济问题的动态答案是不可能得到的。他的看法是，在经济学的更高的阶段上，生物学的相似性比机械学的相似性更有意义；进一步说，经济学的推理按照与静态物理学相似的方法展开时，它必然渐显出与生物学更多的相似性。换句话说，当经济学愈来愈复杂时，它更少与那种仅从机械意义上确定的力量的相互作用发生联系，而更多地显现出有机生命体的意义和增长的意义。[①] 这一点与我们在本书其他地方表达的意思是一样的，我们说了，当我们分析经济成长与进步问题时，适宜的方法是少做演绎，多做归纳。因为我们发现，与机械运动的类似性（动态的和静态的）自然暗含着观察的演绎方法，而类似生物的和进化的性质则暗含着归纳的方法。

附录C　政治经济学与常识

被当作科学的政治经济学的主张(claims)被否定，并不是孔德及其学派一家之言。在这里，自相矛盾的是，有时认为经济学问题可以由常识得到很好的解决，就是说，一个受过专业训练、对科学一无所知的常人的智慧就可以回答经济学问题；由此便把那种

① 因此，"在经济学的初级阶段，我们把供应和需求看作彼此紧密相关的原生的作用力(crude forces)，它们趋向一种机械均衡；但在更高的阶段，平衡或均衡不再发生在原生机械力量之间，而是发生在生命的有机力量与衰败之间……就像每个春天树叶由萌发而开始生长，全盛时期随即到来，达到顶峰后即走向枯败；年复一年，树木自身也最终走向它的生命巅峰，最后也走向衰败。由这里我们发现了一种经济学内涵中与生物学相似的摆动性，其中商品或服务的价值围绕一个不断变动的中心而不停摆动，抑或这个中心自身也在一个较长的时期内摆动。"（《经济学杂志》，1898 年 3 月号，43 页）

想给经济学分析一个科学形式的努力看作愚蠢之举。[1]

所争论的问题在一定程度上涉及“科学”和“科学的”含义。甚至那些否定政治经济学是一门科学的人士也承认,政治经济学的建立依赖系统的观察和分析,它包含了一整套可证伪的和可做理性判定的事实分析(ascertained and reasoned truth)。但这与被其他人称为科学的东西没有太大差异。科学被定义为拥有普遍概括性结构(generality ofform)的连贯的系统的真理的总和(body of truth)。缺少普遍概括性的真理不能构成科学;只要它们是零散的、不连贯的,也不称其为一般规律。使政治经济学成为科学,不过是指它发现了经济现象的一般规律,使之有机结合,并借助这些规律使特殊的经济事实得到解释。

如果在这个意义上的经济科学不被否定,问题将转化为达到特定目的的一种方法和手段;我们在这里可以非常简略地考察那种赞成求助于所谓应用性方法而反对科学方法的观点。

因为经济学面对不懂科学的大众讲话,并注定要使他们易于理解,所以,政治经济学的科学研究方法受到了责难。“它的目的是使常识成为工业和贸易的最高统治者。判定真正的政治经济学是它的教学,它的原理,它的观点,尤其是它的语言,要易于被所有人理解。”当然,如果简单的推理能够达到同样的目的,深奥的推理就是不合适的;如果不损失精确性而能够避免技术性分析,那么技术性分析也没有必要。但是,使未受过专业训练的普通人很容易

---

① 见 Bonamy Price 教授的《应用政治经济学》第 1 章;另见他作为 1878 年社会科学协会经济与贸易专业委员会主席的讲演,发表于《统计社会杂志》(*Journal the Statistical Society*) 1878 年 12 月号。

懂得关于真理的是是非非，实在是使他们步入误区的简单路径。

毫无疑问，在处理经济问题时，对于健全常识的运用在适当限定范围里还是有很大的空间。常识，或者至少是普通经验，给经济学家提供了许多根本前提；涉及现实问题，我们在两个方面有很多话要说，常识作为最后的手段，常常是必须借助的最高权威。[①] 然而，在讨论像政治经济学里面那样复杂的题目时，拒绝系统观察方法和推理方法提供的帮助，是对真正的常识的背离，若做通盘考虑，使用并恰当地欣赏这些方法，做一些必要的科学训练准备，实在算不上荒唐。经济生活的具体现象是如此雷同，以至人们很容易幻想他们自己有能力对它们做出健全的判断。因此，就经济分析与推理的方法进行科学训练的必要性受到人们的普遍认同，是十分重要的。一直有这样一个说法：由于政治经济学过于科学化，便失去了它的影响。确切地说，是政治经济学的科学式的自命不凡有时被误解，被夸大，而它作为真正的科学，其应该服从的约束却被忽视了。我们承认政治经济学的声誉由于这个原因而受到损害，但要看到那些在研究工作中未受过充分科学训练的人以政治经济学的名义所贩卖的浅薄的教条（crude dogmatism），对政治经济学的损害更大。

那些认为政治经济学不应该僭称科学的人士所持的进一步理由是，“政治经济学所宣称的真理最终不过是已为全世界所知的老生常谈”。假如说这个说法是正确的，那么这也不是政治经济学一

① 可以认为，这里讲到的这种常识实属罕见；就其经不起科学规则的检验，不能通过科学训练而得到这一点看，它也只配拥有常识这样一个名称。

家的问题。多数科学法则包括了已为一切历史时代所知的事实；但它们远不是对这些事实的简单的重复。科学与日常事实判断的关系是，科学考察事实的逻辑基础，给了它们一个精确的形式，修正和补充了它们，用更高的概括的方法解释了它们，从而使它们系统化并结合为一个整体。为了建立已经成为人类共同财富的经济学真理而做这些工作，是政治经济学的目的之一。

第五章　关于政治经济学中的定义

第一节　政治经济学中的定义问题

从培根以来所有讨论科学方法的学者，都以这种或那种形式提请人们注意在建立任何一门科学时概念解释(explication of conceptions)所发挥的重要作用；把我们的基本概念搞清楚，对于政治经济学的重要性超过了其他任何科学。这个认识的形成主要来自关于定义的讨论。

有一些学者轻视给经济学术语以精确定义的一切努力。他们以怀疑的态度对待这些努力，视这些努力为需要从学生眼中擦除掉的灰尘，以为这些努力把人们的注意力引向了那些不重要的方面。政治经济学被认为过分纠缠于定义。例如，理查德·琼斯这位以对李嘉图学派的早期批评而著名的人物，也是强调经济学理论的相对性的首批人物之一，喋喋不休地蔑视那些花时间讨论定义的人士。他说，“对于不给租金常规的(regular)定义，我一直持批评的态度。这种忽视不是偶然的。差不多自始至终，研究任何题目的本质，按照一个定义——它先于我们已经存在——会证明我们对如何开始我们的研究任务一无所知，对我们拥有的归纳精神一无所知。”[①]孔德的观点如出一辙，现代历史学派的一些人也是如此。他们以为，讨论术语含义的学术论文如果不是卖弄学问和浪费光阴的话，也是一种绝对的欺骗。[②] 批评尽管尖锐，但这里也有说对的地方。仅仅下定义帮不了我们什么忙；把我们束缚在严格的定义上，或者甚至追求术语使用中的完美的一致性，有时候会阻碍而不是推动科学知识的进步——对此我们后面将给予讨论。如果我们避免在字面意义上过分争论，而以真正科学的态度对待定义的讨论，其根本重要性还是不可抹杀的。

首先，可以发现，如果说经济学家因过分留意定义问题的细节而浪费时间，那么，其他人面对不确切的词义发生纷争会浪费更多的时间。如果不能对他们自己使用的术语给出精确的含义，也不理解其他人使用这些术语时所赋予其中的意义，那么，他们很容易成为“用歪曲对方观点的办法来驳斥对方”这一谬举的受害者。经济学中的大量争论是可以避免的，办法是在使用各种术语时清楚地把握它们所具有的不同含义，并理解不同含义之间的相互关系。

但是，一定不能忘记，在正确理解之下的定义问题，绝不仅仅是一个语言问题。穆勒说：“各种定义，仅从名称上来说，应该以相应事物的知识为基础。”在讨论定义时，应该洞察事物的属性；如同西奇威克博士在他的《政治经济学原理》中一段高度哲学化的文字

---

① 《理查德·琼斯文学遗著》，W. 休厄尔编，598 页。

② 索罗尔德·罗杰斯（James Edwin Thorold Rogers，1823—1890）教授说：“在文字堆里纵横捭阖实在是最惬意的公干。它不需要知识，有足够的聪明就够了。人们通过埋头苦思冥想无休止地将大量定义编制成一个网络，将傻瓜们一网打尽。”（《历史的经济学解释》，p. viii）

所强调的那样，讨论问题本身的意义要胜过最后选定一个特殊的定义。西奇威克博士注意到，经济学家容易“低估探索每一个关键术语的最确切定义的过程本身所具有的意义，而容易夸张最后找到它的意义。就像柏拉图的多数读者所知道的，真理是难以捉摸的(difficult to retain and apply)。我们通过讨论一个定义而获得的真理经常显现于我们最终所构建的原理中最恰如其分的地方，只是这种显现并不那么直白，那么耀眼；它首先获得更为清晰和完美的形式，其中，原理所涉及的事物的特点展现在处于发现它的过程中的思想者面前”。① 面对一个术语，只选定一个定义，总是显得专断。在一定意义上，只要所有似是而非和含混不清的东西被过滤掉，一个术语给出两个或两个以上的定义也不是不可以。但是，对一个涉及不同内在联系的概念就其内容做出精确分析，算不上专断和故弄玄虚。在分析中，一般假定或者概念的外延或多或少得到一致确认，或者于概念所联系的某些命题具有可靠性。例如资本概念，通常理所当然地认为资本是财富生产中各种合作性要素中的一个。因此，我们的经济概念不是仅仅由发挥想象所得到的思想构造，更是我们对我们所感受到的工商业现实的一个反映。对概念的分析固定了我们对现实情形之内部差异及其相互关系的感知。

如果没有概念，也不可认定我们就无法获得与概念有关的事实本身的精确的知识。在经济学中，模糊和歪曲的概念导致了大量的错误；因为经济现象的复杂性，这个学科要获得清晰的知识无

① 《政治经济学原理》，1901 年版，59 页。

疑会遇到特殊的困难。[①] 正是这个原因,政治经济学才比其他学科更强调相对意义。如我们已经说过的,正是因为讨论定义,才使我们的思想更为清晰;我们构造出恰当的定义,也是对我们的思想的清晰性的一个检验。

然而,讨论定义对于解释基本概念所提供的帮助并不是我们强调定义问题的重要性的唯一理由。所有定义都涉及分类。给予得到某种描述的现象一个名称,意味着我们将他们划归为一个类别;我们从经济观点出发把彼此之间有着最密切联系的归拢为一个类别,而把那些只具有表面的微不足道的相似性的事物分离开来,具有极为重要的科学意义。根据这个分析,在有限的意义上说,经济学术语的精确定义的最后选择并不是很重要的。我们的目的总应该是使我们的术语彼此间能够得到清楚的区分,从经济学观点上说,这具有关键意义。只有借助合适的专门术语,我们才能够避免冗余之论,而构造出与财富现象有关的准确的一般性概括。

从这个观点出发,可以认为定义问题涉及分类的一个方面;同样很清楚,定义不仅仅是一个文字表述问题,而是一个事实判断问题。事实真相是,政治经济学中定义的讨论需要广泛的经验,以及对各种经济现象及其相互关系的充分的知识,如果这种讨论的进行是为某种现实目的服务的话。这决不是像索罗尔德·罗杰斯教授说的那样,对定义的讨论不需要知识,而只需要聪明。在展开的

① 举一个例子——但不是唯一的,工资理论的荒谬至少可以部分归结为我们对资本概念做精确分析时所遇到的困难,以及将分析的结果在思想上清楚地获得表达的困难。

序列里，对定义的某些考虑自然地会处于一个靠前的位置(early place)。但在知识的序列里，定义的完成形态只能处于发展的最后阶段。休厄尔说，“中世纪的逻辑学者将定义搁置在知识进展的最后阶段；至少在这个安排中，科学史，以及从历史中衍生出来的哲学，确立了它们的理论推测(speculative views)。”[①]从这个观点出发，亚当·斯密始终肯定他在《国富论》里引入定义时所采用的谨慎的方法。

第二节 做出经济学定义需要满足的条件

根据前一节的分析，讨论和构建政治经济学概念的主要目的是：(1)尽可能使这门学科的定义精确和严格；(2)对主要经济现象做出严格的分类。换句话说，我们的主要目的是使我们的观念始终保持清晰和恰如其分的性质。也不要忘记应该努力使我们的定义能够表述得简单和易于理解。还要注意到，努力构建经济学定义总会遇到一些特殊的困难。

因为经济学家熟悉日常生活现象，也因为大经济学家先前的工作，经济学家在多数情况下满足使用普通谈话里所流行的术语。这也有某种好处。正如休厄尔所指出的，从普通语言中借用词汇，“术语只用简短的解释就可以得到理解，记忆也不用花很大力气。”但同时，定义的困难也由此产生。因为使用了普通语言的术语，我们不得不努力去牵就这些术语所习惯包含的普通意思。由于这个

---

① *Novum organon Renovatum*，40页。

条件远不具备，这就不仅使其他人误解我们，而且，正如西奇威克所指出的，由于旧的观念系统（associations）的因素以及我们心理习惯的作用，我们自己也会陷入前后矛盾。不幸的是，作为一个通则，普通语言的术语没有任何精确规定的内涵；它们的使用总是具有模糊的和前后矛盾的性质。此外，由它们所表征的类别划分，从经济学的观点来看，决不总是很重要的。这里便产生了经常性的冲突：一方面，我们要尽可能清楚地和恰当地确定我们的术语使之与我们要表达的思想相一致；另一方面，正如马尔萨斯所指出的，"我们要使我们的术语，在受过教育的人士于普通谈话时所使用的意义上得到理解。"[①]那么，这两个方面的相对重要性如何呢？一些学者把术语与普通用法的一致性作为最后的和最高的检验。他们以为，如果我们离开了一个术语在日常生活中使用时的意义，我们必然在给出一个术语以最好定义时遇到麻烦。换句话说，一个术语在政治经济学中应该有什么意义这样的问题，与它在普通谈话里有什么意义的问题，基本上是一回事。

与上述观点相反，正确的意见似乎是下面这一种。在定义我们的术语时，我们应该从苏格拉底的一种归纳方法开始，要研究在日常谈话和经济学著作两个方面对术语的惯常使用的主要意思是什么。研究语言的传统使用问题，除过使我们能够减少我们的定义与术语所具有的通常意义之间的矛盾之外，还有可能揭示容易被我们所疏忽的类同性和差异性（similarities and distinctions）。从这点出发，一个术语的含糊性不是没有某种补偿的好处；因为研

① 《政治经济学的定义》，4 页。

究含糊性的原由，我们可以搞清楚术语在两方面意义上所表达的现象之间的联系。[①] 但是，不论研究语言的流行用法多么重要，也不可忘记更重要的是为科学研究的目的去选择最好的定义这一问题；在寻找与普通用法的一致性的同时，要使这种寻找始终服从于概念的清晰性与准确性的获得。由此出发，我们认为与术语的口头使用的某种背离最终是不可避免的。几乎不用说，只要我们不得不在新的和技术性的意义上应用一个旧的术语，我们还是要竭力强调我们的新用法与旧用法之间的差异。

还要对经济学家彼此在术语使用中的经常性的差异说上几句。这种差异有时导致误解，这也可能阻碍这门学科的发展；因此，该表示歉疚；但我们也不应该夸大这一点。关于定义问题差异不是必然会阻碍经济学家在基本概念的最后分析中，或者在完备的学说中达成一致；任何特定的经济学家的结论可以有内在价值，尽管他的措辞似是而非。此外，在有对定义一致性要求的地方，有价值的教训(valuable lessons)可以通过对其原因的研究而得到。如果对定义一个强调的是另一个所忽视的那一方面，同一术语的两个不同定义彼此间就可以相互补充。所以，对一些定义的批评虽然最终被拒绝，但决不是说它们没有意义。

可以对前面所说的做一个总结：强调术语的定义是一个而不是另一个时，一般地说教条主义是不合时宜的。然而，强调一个特别的定义很容易简单地把另一个与之不同的定义说成是错误的定

① 举一个简单的例子，价值这一术语的含糊性引起了对交换价值和使用价值之间的关系的讨论。再如，货币价值这一表述的含糊性，使人们研究货币的一般购买力的变化与通货膨胀率之间有什么关系。

义，不承认问题总有某种程度的正确性，而不是绝对的错误或绝对的正确。出于这个理由，简单地考察一下任何被批评和拒绝的定义的不同的原因，是很有用处的。(1)出于对事实的错误分析。这类批评的真正理由是一个潜在的假设，或者术语的外延或多或少被固定，或者包含术语的特定命题是真实的。我们已经指出，这样的假设常常潜在地提出了定义；很清楚，任何争论发生在对事实本身的判断上，而不仅仅是语言的适宜性问题或分类问题。[①] 因此，如果这样的批评被证明是有效的，批评家就有理由被允许断然地表示异议。(2)不可知性或朦胧性(unintelligibility and obscurity)。这又是一个批评的理由，如果批评到位，它可以使对定义的无条件的拒绝显得合理。(3)不相称性(unsuitability)。这个批评的理由是，定义所暗含的类别划分不适应或不便于达到经济分析的目的。不相称性或不便性当然具有极端的和专属(patent)的特点；但是，它常常只是一个程度问题，或长处与短处的平衡问题，因为考虑到学者们尽管有自己的观点，但不应该排斥别人也有他们自己的观点，从而不会采取极端的论辩立场。只要经济学家在他们的基本判断方面取得一致，他们之间在分类上的具体观点的差异也只是相对的差异。(4)脱离大众的或既定的经济学使用习惯。这又分为三种情形。(a)在学者们打算定义来自大众的或惯常的经济观念时，没有做合适。这不是一个给出错误定义的理由。(b)学者意识到自己正在离开对一个术语大众化使用所确定的意

---

① 例如，如果假设自由生产的商品的正常价值由它们的生产成本决定，那么生产成本的定义就涉及事实判断问题。同样，如果定义财富，便假设只要能够买卖的一切就是财富；或者定义一个市场，便假定货币市场这一称谓是合适的。

义，但在自己随后使用这个术语时又不自觉地回到了老的用法上。这里的批评说的是一种内在的不协调；如果能真正证明老用法使得术语的定义者被误导，那么，大略拒绝定义便是有道理的。(c)学者们意识到自己正在离开普通的用法，但没有面对关于不协调的批评。在这些情形下，定义的新颖性可以是无懈可击的；也决不会招致任何关于发生实证性错误的指责。然而，在新的意义上使用术语的缺陷是清楚的，无可辩解的；对定义做出的修正可以矛盾百出以至让人对修正的实际目的发生怀疑。除此之外，如果能证明定义涉及不必要的语言使用的矛盾，拒绝一个定义的好的充分的理由也是可以摆出来的。

第三节　经济学定义的相对性

在不同的经济研究领域，定义和经济学术语使用的一个很大的困难产生于这样一种情形——为了方便要变动使定义和术语相互区别的视点。换句话说，一个概念，从给定视点看是合适的，但如果视点发生变化，对它又需要做出修正。这种情形发生在诸如财富和资本这样的概念上。例如，从生产的观点看，给财富下一个定义是很方便的，但要使得定义在各方面适合于分配的观点，则又是不方便的。再考虑到对它的特别的评价，分别从世界的、民族的和个人的不同视角去给它下定义，也自有其好处。那么，因需要满足各种条件而产生冲突怎么办？第一个可能的解决办法是引入新的技术性术语。然而，大量的技术性术语本身是一种罪过，因为它对科学研究是一种制约。此外，为获得界定完全分明的概念名称，在这些概念相互之间密切相关的情况下，它容易使我们忽视它们的联系与相近的性质。第二，原来的术语可以被严格地定义，同时在引入具体的限定条件之下适应不同联系的使用要求；但是，这将必然产生一种冗长的复杂的表述。可以考虑的第三种选择，是根据所讨论的学科的门类坦陈同一术语在使用时所发生的意义上的细微差别，并据此给出不同的定义。

这第三种选择有很大好处；只要意思的差别并不很大，而行文的前后内容也总体上能充分表明术语在任何给定的条件下使用时所具有的确切的意思，术语采用就是完全可行的。但重要的是术语在使用时的意义变化情形一定要明确指出。在某些情况下，也可以把第一种和第二种办法结合起来，构成一系列复合词语，其中术语所反映的中心概念保持不变。因此，如果依据个体的视角和共同体的视角给资本下了不同的定义是可以接受的，那么，就可以使用收益资本和生产资本这样的术语。有了这个办法，所有含混不清的危险将得到避免，同时，贯串术语不同使用中的共同性要素将不至于被抹杀。

还要指出，各种定义不仅与不同的视角和不同的经济研究门类有关，也与经济发展的不同阶段有关；因为在经济发展的每一个新阶段，同样的名称所指征的现象的新特点也会显露出来。例如，为了应对现代贸易和金融组织的具体特征，货币的定义就要变化，旧的定义只与产业进步的早期发展阶段相适应。再如市场这个适应中世纪不发达条件的术语的定义，在现代产业更复杂的条件下就很难满足要求。反映不同时期的条件，说明各种现象贯串其中的不同阶段的性质，涉及一部术语使用的实际历史，很值得做特别的研究。[①]

然而，尽管我们承认许多经济学定义拥有相对的或者渐变的特性，但这种相对性不能延伸至对经济学基本概念的最终分析。如果这些概念在不同意境(connexions)之下表现了某种不同的特点，我们将仍然要在其每一个概念中找到某些一般的或普遍的东西。因此，对经济学定义相对性的承认不是绝对的或无条件的。

政治经济学——其他学科也差不多——在应用自己的定义时的一个困难也吸引我们注意。在限定的情形下，并不容易把定义归于合适的类别。对概念的类别划出明显的边界，产生诸如这样的对应的概念：专门化资本和非专门化资本；熟练劳动力和非熟练劳动力；生产性消费和非生产性消费，等等，在这里，两个类别几乎一定在些微程度上存在彼此间的模糊地带。但是，甚至在处理像财富、资本、货币、直接税和间接税以及民族工业保护等这样一些概念时，所遇到的最大困难是在构建概念时决不产生是否会把本属于这一概念的现象未予包括这样的疑问。例如，财富是否包括手段，或包括企业间的友好往来关系，再或者包括商人的信誉？一方面是资本和土地，另一方面是劳动，我们在两者之间怎么能精确地划出一条界线来？流通钞票包括在货币里吗？因为工资税会限制劳动供给而降低利润，就说它是间接的吗？因为英国的茶叶进

① 参阅坎宁安《古代与中世纪英国工商业史》，17页。坎宁安博士说：“在16世纪，某些术语使用的变化是很显著的；如果我们做一番探索，便能够明白那时发生的特殊变迁。当一个社会开始用新的术语获得表达，或者赋予旧的术语以新的内涵时，才可以说这个社会实现了完全的转变。”尼科尔森在他的《作为教育部门的政治经济学》中提倡了定义使用的历史方法。

口税会引起人们增加对啤酒或其他家酿饮料的消费，就认为它具有保护性质吗？

在构建定义时，不忽视上述困难让人高兴；但是，不主张随随便便对付这些问题，也算不上对一个定义的实质性反对。如果一个定义能够满足所有可能发生的限定的情形，最后产生的概念可能就十分啰嗦了，最有可能的是，要搞出一个意义完全确定的定义最终将是无望的。但是，不论一个讨论多么有价值，在讨论一个术语的定义时却不提供一个定义，也不能认为是一件应该发生的事。因此，如果经济学家在追求完美定义时摆出了许多困难，那么按照他自己的观点搞清楚用什么样的构建定义的办法才是解决困难的最好的有效途径，也应该是他的研究目的。

实际的情形是，要划出一条鲜明的界限——这正是下定义时我们所必须做的——必然要打上人为因素的烙印，因为不存在天然划定的界限。在这里，如同其他经济学问题一样，有一个连续性原理(principle of continuity)在起作用，不同的类别之间存在细微的交叉。所以，在一些情况下，我们不得不满足那些并不绝对清楚和绝对确定的定义。尽管有这种情形，可能发生的限定情形的特点仍将构成有价值的讨论题目，需要引起我们的关注。但是，在特殊情形下，除非概念间的交叉有独特的意义，否则我们不需要把它太当一回事。

第六章　政治经济学的特定经验方法

第一节　经济调查中观察的初步作用

本章所做的一个努力是显示，除了某些限定范围，特定经验方法（method of specific experience）自身不能为一般经济真理的获得提供明确和充分的基础，以及政治经济学不能因此被认为——像某些人坚持的——是一门纯粹经验或归纳的科学。同时最好在一开始就说清楚，这里呈现的只是真理的一个方面。如果纯粹的归纳是不充分的话，纯粹的演绎也同样是不充分的。令人遗憾的是往往人们错误地使这些方法相互对立，好像它们其中一种的应用排斥另一种的应用一样。事实上，只有将两种方法不带偏见地组合起来，任何经济科学的完全发展才是可能的。

在经济调查的早期阶段，观察具有演示的作用，虽然这很重要，但多少易被忽略。首先，从观察中演绎经济学甚至可获得其基本的前提。由此看来，对那些主要影响人们经济行为动机运行的反省式调查（introspective survey）就非常重要；而这种反省式调查必须与对经济环境中其他人行为的观察结合起来。为了决定经济动机在何种程度以何种方式可以进行比较和测量，也得需要观察。从观察得知的事实——通常是可测量的，这是为什么政治经济学能使自身在很大程度上成为一种演绎科学形式的主要原因之一。

更有必要的是，应对制约经济活动主要的物质及其他环境进行调查。特别是必须从一般经济意义上考察社会的法律结构。通过这种初步观察，以及更普遍地是与演绎方法相关联的那部分观察，在后面一章我们将提出更进一步的思考。同时，有一个需要注意的区别。先于演绎推理的观察并不主要是对复杂经济事实的观察，而是对基本经济力量及其运行环境的观察。由于这些力量的作用，形成了复杂的经济事实[①]。

然而，在所有经济调查中，还需要有一些对复杂现象本身的初步观察，着眼于对它们的描述和暂时分类。从而通过其具体表现形式考察真正构成经济科学学科范畴的现象；指出需要解决的问题；并提供引导和控制我们随后推理的方法。从描述的立场来论述经济现象的政治经济学分支可称之为**描述经济学**(descriptive economics)，以便与旨在建立规律或一致性的**建设经济学**(constructive economics)相区别。描述经济学本身又进一步细分为规范的(formal)和叙述的(narrative)两个分支[②]。前者对诸如财富、资本、价值、货币等用于理解经济现象本质的概念进行分析和

① 比较瓦格纳(Wagner)《政治经济学原理》(*Grundlegung der Politischen Oekonomie*)，1892，§92。

② 见帕尔格雷夫(Palgrave)先生的《政治经济学辞典》(*Dictiopary of Political Economy*)中W. E. 约翰逊先生(W. E. Johnson)“政治经济学的方法”(“Method of Political Economy”)一文。约翰逊先生从方法论的立场给出了如下经济科学主要分支

分类，它包括定义和分类的逻辑过程。后者利用统计资料的帮助，历史地、比较地研究不同社会和不同时代的特定经济现象；它必须是具体的和详尽的。

在描述和分类的经济学领域内，有价值的经济学工作是没有范围限制的。广义上说，描述经济学包括了全部的经济史和经济统计。但同时因此所提供的特定事实的知识本身并不构成经济科学的终极和目的，经济科学的核心问题是建设性的而非仅仅是描述性的。虽然不必对此进行详述，但也不是认可有时被人提出的政治经济学在其描述或分类阶段只不过是一种经验科学的观点。一些作者认为，现存条件下经济学家不可能完成比规定术语、对直接观察到的事物进行描述和分类更多的事情；并因此称经济学必须"满足于观察、分类、描述和命名"。①

然而，如果经济学家不能对财富的现象进行推理，并发现因果关系规律，政治经济学就根本不值得冠以科学之名。仅仅是描述

的框架：

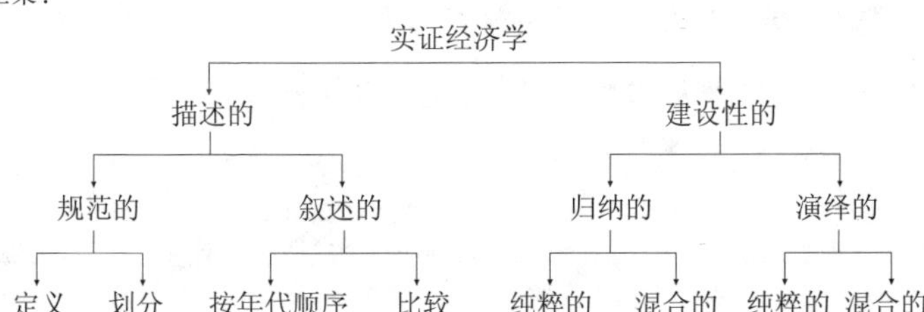

可以看出，建设经济学下给出了与采用的推断方法相关的分支，它可以主要是归纳的或主要是演绎的，而每一情形下的混合方法可视为在其中归纳为演绎修正，或演绎为归纳修正。

① 比较坎宁安(Cunningham)博士《作为一种经验科学的政治经济学》(Political Economy treated as an Empirical Science)的小册子。德国历史学派更极端成员持有的一些类似理论随后将更详细地予以讨论。

不能构成一门科学，而政治经济学并没有纯粹的分类阶段，诸如使之能与动物学和植物学将物质现象归入一个自然分类体系之中的这类科学进行比较。上面那些人的观点似乎实际上忽视了经济学必须是一门因果科学的事实。经济学家会不由自主地努力追根溯源，并归因于果。但对因果关系的探究，需要推理、归纳、演绎、组合等一些方法的帮助。仅仅反射式的观察不可能给出需要的洞察力①。

要补充的是，正确地讲对某些具体经济现象的初步描述和分类是在经济理论论述之前，而这种描述和分类首先必须视为只是暂时的。因果关系常常在那些似乎是简单的描述中暗示出来。因此，没有对根本原则的某些检验，对经济事实的描述，更不必说其分类，容易不知不觉地成为欺骗性的、依赖个别作者个人偏见的一个因素，这些偏见自称仅仅是坚持了对事物本质的反映。我们关于控制经济现象规律的知识越完整，我们对它们的描述和分类就将越精确。

不管给予纯粹的描述经济学多大的重要性，也必须要从观察转入到满足逻辑准则的推理过程；并且首先要考虑的问题是，对产

---

① 如前面已经提到的瓦格纳（Wagner）认为政治经济学中有三个理论问题，即：经济现象的描述、分类及其依存原因的解释。但他接着说，这三个问题实际上构成了一个问题的三个阶段，并且它们不仅要全部尽可能解决，而且要按它们给出的顺序来解决。他继续谈到，政治经济学，如果还是一门科学的话，至少不是一门独立的科学，而只是历史科学和描述统计学的一部分，如果——按历史学派的观点——它将自身限制于三个问题中第一个问题的话。第二和第三个问题才真正构成政治经济学的特殊和主要的问题，要解决这些问题，第一个问题仅仅是准备，而只有在第二和第三个问题解决时，政治经济学才成为一门真正独立和理论的科学（《政治经济学原理》，1892 年 § 58）。

业现象的特定观察如何能直接引导经济规律的建立。在这里利用特定经验方法，意指该方法慢慢地从特定的方法过渡到公理的方法，并因此过渡到科学的最高概括，而从不颠倒次序。

要区别纯粹归纳方法的两种形式。第一种是考察特定条件下某一类经济事实，它着眼于逻辑差异方法（logical method of difference）的应用。第二种是精心收集特定类别的经济事实，它着眼于从大量事例中的概括（generalization）。在前者，需求助于实验或实验的某种替代方法。在后者，我们收集资料的来源是历史和统计资料。

第二节　政治经济学中实验的限定范围

观察（observation）和实验（experiment）有时明显不同，好像它们是获得知识的截然不同的方法。但当然不是如此。实验只不过是为我们自己精心产生现象的过程，以便我们能在最有利的环境下观察它们[①]。在实验中，我们能控制调查中的现象，并且与它们不受控制而独立发生的情形相比，我们一般可获得关于它们发生条件更准确的知识。在实验没有范围限制时，我们还能够增加不同条件下的各种实例，并因此将现象从那些可能遮蔽其真实特征的环境中成功地分离出来。相应地，实验往往依赖于差异方法

① 我们有时听到“无意的实验”，诸如一次铁路事故或一次饥荒。然而实验在逻辑意义上意味着某些事情是故意引起的，其目的是：它不仅仅是由可获知专门详情的调查引致的任何突出事件。上述这类现象作为逻辑实验替代品的条件将在后面予以讨论。

(the method of difference)的应用,差异方法是唯一完全适合从特定经验中进行推理的方法。

差异方法的本质是比较两个实例,它们在所有物质方面相似,除了在某一实例中存在某一确定原因,而在另一实例中该原因不存在。因此该原因的结果变得明了。

差异方法的必要条件能够得到最佳满足,如果正调查其结果的原因,在一个我们非常熟悉——以至于没有物质变化可以不被观察到而忽略过去——的事物状态下单独发挥作用的话。同样一般来讲,在原因的发生和结果的产生之间不能有较长的间隔,否则实际上不可能排除外来的和未知原因的干扰。在这些条件下,用于比较的实例是在给定原因生效之先和之后的状态,而且这就是当诉诸实验时通常采用该方法的形式。

当一个实例是在事物的状态由给定的原因与其他原因共同作用而造成,而第二个实例是事物状态由类似于后者单独作用而形成时,我们具有差异方法的一个不同形式。这里"其他原因"的本质不必完全知晓;唯一的要求是它们在两个实例中应同等地发生。然而这个要求很难保证真正得到满足,因此应用该方法上面的第一种形式常常更令人满意①。

现在也许要问在政治经济学中实验可能的有效程度是多少,或没有实验时,运用差异方法的必要条件在多大程度上能够得到满足。

---

① 差异方法上述两种形式的具体说明可在后面找到。还有第三种形式,其中给定原因与(能在种类和数量上准确了解其本质和各自效果的)其他原因共同发挥作用。在这种情形下,给定原因的结果可以由从总结果中减去其他原因结果的总和来决定。这种形式的差异方法技术上被称为剩余法。

不能说实验是在经济调查中我们绝对不能使用的资源。实验可以帮助确立财富生产的简明规律——例如，那些有关劳动效率依赖的环境，以及可以增加这种效率的方法。因此，在实验的帮助下经济学家可以直接调查研究依赖工人熟练技能的专业化的效果，并因而能更好地评估分工的经济结果。报酬递减规律也能由实验检验。

但这些只是处于经济学门口的问题。其实，由实验决定的一些规律可以称为其他科学对经济学的贡献，而不是经济学获得的结论。关于分配与交换问题及社会制度和政府政策产生的经济影响，有效实验的可能性是很成疑问的。现象绝大部分并不是能随意操作的；并且即使当某种实验是可能时，我们控制和改变伴随环境的能力是非常有限的；实验也不能随意重复①。

有时人们说到每个新法律都是一种实验。在通俗意义上运用实验一词，这是对的。在所有立法中，人类力量产生新的现象，这些现象无论在种类或是数量上的精确特征一般都不可能预言，虽然准确回到原有状态也许是不可能的，但随之由立法予以某种进一步的修改则总是可能的。但并不是每个新法律的主要目标都是提供研究环境变化或新力量引进所产生结果的方法；也不是做出

① 凯恩斯(Cairnes)在说明经济学家一般意义上不用实验后，建议把实验作为他称之为"思维进行的实验"的一种劣等替代品。首先制定出假设条件，然后假设某种新的力量在这些条件下运行；最后推断出这种新力量的效果。按此途径，凯恩斯继续谈道："李嘉图(Ricardo)是在其问题的性质和实际条件许可的情况下，运用那种实验方法，那些想贬低他的伟大成就的人假装去赞扬这种方法，但像他们的批评所表现的，他们几乎不懂其真正的本质。"[《逻辑方法》(*Logical Method*)第80页]。有关的过程是演绎方法的一种形式，而且是最有用的一种形式。但用任何"实验的"意义来谈及它，几乎都不能认为是语言的合理运用。

任何努力来安排或修正伴随的环境,以便为达到此目的提供便利。因此一般说来,在自然科学中立法与实验是不能等同的①。

然而当政治家公开宣布采用试验性方法时,他可能正好被告知实验的目的是获得对社会和经济结果的深入了解。这种过程可能被用来对只在最初调整过的一些项目的关税和税率进行修正;或用来改革《济贫法》,其改变首先只影响一或两个县。具有授权许可特征的立法可能再次特别地成为地方实验。地方当局在一定范围内可能采用新颖的行动,而其他一些地区则观察其结果。从而这种行动作用的区域可以逐渐地扩展,而也许随着每一次扩展,人们都能学到新鲜的东西。应该看到在这些实例中,我们能够将进行实验的当地条件,不仅与同一地区先前的条件,而且与其他没有进行这种实验的地方的条件比较。通过后者的比较,使我们能够消除影响整个国家同时发生社会和产业变化的后果。这里是已提到的差异方法两种形式的一种组合②。

---

① 培根(Bacon)在实验启发和实验结果间做了区分。"实验,本身没有什么用,但有助于发现原因和规律,我们惯于称呼带来光明的实验,以便与产生结果的实验区分开来。它们具有惊人的优点和条件,也就是,它们从不欺骗或令人失望。因为由于它们不是用来产生任何结果,而是展现某些自然原因,不管其结果如何,它们因为解决问题而满足了我们的目的。"(《新工具》(*Novum Organon*)第一册格言 99)。在现代逻辑著作中,实验一词常常仅限于实验结果,换言之,我们所指的实验,在逻辑意义上是某种行动的过程,其直接目的是增加知识,而不是增加物质利益。只有在某些特殊情形下,产生结果的实验也有显著的启发性。

② 临时立法被杰文斯(Jevons)在其《社会改革的方法》(*Methods of Social Reform*)(第 253 页)论文之一中强烈地提倡过。他指出通过这种方法,就可能"对现存的社会有机体进行直接实验",并且为社会进步进行社会实验。可以观察到在中世纪频繁通过的法律只有一定的年限。上面论述适用于例如早期保护本国产业的立法中。因此,因 1455 年茧丝工人和纺纱工人抱怨其产业正被伦巴族人和其他人摧毁,而通过

还有,在特殊情形下,经济实验可以由各个私人团体进行,例如像罗伯特·欧文(Robert Owen)及其追随者的共产主义实验。1893年由马瑟(Mather)和普拉特(Platt)先生在萨尔弗特铁厂(Salford Ironworks)实行的"每周48小时"工作制的年度实验,提供了另一种不同类别的有趣例子。

但是实验最好是像上面那样,在与化学家和物理学家实验室中非常不同的条件下进行。这并不意味着每当某种实验是可能时,差异方法的要求都能得到充分满足。例如到目前为止,由于实验包括了临时立法,无论如何它不能随意进行,因此,对普通调查者来说,调查过程与简单的观察差不多。实际上实验也不可能是理论经济学家想自然选择的那种。进而任何政治家不能无限地增加不同环境的实例,从而也丧失了实验的一个特殊优势。

可进一步观察到,在经济世界的那些效果,大多数是结果,是逐渐地产生的。因此,对于我们不能控制和那些我们甚至从未怀疑的物质变化,它们就有更大的概率独立出现。换言之,要把某单个原因从其他原因(其结果可能被错认为是其本身所有的)分离出来,是非常困难的。

包含个体自愿行为的实验也有一个特别的劣势,因为那些决定实验主题的个人很可能只是他们自己对结果感兴趣。因此,试图阐明财产共有的经济效果的实验不可能排除这样的干预:寻找

了一项法律禁止五年进口丝制品。在1463年一段时间后,该法律过期时,又通过了一个类似的法案,但更具有整体的特征,而且过了另一段时间后,在1482年再次通过了一个类似的法案。还有几个后来的补充法案,并且到下一个世纪初,这种禁止成为永久性的。通过这类实验性的立法,不管有何其他弊端,却可不断获得新的经验。

实现社会主义理想的、自己组成的社会中的成员大多数，可能从一开始就是特别挑选的人们，他们大体上都不是人类的典型或代表。他们很可能是这样一群人，每个人都是公平和无私的，他们同时特别渴望结果的本质应合乎他们心中的计划。在某些情况下，自愿共产主义组织的成员通过一种宗教性质的特殊债券进一步团结在一起。到目前为止，按这种思路，共产主义实验似乎对共产主义并不有利。事实是，实际进行的这种实验更经常面临的是失败而不是成功。但为了解决这个问题，共产主义的倡导者可能呼吁注意另一原因，即实验缺陷，它从另一角度说明为何如此。由于坚持因为单独可能的实验规模小和不相宜的环境，以及事实上在那些所关注的最强有力的部分需要一种纯粹自愿的特殊和持续的牺牲，因而试验的原则不允许有一个公平的机会。不能说从提到的这种实验中学不到什么有用的东西，但似乎明显的是它们不能自认为是以一种或另一种方式提供了结论性的证据①。

---

① 上述的一些观察已应用于提到的由马瑟（Mather）和普拉特（Platt）先生 1893 年为检验八小时工作制进行的有趣实验中，这里对那次实验做一非常简短的描述［引自 1894 年 3 月 31 日《经济学家》（*Economist*）］：在工程和机器贸易中雇用了大约 1200 人的公司，希望减少劳动时间，因而与他们的工人就此问题进行商议。结果是，安排从 1893 年 2 月至 1894 年 2 月，工厂每周运转由 53 小时替代为 48 小时，工资水平保持不变。计划的细节与工程师团体协会的官员进行了讨论，而协会负责在实验进行的一年中，不得要求其他雇主减少小时数。并且向工人指出，如果新制度得到成功，他们必须尽自己的力量在较短的工时中工作更加准时并增强活力和兴趣。对不同部门的工头也提出了认真要求，在一年中要有预见和警惕，推动工作按部就班地进行，预先提供好原料，正如由工人尤其是计件工人时不时建议的，提供简单的设施和工场便利，而不是新工具。实验的一个特色是不管什么工作都不能超时，除了故障和维修；雇用额外的工人，需按双班倒计划，以满足工作的额外压力。公司还与工人和工会达成协议，如果实验证明是失败的，那么公司应被允许修改计划或回复到原来的制度。

实验的结果由威廉·马瑟（William Mather）先生直接和间接非常完全地设计出来，

第三节　精密实验之外差异方法的独立运用

将财富生产更基本的现象放在一边，整体上政治经济学从精密实验(deliberate experiment)中得到的帮助是很微小的。人们发现大部分情况下，在复杂的经济调查中运用差异方法能取得某些成功的特殊实例，根本不是实验的结果，而是要么由于其运行的特征或规模的异常而突然但偶发的影响，要么是由于两种团体相互依存的罕见概率，在这两种情形下所有影响其经济环境的力量，若不是一样，也是类似的。

14 世纪由黑死病引起劳动力供应完全异常规模的突然减少，

新制度的优点和缺点一对一地得到仔细计算和平衡。这里不必细说；只要说结果发现从工人的观点和雇主的观点看都非常满意就够了。计件工人的总收入稍有减少，但与其劳动小时的减少比起来，这种减少就微不足道了；生产的工资成本略有增加，但由煤气、照明用电和机器磨损等方面的节约得到了抵消。

毋庸置疑，实验对劳动时间缩短的经济结果的决定做出了宝贵的贡献。当然同时也可能夸大了其说服力，即使假设通过计算，马瑟先生能够消除因公司从事贸易状况的外部变化带来的干扰。

正如当时的批评家指出的，劳动时间减少所发生的条件的特征在几个方面是特殊的，因此，是否满意的结果大部分归因于仅仅是工作小时的减少而不是一些附属的条件，这是令人怀疑的。因为结果的某些部分不能不合理地归因于不同部门工头们的更好组织，以及向计件工人提供的使之增加其产量的额外便利。而且很自然在试验的一年中，所有有关的人都会尽其所能使试验成功。工人将自然从一开始绷紧每一根神经以便确保永久的未来利益；而雇主也期望他们发起的实验不应是失败的结局。

在一般八小时工作制中，都需要上述这些增加产出的特殊激励。因此，任何使这种特殊情形普遍化都必须谨慎从事；并且这种实验要考虑与其他众多有关此问题的证据，而不是由它自身提供对问题的决定性解决方法。

提供了一个上面描述的第一种情形例子。比较这次瘟疫前后劳动力市场的条件，即使只通过现在可获得的不完全数据的帮助，劳动力稀缺在工资水平上的某些影响也清楚地显现出来[①]。而且，在法国革命时代的受让人议案、在危机期间银行特许条例的中止、在诸如1881年美国铁路建设中突然爆发的行为中，我们具有更多突然发挥作用的力量并产生明显无误效果的例子。

在马尔萨斯(Malthus)《人口原理》(*Essay on Population*)第二册的头两章中可以发现属于第二种情形的例子。马尔萨斯举出了挪威和瑞典的例子，因为两个国家在其整体经济条件上非常相似，除了瑞典具有更优良的土壤和气候优势外。然而，瑞典的人口平均死亡率比挪威要高得多，越低层的人们越处于贫困境地，并且在歉收季节死亡率的增加更是特别地惊人。马尔萨斯因此运用差异方法来决定这种差别的原因。他发现原因在于挪威上层势力对人口增加的预防检查。直到他写作《人口原理》时，挪威的每个男人仍须在军队服役十年，而且在这期间如果他"没有教区牧师签署的证书，证明他有足够的财产来抚养妻子和家庭，那他就不能结婚，而且即使他获得证书也必须获得上司的许可"。整个国家的观念也反对早婚。劳动力很少迁移，而且分工没有什么发展。因此每个男人能够评估出他自己及其子女就业的起始时间，因而家庭里每个人更清楚地理解人口过剩的危险。另一方面在瑞典，具有更大的就业多样性，所以人口过剩的危险不是很明显。总人口中

---

① 一个有类似特征的例子——1845至1849年爱尔兰的土豆饥荒——为G.C.刘易斯(G.C.Lewis)先生在《政治学中的观察和推理方法》(*On the Methods of Observation and Reasoning in Politics*)第六章第8节中引用。

年平均结婚率要比挪威高，而且每当食品供应暂时和偶然增加时，这个比率也增加。同时，政府不断呼吁增加居民数量，而产房和育婴堂的建立也给出了这方面意愿的实际证据。所以对比非常明显，而将此与两国其他领域整体的相似相联系，似乎很难否定马尔萨斯得出的结论①。

穆勒（Mill）在其《逻辑学》（*Logic*）中指出了他称为只在保护主义论战中运用差异方法的充分条件。“如果两个国家，”他谈到，“发现在所有自然优势和劣势上相像；其人民在每种素质、体质和道德上先天和后天的条件都彼此相似；他们的习惯、风俗、观念、法律和制度，在所有领域都相同，只是它们其中之一具有更保护性的关税，或在其他领域对产业自由的干预更多；如果这些国家中的一国富裕，而另一国贫穷，或一国比另一国更富，这将是一种决定性的实验：一种真正的经验证据，证明两种制度中哪种更有利于国家的富强。”②

言外之意是，这些条件必然是不能得到满足的。然而需强调的是，1870 年之后，（澳大利亚）维多利亚和新南威尔士经济发展的比较，实际上提供了所要求的这种具体例证。1870 年后这两块殖民地得到了土地，但新南威尔士的发展据说使维多利亚的进步相形见绌，不管我们是采用我们的人口标准，还是收入、进出口或纳税产业价值的标准都是如此。差异方法因而用于发现这种原因。两个殖民地的领地相邻；在自然条件上的优势和劣势非常相

① 比较邦纳（Bonar）《马尔萨斯及其著作》（*Malthus and his Work*）第 132 页。

② 《逻辑学》（*Logic*）第二卷第 472 页。

似；居民属于同一种族；按同样的法则治理；制度绝大部分相同。但有一个领域是显著的例外。在维多利亚，保护贸易政策占支配地位，而在新南威尔士是自由贸易政策。从而表明发现了说明两个殖民地发展差异的原因所在①。

不可否认，像上述这类实例表明，即使在复杂的经济调查中，差异方法的运用仍具有某种程度的说服力，换言之，通过这种方法或多或少能够建立因果之间的联系。然而这样的实例是罕见的，并且即使在最好的实例中，通过某种独立的推理方法进行确认仍是必不可少的。由于周围环境的复杂性和一般要求完全显现结果的时间长度，要几乎满足有效运用该方法的必要条件是不可能的。这种在自然科学中经常得到满足的条件在这里是完全达不到的。

如果我们有时愿意不带怀疑地接受由差异方法得出的经济学观点，很大程度上是因为趋于同样结论的先前推理已为此开辟了道路。往往很难确定我们依赖先前推理到什么程度及纯粹和简单的事后证据到什么程度。后者的证据，像凯恩斯（Cairnes）指出的，可能受到强烈关注，因为它涉及新的和也许是惊人的事实。但是当我们真正建立结论的基础是属于逻辑分析时，很可能发现是将归纳和演绎组合在一起，它们相互支持并相互加强；而不是——像一开始看起来的那样——是纯粹地归纳。

为了更详细地检验其说服力，回到上述例子中的一或两个实

① 比较法勒勋爵（Lord Farrer）《自由贸易与公平贸易》（*Free Trade and Fair Trade*）第 29 章和 G.巴登－鲍威尔（G. Baden-Powell）爵士在 1882 年 3 月《双周评论》（*Fortnightly Review*）上的《年轻社会保护贸易制度的结果》（*Results of Protection in Young Communities*）。

例可能是值得的。在马尔萨斯关于瑞典和挪威的比较中,似乎不可能完全确保没有忽略两国间某种重要的差异。因此其论点不能说有说服力,而在物理学和化学中基于差异方法的一般论点是有说服力的。当时马尔萨斯也没料想它会有说服力。他只是把它作为同时发生的大量证据之一,而且像这样它的说服力是毋庸置疑的。这里举例说明了在复杂经济调查中差异方法的正确位置。任何这种方法本身的特定应用并不具有属于在理想条件下该方法的独立有效性,因为不可能满足这种理想条件。但是它可以用来帮助加强或确认由其他方法提供的证据。

类似的评述也适用于在对新南威尔士和维多利亚比较基础上关于自由贸易的争论。很明显,在这个比较中既要考虑 1870 年后也要考虑 1870 年前两个殖民地的环境。自从 1851 年黄金的发现,维多利亚得到了迅猛发展,其金矿的出金率大约是新南威尔士的六倍。然而最近,维多利亚的黄金产量已从每年的一千万盎司骤降至约三百万盎司。保护主义者难道不能由此发现 1870 年后维多利亚相对发展缓慢的一个明显原因吗?同样在 1870 年,由于维多利亚先前的迅速发展,两块殖民地处在不同的起跑线上。维多利亚的大小不过是新南威尔士的四分之一,但 1870 年它的人口却要多得多,而且其对外贸易也比较多。一个公认的事实是,假设其他情况相同,一个国家达到的发展阶段更高,它要维持一个高的发展速度就可能越困难。进而表明,不管其保护政策是对是错,不管这对其繁荣会有何立即效果,维多利亚有着未来发展的巨大基础。因此,不能将一个完全结论性的论点建立在对两国条件的勉强比较上。

事实是在任何两个国家间，确实存在影响其经济条件的几乎无限的差异。这些差异本身可能很小，表面看也不明显，然而它们总体的经济影响却可能很大。“没有两个社会”，罗伯特·基芬(Robert Giffen)爵士说道，“是足够相像并可在严格的逻辑意义上加以比较的。外表显得非常相像的两个社会，其种族或道德条件的微小差异，可能导致其物质进步上的巨大差异。如果两者属于不同的经济制度，我们如何说明一个社会较差的物质进步——甚至当我们确信其较差时——是由于这种制度，而不是我们未能很好评估其社会特征的其他差别？此外，外部经济环境是在不断变化的，并可能对显然有很多同样特征和位置的两个社会具有完全不同的影响。如果能建立起多种比较，并展示总体的一致结果，推断是制度制造差异而没有其他导致差别的一致原因也许是有把握的，但这个条件当然不可能得到满足。”①

① 《金融论文集》(*Essays in Finance*)第二辑第200页。在演绎的基础上穆勒(Mill)证明，两个国家不可能在每个影响其经济状况的因素上一致，却只有其称之为自由贸易或保护政策的一个例外。在第192页和第3页引用该段话后，他继续说道：“但是假设两个国家的这种情形能够相遇是明显荒谬的。它们同时发生甚至抽象发生的可能都没有。两个除了在其商业政策外所有事情都一致的国家也都会同意这种观点。立法的差异不是固有的和根本的差异，也不是不同的性质。它们是先前原因的结果。如果两个国家在制度部分不同，那是源于其境况的差异，以及因此在其表面利益或某种观念、习惯和趋向的差异，这些差异使得人们不受固定的限制去观察更深层次的差异，而且这些差异以比能列举和想象的更多途径，同在两国条件的各个其他领域发挥作用一样，也造就了其产业的繁荣。因此在社会科学调查中，要满足特定经验进行结论形式的调查所需的条件证明是不可能的。”这个演绎的论点具有某种程度的有效性，但它有点走得太远了。采用自由贸易政策来代替保护主义政策或反过来做可以想得到是由于偶然的情况。例如，它可能是由于一个或一群政治家的优势，他们对正讨论的特殊领域产生影响。因此，它可能与经济重要的任何其他差异没有关联。同时，当这种事件是“抽象地可能”时，毫无疑问它是极不可能的。

夸大经济调查中差异方法的检验力量是如此危险，以至于可能在通常的经济推理中，同基于不合理地应用该方法而从原因到结果形成错误观点一样，会形成普遍的谬论①。

在其后的一般争论中，都能发现支持保护主义或支持自由贸易的典型例子。保护主义者强调美国的繁荣，而自由贸易者强调英格兰的繁荣。但经济繁荣或经济萧条当然是不同原因共同作用的结果，其中一些在同一方向上作用，而另一些多少相互抵消。假定自由贸易趋向导致繁荣，可能其他强有力的原因也趋向导致同样的繁荣，而这些原因可能在那些正好实行保护主义的国家比那些正好不征收任何保护性关税的国家发挥更大的作用。因此，这就与自由贸易者关于特定保护主义国家应比特定自由贸易国家更繁荣的立场完全一致。因为它并不坚持繁荣总是与商业自由成比例的，不管其他环境有多么的不同，而不是简单地坚持在给定经济条件下，一国的繁荣因自由贸易而增加。另一方面，如果承认自从谷物法废除以来整个英国得到了巨大的繁荣，那么自由贸易的有效结果并不是只因这一事实单独引起也是毫无疑问的。因为差异方法所需的条件不能全部得到满足。许多其他原因在过去的五十年中一直发挥作用，我们的繁荣在类似理由上不管是对是错都要

① 可以观察到我们所犯的谬误，不仅是当我们把一结果归因于一个实际上与之毫不相关的前提时，而且当我们把它全部归因于一个只部分与之相关的前提时。例如，马歇尔（Marshall）教授提出警告："不要让竞争中的新力量对那些英国工人阶级在上世纪末和本世纪初经受的苦难负全部责任，那些苦难部分地是由于战争、歉收及最后（但不是最少）有一部很差的济贫法。这个法本身与自由竞争是相矛盾的，因为自由竞争把有利于社会主义的一个原始形式置于一旁，这个形式在性质上发挥着退化的影响。"（《经济学原理》（*Principles of Economics*）第一卷第一版第717页注。）

归结于这些原因。例如，发明的进步、在通讯和减少运输成本手段上的巨大改进、教育的扩展、澳大利亚和加利福尼亚黄金的发现、移民领域的延伸以及新国家的进一步开放。而且必须记住的是，甚至在谷物法废除之前，英国在商业世界就具有独一无二的位置。弗里德里希·李斯特（Friedrich List）应用归纳方法，把不列颠的商业霸权大部分（如果不是主要地）归因于其所处世纪早期实行的限制政策①。

考虑各方面情况，可以肯定差异方法在经济学中并未发挥非常重要的作用，并且即使在特别有利的条件下应用它时，其结论也不是完全令人满意的，除非得到某种独立的推理方法的支持和加强。差异方法在政治经济学中的作用是建议或确认，而不是提供完全和充足的证据。还应强调应用该方法要极为谨慎，即使它只用于检验目的时。由于众多相互对立的原因可能发挥作用，以至于某一假定原因的影响，虽然毫无疑问在某一确知的方向上发挥作用，但可能在复杂的事实中非常难以探测，这些事实只能直接观察。在下一章中对此有更多的论述。

① 看起来几乎不必注意上述考虑，如果不是支持自由贸易的归纳证明最近作为经济调查中归纳法重要性的一个典型例子引用的话。归纳方法，R. 马约－史密斯（R. Mayo-Smith）教授谈道，是比较的，——“它比较在同等文明程度的不同国家中，发挥同样作用的经济制度，以便发现何种制度为最佳。”（《科学经济评论》（*Science Economic Discussion*）第107页）；并且，他随后谈到，作为对归纳获得的一般结论的一种特殊说明，我们可以推断“从英国的繁荣归纳的自由贸易原则，至少适用于工业发达国家。”（同上，第114页）

第四节　从多种实例中归纳概括的方法

在前一节已表明，经济学家无论如何都不能依赖于在某对实例检验和比较基础上的推断。他们还需考虑在多大程度上能用数量代替质量，并能从大量实例的直接观察中进行归纳。在这些实例中，同一原因在不同的条件下发挥作用。因此在实例积累的基础上，概括(generalization)成为穆勒(Mill)的一致性方法(method of agreement)或伴随变动方法(method of concomitant variations)的主要部分，并且在最严格意义上将是经验的。

一致性方法的本质在于，当其他伴随环境在所有实例中都不存在时，发现两种现象的不断结合。当此条件满足时，可推断出正研究的两种现象间肯定有某种因果联系。

伴随变动方法的特征是它需要数据资料。两种现象之间被推断存在因果关联，是因为一者的变动在某种方式上与另一者的变动一致。

在运用上述方法的努力中，可以收集资料的特殊资源是对过去历史和现状的系统观察。对现存经济现象的考察不必采用统计的或数量的形式。但由于经济学本质上是关注数量的，因而就有一个趋向，使当前经济记录越来越统计化。过去历史的情况也同样如此，如果与过去相关的统计数据不断增加的话。然而我们越是回头看，我们处理的数据就越是多多少少不那么可靠。

在经济调查中历史和统计的作用是非常重要而又非常不同的。但这里并不详述其显著特征，而只考虑它们的一个作用，即构成——沿着每天经济事实的观察——从大量实例中归纳概括(inductive generalization)的基础①。

首先和最明显要注意的一点是,经济学中应用这种概括的重要性按讨论问题的本质而不同。一般说来,当我们应用这种方法于与经济科学相关的从越简单到越复杂的现象,它也就越来越不值得信赖。这与一般的逻辑准则是一致的,即起作用的原因的数量越大,它们之间相互作用的模式就越复杂,它就越不可能满足有效归纳推理所要求的条件。

关于影响财富生产的环境,从特定经验中直接概括的相对重要性最高。实际上经济科学的这个分支已经指出,所有经济学家都同意采用归纳方法作为他们的主要方法。毫无疑问,甚至在这

① 可以看到有些作者坚持经济学中纯粹归纳方法的重要性,并在比通常逻辑著作中更广泛的意义上运用归纳一词。"最后,我们可以问,"R.马约-史密斯(R. Mayo-Smith)教授谈道,"当面对影响整个社会和文明本身某种巨大的经济问题时,归纳方法能够做什么?比如这个问题是劳动力问题。工人阶级的条件是什么?这种条件已经恶化还是改进了?归纳方法并未从甚至为这类问题寻找答案的努力中退缩。索罗尔德·罗杰斯(Thorold Rogers)就费力地查找出了19世纪英国劳工的条件,来历史性地回答这个问题。基芬(Giffen)通过统计学试图展示工人阶级的条件在过去50年已经在物质上得到改善。"[《科学经济评论》(*Science Economic Discussion*),第111页]不管逻辑上学者们通常的归纳意指什么,归纳方法是一个推理的过程,它靠特殊实例的力量建立起一般规律。但在上述例子中,根本没有建立起任何一般规律,而调查显然是一种必须通过具体事实的研究进行的。即使反对归纳的最极端的经济学家也不曾坚持我们能够演绎地或通过任何其他方法而不是特定经验方法,来决定任何给定时期工人阶级的条件,或比较不同时期他们的状况。因此,显然在政治经济学中对纯粹归纳功效表示怀疑时,我们指的是在纯粹经验数据上建立一般规律。我们并不是去否认——那实际上是愚蠢的否认——在调查中直接对经验要求的必不可少和无比的重要性,这些调查一点也不关注一般规律的确定性,而仅仅关注特殊时间或地点对经济现象的调查研究,或不同时间、地点对它们的比较。换言之,我们并不试图在直接观察之外的基础上建立描述的经济学。这方面唯一的问题是建设经济学中演绎的位置。

个范围之内，他们也寻求将其结论与人类本性的一般原则演绎地联系起来。换言之，演绎和归纳，在这里或是其他地方，都是相互补充的。而且，归纳的因素比演绎的因素更突出。例如在对生产者生产率依赖环境的程度调查中，以及在大型和小型生产的比较中都是如此。

而且，在研究资本增长规律时，从动机的心理分析进行演绎的观点是很重要的，外部环境对这些动机运行的影响只能由现场观察和直接概括所确定。经验告诉人们什么社会状态最鼓励储蓄，虽然毫无疑问由经验显示的事实能随后从心理角度予以说明。

类似论述也应用于人口理论。在该理论的建议和发展中，人口历史和各种统计数据（其中人口增长率事实上因不同条件而不同）是最重要的。这在马尔萨斯《人口原理》第二版和以后的版本中予以了举例说明。马尔萨斯运用调查的归纳方法。他的推理是直接建立在历史和统计数据基础上的。他收集和比较了记录的事实，这些事实发现了控制欧洲过去和现代、文明和不文明的许多不同国家人口增长的力量。

在经济问题得到有效解决的更多例子中，归纳处于突出的地位，这又涉及凯恩斯对奴隶劳动的经济特征分析，以及穆勒关于农民所有权在经济学方面的论述。值得特别指出的是，穆勒的论点是建立在一致性方法基础上的，而不是建立在差异方法基础上的。他并没有令人满意地或以任何相当的规模，去比较土地使用的不同体系，在所有其他物质领域条件完全相同的情况下——相同，即在气候、土壤的肥沃程度、民族特性、耕作方法等方面条件均一样。

政治经济学关于经验方法的合理利用在后面经济史和统计学的章节中将发现给予了更多的说明。这里再给出一个具有典型特征的例子,它指出了我们很大程度上是依赖从经验中的直接概括,来研究关于不同形式合作生产的可能性。当必须求助于经验方法时,必须永远记住,实例特征上的多样性及在更广泛和不同范围内收集实例比仅限于实例的数量更重要。其目的是消除偶然情况的影响,而且重要的是,除了那些构成调查特别范畴的环境外,作为建立论点基础的实例,普遍讲应尽可能地少。一打精心挑选满足所需条件的实例比 100 多种具有某一类似特征的实例更有价值。

要补充的是,最好的经验概括,在将其扩展至实际经验之外的地方时,必须非常谨慎小心。因为不管考察的经济条件的范围有多么广泛和不同,仍可能存在其他条件,与之相关的是推断出的规律需做相当大的修改。杰文斯正确论述道:"不管经验知识可能多么有用与非常连贯并得到完全解释的知识相比——这些知识构成了一门先进和演绎的科学,它仍是无足轻重的。实际上当一门科学越是演绎的,并能使我们掌握同一规律下越来越多的显著无关的事实,那它就变得完善起来。人们知道一件事情为什么发生,也就将确切地知道在什么情况下它将发生,以及环境的何种变化将防止事件发生。虽然观察和归纳必须是具有全部确定本质的知识的基础,但如果没有其他方法的帮助,它们的应用将从来不会导致现代经济科学的产生。"

而且,即使当我们主要依赖归纳时,最重要的是我们的结论应通过演绎推理来确认和解释。因此,在谈到经济调查某些分支中归纳是最重要的时，它并不意味着从更一般的原则上代替对演绎的需要，而仅仅是因为归纳先于演绎可能较为有用。

第五节　经验方法的局限

仍需简要地考察经济调查中那些非常重要的分支，其中从复杂经济事实中的直接概括，若预先没有一个基本原则，一般说来是极不可信的，而且其中如我们单纯依赖归纳推理，我们的结论更可能是错误的。这一类包括财富分配和交换的中心问题。这些正是凯恩斯(Caimes)谈到政治经济学中归纳方法的“完全不充分性”时思考的问题。巴奇霍特(Bagehot)也论及于此，他谈道：“商业事实特别是大商业的事实，是非常复杂的。一些最重要的事实并不在表面；一些很可能引起混淆的事实却在表面。如果你不用某种方法器(apparatus of method)试图解决这些问题，你必定要失败，就好像你试着通过普通袭击来攻克一个现代军事堡垒——梅斯或贝尔弗特一样：你必须有枪去袭击一个，并有方法去袭击另一个。”通过这里说的“方法器”，巴奇霍特意指我们将继续下去，不是通过对复杂经济事实的独自分析，而是通过在对要素力量的本质和行为的先前检验基础上的综合，由于这些要素的运行，而产生了复杂的事实。在推理的一定阶段，仍需要对具体现象本身进行归纳调查，但是不要相信一个纯粹而简单的归纳方法。

上述观点所立足的论点，是针对财富分配和交换现象的巨大复杂性。在逻辑的技术语言中，直接概括的方法是不适用的，这是因为原因的众多和结果的混合。原因的众多，即同一现象在不同的时候可能追溯归纳为完全不同的力量；而结果的混合，即同一原因与其他原因联合连续地发挥作用，其他原因的结果与该原因的结果相互结合在一起。由于后者的环境，给定原因特有的结果是，在一个地方被其他同时发挥作用的影响抵消；在另一地方它被加强；而在又一个地方它被修正并导致改变其特征。穆勒在他的《逻辑学》第三册（与政治经济学没有任何特别关联）中清楚地说明了在从许多原因联合产生结果的地方，简单观察的方法一般是不合适的。其难度随时间长度而增加，而如果准许展现经济原因自身的完全结果的话，大部分情况下要求有一定的时间。在这些情形下，即使纯粹的归纳方法使我们能够探测到给定经济变化的立即而短暂的结果，但其完全和更永久的结果可能避开我们的掌握，除非我们借助某种"方法器"。政治经济学的许多问题因其关注的现象之间经常存在相关关系而更加复杂。在每一事例中没有任何相反方向发挥影响时，代之以一个现象决定第二个现象、第二个现象决定第三个现象的是，三个现象可以彼此相互决定。例如供应、需求、交换价值，以及具有相同根本重要性的其他经济现象就是如此。通过直接概括方法处理这种关系是不可能的。我们必须像马歇尔教授指出的，"借助一个特殊的研究方法来工作"。[①]

由于这些原因，通过纯粹的推理归纳方法，构架任何价值、利息、工资、地租等一般理论是不可能的。必须求助于这样一种方法，其中从人类本性基本原则出发的演绎占据中心位置，虽然它不是居于唯一的重要位置。在这点上经济学家之间存在着实际的一

① 《经济学的当前地位》（*Present Position of Economics*）第 31 页。

致性，除了极端的历史学派之外。而且他们并不过多断言通过特定经验方法能获得一般理论，如同认为试图获得一般理论是毫无作用的一样。所以，他们转而跟踪截然不同种类的问题。

除一般理论外，还有一个典型事例可增添到具有更特殊特征的经济问题中，在寻找对它的解决办法时，纯粹的归纳方法很少或根本没有用。假设试图确定在货币总的商品购买力和具有固定利率的证券价格之间存在的任何关系。伴随变动方法能否有能力提供解答呢？统计数据是可以大量得到的。统一公债——它可视为产生固定利率的证券的代表——的平均价格在20世纪的每一年都是可知的，而且已经编制出来的大量表格显示，在许多年中选定的批发商品平均总价格是如何不同。在编制这些表的过程中，某些困难呈现出来。不管它们编制得如何完美，我们决不能通过将其与统一公债或任何其他类证券价格的简单比较，来获得对给定问题的一个即使是大约的解决办法。因为不管总的货币购买力对证券价格的影响如何，与其他方面诸如货币市场状况或政治前景的影响而言，它可能至少是无足轻重的。实际上，调查如果是完全的话，需要有证券价格升降期间一般特征的知识，而这些只能由经验获得。但它也必需包括某种复杂程度的演绎推理。

在某些情形下，有可能大致满足有效归纳的条件，但因此获得的结论只能作为建议性的和暂时的，直到对之进行演绎解释和证明。货币市场周期运动的理论就是被引用的一个恰当例子。

值得注意的是，一些专家暗示，在经济学方法方面，当演绎方法可应用于产业的简单和静态条件时，它在面对现代经济世界不断增长的复杂性时就变得毫无价值。而在这种条件下，无论如何它必须让位于特定经验方法[①]。我们已经指出为什么谬误离真理很近的原因。不用说是由于经济运行中的力量越来越多及其相互作用的模式越来越复杂，而且由于产业总体条件的变化一个接一个更快地发生，经济学问题变得更为困难，不管可用来解决它们的方法是什么。演绎方法需要更加谨慎地使用，并且不得不增补对事实分析的手段也越来越重要。但另一方面，事实本身使我们更加无助，而仅靠经验主义更易误导。例如在简单和相对不变的产业条件下，对黄金供应和价格或在黄金供应和折扣率变化间关联的调查，与处于复杂产业条件下的相同调查进行比较，这里信用和银行业得到了完全发展，并且价格和贷款市场状况易受大量原因变化的影响。如果只是仅仅对统计数据进行归纳检验，没有任何对演绎论点的要求，在前一情形下可能还有一些价值，而在后一情形下它当然几乎比不用还要糟糕[②]。

为什么没有试图忽视或隐瞒复杂经济调查中纯粹归纳的缺陷呢，有一个特殊的理由。在经济问题的处理中，低级类型归纳推理的流行是经济谬误的最丰富来源之一；而且不管归纳方法在确定条件下是如何不合理地使用，毫无疑问这种方法很容易被严重地滥用。

---

① 比较克里夫·莱斯里(Cliffe Leslie)的论文《经济世界的已知和未知》(*The Known and the Unknown in the Economic World*)。

② 比较罗伯特·基芬(Robert Giffen)爵士在他的《金融论文集》(*Essays in Finance*)第二辑中对上述范畴的令人钦佩的调查。在这些论文中明确显示出了求助于调查的演绎方法的必要性，同时指出了演绎论点不能忽视现代商业和现代银行业的实际运作。演绎方法的运用已经不断地被歪曲，以至于都没有机会重申依赖推理的演绎方法一点也不包括我们不顾实际事实的一意孤行。

第七章 政治经济学的演绎方法

第一节 演绎方法的本质

到目前为止,由于特定经验方法(method of specific experience)不能提供经济规律的可靠知识,必须求助于另一种方法,其实质包括经济运行中主要力量的初步确定及不同条件下其结果的演绎。因此,事后的论点(完全依赖于对实际复杂情形中具体事实的检验),为事先的论点(依赖于人们间处理经济事务中展现的一般特征的知识)所代替。关于"演绎方法的问题",穆勒认为,"是从不同趋势的共同结果的规律中发现某一影响的规律"。整个方法包括三个步骤。第一步,必须确定何为运行中之主要力量及与其运行相一致的规律。接下来进入纯粹的演绎阶段,在这个阶段,从给定条件下这些力量运行产生的后果中推断出结果。最后,通过将已推断出的结果与直接观察出现的结果相比较,从而有机会测试前两个步骤的准确性和实际的适当性,并提出必要的限定条件。可以看出,只有三个步骤中的一个——即中间的一个步骤——严格说来是演绎的。所谓的演绎方法就其整个形式来说,因此可视为一个非排他性的演绎方法。它可以更精确地描述为一种主要为演绎、但仍由归纳所辅助和控制的方法。这个观点将在下面进一步阐明,但需最大限度地予以注意。

第二节 “假设”一词在经济科学中的运用

在求助于演绎方法时,政治经济学通常被描述为在特征上实质是假设的。然而对经济科学的这种描述,需要予以详细的解释和保护,因为它在含意上有引起思维混淆的危险。

所有的因果律都可被称为是假设的,因为到目前为止它们只坚持在没有中和因素的情况下,特定原因会产生特定的结果。事实上,在某一特定原因的作用实际显现的情形下,中和因素有时将出现,有时不会出现。因此,因果律只是作为趋势的陈述。因而,所有因果科学及运用演绎方法的著名科学——包括政治经济学和天文学——都包含有假设的因素。

以上所述也可稍微不同地表述为,经济学中演绎方法的运用包含特定阶段的抽象过程,并需要经常使用“假设其余情况均相同”的限制条件。抽象最远可延伸至推理,这里假设自利的动机不受限制地运行于经济自由国家中,即在推理中包含“经济人”的概念。但在演绎方法应用的所有情形中,它是或多或少地出现的。在对任何特殊环境或任何特殊变化的经济结果的演绎调查中,必须假设没有干预力量和共生但独立的变化。到目前为止,由于其他变化自身起因于某种变化或某种特别环境,所以必须对这些情况予以考虑。但演绎方法显著的特征在于,首先寻求独立思维,而不受所有起修正作用力量运行的影响,这些力量在原因上与特定的调查范畴并没有某种方式的联系。这里要指出的是,依赖和独立的变化之间的区别具有根本的重要性,它自身也非常简单。但在复杂辩论的过程中要对此保持清晰的认识常常发现是困难的,而成功地做到这点对公正的经济推理是必不可少的,这方面的才能需要特别的培养。

然而这并不是说,由于上述意义的规律是假设的,因此它是空想的或与事件的实际过程完全不相符。虽然因果律可能来自于某一被称为假设的观点,但它们也可能是来自于另一明确的观点。它们明确地肯定特定原因的运行模式。而且,即使一个原因可能因相反方向更有力的原因运行而抵消,它仍会继续发挥其固有特征的影响,并因此修改最终结果。当气球在空中升起或水在水泵中抽上来时,没有人会以为引力定律失效,这可作为关于经济现象不断发生的一个简单例证。例如,对某一商品需求的增加可以与其供应量的增加同时发生,因此需求变化对任何最终价格变化的绝对影响并不明显。它甚至可能是价格下降,而在需求变化单独作用下将引起价格上升。而如需求没有变化,价格在假定的环境下可能下降得更多。毫无疑问,需求的每一变化趋向于引起价格与其正常情况有所不同。

上述理论可再表述为:流通中货币量的增加(或减少)在其他情况不变时趋向于伴随着价格的整体提高(或降低)。这在某种意义上是一个假设规律:它不能使我们认为无论何时任何流通中货币量的增加必将引起价格上升;甚至也不能使我们认为如果流通中货币量的增加与价格的整体上升同时发生时,后一现象必然全部归因于前者。问题的原因是不只一个因素能影响整体价格水平。所以它的效果可能被相反方向同时运行的更有力的原因所抵消,或为同一方向同时发生作用的原因而增强。但即使这是正确的,同样正确的是,不管所讨论的原因出现在哪里,它仍将发挥与确定规律相一致的应有影响,并在帮助决定(正面或负面)产生的最终结果上发挥作用。因此,特定的规律,尽管它包含有假设的因素,仍与事件的实际进程有关,它维护了关于经济现象相互之间的实际联系。

但可能出现的问题是,在比已指出的更基本的意义上演绎政治经济学是否不是假设的呢?显而易见的是,无论何时通过演绎推理得到的结论,它在实际现象中的应用必须保留假设,直到确定了构成推理基础的前提事实上是如何得以实现的。因此演绎政治经济学,按要求不仅没有中和因素,而且要有事实上并不总能实现的特定条件的话,是不是说至少它的一些结论是假设的?如果这个问题的答复是肯定的.那它决不应被理解为去传达这种意思:即政治经济学运用任意或虚构的前提,或与实际经济生活现象有关的前提是不确定的。然而这似乎是那些贬斥演绎方法的人所指的,认为它只产生假设的结论——这些结论对所有实际目的肯定是无用的,而不管他们假设的正当性可能是没有问题的。

当然在运用演绎方法的过程中,经济学家非常频繁地使用并非全部可实现的实证假设。实际上他们的前提需要针对不同情况而不同,并因而显然他们结论的应用性必须依赖环境。例如,在处理与地租相关的问题时,需假设土地使用权的特定条件。而在处理货币问题时,诸如货币制度、合法货币、信用工具等规定都需有效地假设。再如在研究工资理论时,一个通常的假设是,每类劳动力甚或整个工人阶级都具有其自身一定的舒适标准。即使是那些没有干扰因素的假设也具有确定的一面。与此观点相关的是，到目前为止对实际现象解释的关注，要求实际上其影响被忽略的那些因素将是严格的“干扰”因素，它们发挥的影响并不强大到足以减少其他力量的影响至很小程度。

然而，必须牢记的是演绎方法不只是包括演绎一个阶段。这似乎为那些藐视演绎政治经济学假设特征的人所忘记。仅仅是演绎推理的话，实际上完全可以用符号来表示某一形式的假设陈述，假设 P 和 Q 是正确的，那么 R 是正确的。但演绎法并不仅仅关注于建立 P 和 Q 的正确与 R 的正确之间的关联。在其完整形式上，它包括对实际运行力量及运行不同条件的事先调查，并且通过求助于可公开直接观察到的具体现实，检测其结果在实际现象中的应用性。经济研究自身利用其演绎阶段有时或多或少会很方便，在经济学的纯理论中这点尤其突出。但前提并不是随意选择的。当纯理论假设经济力量在人为简化的条件下运行时，它仍主张调查的结果与其实际运行的情况在一定程度上是相吻合的，并确实在实际经济世界中以居于支配地位的方式运行①。

这里可以对一般价值规律、一般工资规律等做一简单证明。在得出这些规律的过程中，假设只考虑比较普遍和持久的运行力量，把可能随时发生的局部和暂时因素的不同影响放在一边。因而通过一个非常精心的推理过程，就可得到这些规律，并且它们似

① 这一点正是西尼尔(Senior)急于坚持的，虽然他认为政治经济学“更依赖于推理而不是观察”，但仍拒绝说它是一门假设的科学。

乎具有特别假设的特征。然而，如果可计算出影响的力量能被显示在任何给定的经济社会中实际上是居于支配地位和更持久的，那么起修正作用的力量在不同情况下在不同方向起作用就可能是合理的假设，从而长期下去它们趋向于相互平衡和抵消。在这些条件下，虽然演绎推理的结论可能与个别例子观察到的事实不一致，然而如果能获得大量的事例，并且如果经济生活的总体条件在一个足够长的期间内保持不变的话，这些结论毫无疑问是可以实现的[①]。因此一般价值等规律不必有任何意义上的不真实假设。与个别事例中可观察到的形形色色现象相比，它们几乎总是不仅仅具有更大的科学价值，而且具有更大的实践价值。当然实际上不应完全忽略或忽视局部和暂时影响的作用。但只有获得总体和长久趋势的知识时，局部和暂时的影响才有可能不被曲解。

这部分得到的结论可简单归结为，演绎政治经济学可恰当地描述为假设的，如果没有比这有更多含义的话，第一点，它的规律只是趋势的陈述，并因此通常服从其他情况相同的限定条件；第二点，它的结论大部分依赖于一些特定条件的实现——它们事实上并不是总能实现的。然而给定了条件，规律就可以被明确地陈述。但条件不是随意假设的，而是有选择的，以便广泛地与经济现象自

① 必须承认运行中占主导地位和更持久的力量自身应服从长期的变量，而且毫无疑问，正如马歇尔(Mashall)教授指出的(《经济学原理》第一卷 1895 年第 426 页)，这会增加将经济学说应用于实际问题的困难。如果我们能明确区别包含在一般价值、一般工资等规律决定中包含的两点，这方面的问题会更清楚。第一点，我们是从局部和短暂的原因中进行抽象；第二点，我们假设经济生活的总体条件是静态的，这样运行中占主导地位的力量自身是不变的。只有事实上在第二个假设得到实现的范围内，一般价值可认为是平均价值，一般工资可认为是平均工资，等等。

身显现的不同形式的实际事实一致起来。所以说，到目前为止，求助于演绎方法的政治经济学，是一门假设的科学，但必须防止把它认为是空想或与经济现象的实际秩序不一致的思想[①]。

第三节　演绎方法运用中观察的作用

特定经验在引导演绎经济推理并赋予它现实性方面发挥的作用是至关重要的。完全可以讲，不管是否求助于演绎方法，政治经济学必须始于观察并终于观察。正如已经指出的，人们容易忘记演绎方法在其完全的形式上包含三个阶段，只有其中一个实际上是演绎，另外两个阶段是前提的归纳确定和结论的归纳证明。演绎方法的正确特征尤其被那些批评家误解了，他们拒绝演绎方法对政治经济学的帮助，理由是它的使用意味着不顾事实并试图完

① 凯恩斯（Cairnes）在他的《政治经济学的逻辑方法》（*Logic Method of Political Economy*）中对经济科学假设特征的大部分论述是完全公正的，并用他通常具有的清晰和有力表述出来。但他的一部分观点——例如，他谈论到经济规律不是对经济现象实际秩序的判断（第99页），再如经济规律只能按一些精神或物质原则的要求来建立或驳倒（第107页）——很可能引起误解，即使通过详细解释他们承认其论证无误。如与上述判断相关，依靠特定的社会事实——归结为“劳动和资本刚性”一词，考虑试图驳斥作为价值调节器的生产成本学说。如果该学说被认为是纯假设的，此异议可因简单无关而不必考虑。但我们不能认为凯恩斯也这样赞成而不去考虑它。在他看来，及时性总体上在其学派的学说中，认为在现存经济条件下，生产成本在绝大多数商品的价格上实际上发挥非常重要的影响。再考察惰性和无效竞争之间劳动力的分层学说。该学说为穆勒提出，但为凯恩斯给予更突出位置，他把它作为公认的价值理论的一个修正因素。然而按照所谓的精神和物质原则要求，能说它是吗？它更应视为前提条件的修正因素，通过观察并为把经济理论与实际现实更紧密联系的目的来提出修正意见。

全忽略实际发生的情况而去发现经济世界的规律[①]。

正确地讲,在经济纯理论研究中,特定观察发挥的作用可能是从属的并暂时处于幕后。但同样正确的是,一些调查者的理性偏见自然使他们倾向于特别注意调查范畴的这一方面。再如,出于说明的目的,以及使我们自己熟悉处理经济问题时所需推理的目的,构造与实际事实无关的假设有时是有用的。经济学家因此只是部分和暂时地保持特定经验的独立性。作为演绎推理的补充,观察的特殊作用已为给出的演绎方法分析指出来。

首先,观察引导经济学家对前提进行最初选择。即使最抽象的政治经济学论述,也必须从人们相互处理经济事务中实际展现的一般特征考察开始,及从对他们经济活动发生的物质和社会环境的调查开始。然而正如已暗示的,关于人们的动机或其物质和社会环境的假设命题不必普遍或无限地正确。任何使与所谓的"完全经验现实"精确一致的企图将以牺牲普遍性为代价,并使我们自己重新卷入到那些实际经济生活的复杂性中,而这正是演绎方法暂时要特别避开的。我们所需要的是,首先,所考察的动机在经济领域非常强大,并到目前为止它们的运行一致,它们演绎出的行为与实际发生的事实广泛相符;其次,假设动机运行的环境具有或是有关全部经济生活,或至少是关于给定范围内的某一特殊领

① 谈到归纳作为演绎的补充,瓦格纳(Wagner)观察到"根据我们过去的经验,可能在将来也如此,我们必须期望从作为控制手段的归纳比作为一种独立方法的归纳获得更多的东西。我们可能不应将如此多的新结果归功于归纳,如第一例中对演绎地获得的命题的校正、精炼和扩展。"[《政治经济学基础》(*Grundlegung der Politischen Oekonomic*) 1892 年第 95 页]

域的典型特征。

用于选择前提所需的观察有时很少包含比对日常最熟悉的事实反射式思考更多的东西。但需要记住的是经济学家并不总是从一个或同一系列的假设出发开展研究。在某些情形下需要经济学家具有(经济社会)更广泛特征方面的知识,以便决定选择何种前提。这种论述可应用于外汇理论、整体价格运动、工会或工资机制的影响等理论研究中。处理这类问题时,在调查伊始,就必须对具体经济现象有某种程度的熟悉了解。引导经济学家选择前提的总体原则随后将予以更详细的说明①。

其次,观察使经济学家能够决定其假设在给定条件下是如何密切接近于实际事实的。他因此学习需如何调整其前提,或调整到何种程度,直到不需或不宜对前提进行实际调整,并允许所谓干扰因素的影响。为上述目的,运用观察是更具体的与更抽象的政治经济学论述得以区别的主要方面之一。它对任何给定时期经济现象的充分理解都具有巨大的重要性。"只有空想",正如巴奇霍特指出的,"能在政治经济学中出现,直到我们知道何时和何种程度它最初的主张事实上是对的,以及何时和何种程度它们

---

① 凯恩斯观察到"经济学家从具有终极原因的知识开始"(《逻辑方法》(*Logic Method*,第75页)。但这个陈述无论如何应限制在经济学的纯理论中。正如邓巴(Dunbar)教授在其《政治经济学的反应》(*the Reaction in Political Economy*)论文中谈论的,将经济科学运用于李嘉图从未深入研究的领域所使用的方法是简单的,只需从对事物的实际观察中提取与次级力量相关的新前提[《经济学季刊》(*Quarterly Journal of Economics*),1886年10月,第10页]。马歇尔教授的《经济学原理》提供了由观察引导演绎政治经济学新发展的大量显著的例子。

是不对的。”[①]

从某种不同角度来考察观察的作用，可看出观察决定了演绎地获得规律的实际有效性的范围。经济世界总是在不断变化。某些假设可能在经济发展的一个阶段是现实的，而在另一阶段可能与事实正好相反。因此没有对事实的广泛了解，就有把经济理论归于比它们实际所属更广泛应用领域的危险。这点将在处理经济理论和经济历史的关系时更进一步地予以考察。

第三点，为了说明、检验和确认其演绎推理，经济学家也需求助于观察。这里重要的是观察到检验可能——并实际上一般——存在于对实际现象的满意解释中，而不是必需存在于现象的发现中，这些现象作为直接的概括为已演绎地获得的结论提供正当依据[②]。

当然在某些情况下，不是要对任何理论加以确认，而是要揭示在事件的实际过程与演绎推理的结果之间的明显差异，并表明后者如果不是完全错误，无论如何也是对事实考虑得不充分。因此

---

① 《经济研究》(*Economic Studies*)第71页。巴奇霍特自己通过人口变动对劳动力实际工资不同影响的归纳调查说明了这个观点。关于这种影响的本质的一个重要假定包含于一般工资规律的普通演绎决定中。参见L.L.普瑞士先生(L.L.Price)的《产业和平》(*Industrial Peace*)第108页。

② 在最近的经济学论文中，尼科尔森(Nicholson)教授的《货币》(*Money*)被提到可提供大量有效的例子，其中实际发生的现象可用来说明并确认演绎的论点。然而如果我们需要例子，我们最好是回到《国富论》(*Wealth of Nations*)中。正如马歇尔教授观察到的：——“亚当·斯密很少试图通过详细的归纳或历史来证明任何事情。他的证据主要是存在于每个人知识中的事实——物质、精神和道德的事实。但他通过细心和有启发性的事实来说明他的证据，因而他赋予了它们生命和活力，并使他的读者感到他们正与实际生活中的问题，而不是抽象的东西打交道。”

问题是要确定这种错误或不完全的原因。经验调查可能指出在所讨论的现象中发挥重要作用的力量的运行，但还没有考虑上面的问题[①]；或许是在考虑确切的力量时，它们的相关强度被错误地估价了，或它们个体运行的方式被误算了；或者演绎推理本身就有错误。

决不能忽视在证明过程中有时出现的巨大困难。穆勒走得如此之远以致说到"对任何具体的演绎科学信任的基础不是它自身的事先推理，而是在它的结果与事后观察到的情况之间的一致"[②]。这个论述需要稍微地加以限制。因为我们可能具有独立的基础来确信我们的前提与事实是一致的，并且演绎的过程是正确的，而因此我们会相信我们的结论，虽然事实上获得明确的证明是有困难的。

当然在我们的理论结论和实际事实中不能有明显的差异。但我们不能因为它们运行的情况不易观察而草率地得出反面的结论，或以为理论被推翻。由于现实经济世界的复杂性，必需首先求助于演绎方法，这种复杂性也使我们很难确定任何给定力量的实际效果是否真的与我们演绎计算的结果相一致[③]。

再者，一般价值、工资等规律，正如我们已经指出的，只有通过

---

① 这些力量的运行曾通过观察提出过，我们可再借助演绎确定它们影响的确切本质，这不是不可能的。

② 《逻辑》(*Logic*)，第 9 章第 1 节。

③ 流通中货币数量对整体价格发挥影响的问题首先予以了演绎，然后通过考察流通中大规模出现的数量变化予以说明和检验。在某些情况下确认会是非常清楚和决定性的。但有时要恰当地考虑贸易总量增减、信用扩张和收缩的影响等会极为困难，因为它们的走向将抵消或夸大对特别是调查中的原因的影响。

大量事例而不是单个事例方可证明。随之,在经验概括时,同样在通过观察证明演绎推理的结果时,一般必需将我们的调查扩展到大范围事实中,特别是必需允许有足够的时间使结果自身完全显现出来。如果不采取这些预防措施,就易产生误解而经济理论也会不公平地遭到怀疑。

在正常条件下,由消费者支付商品税的理论可作为一个简单的例子。因为这个例子与一种新税首先会沉重地压在已征税产业上的事实完全一致。该理论得以建立的整个推理显示它只与长期发生的现象相关。换句话说,它只与过去或已长期预期的税相关①。

另一简单的例子,可以表明也是与演绎政治经济学的原理相一致的,谷物法的废除必然引起英格兰小麦价格的持久下降。当然这种下降不是马上发生的。诸如土豆作物的歉收、克里米亚战争特别是黄金的贬值这些事件的干扰,解释了存在的明显差异,尽管是自由贸易,谷物价格仍被一直维持到1862年。而且新国家耕作区的增加需要时间,并且发展通信手段以便满足新的需求也需要时间②。

---

① 税收对商品影响的演绎理论已是不正当曲解的常见根源。关于"演绎经济学家的利润和价格理论",克里夫·莱斯里(Cliffe Leslie)写到,"在所有情况下,在每一贸易和每一特定商品的情形中,都会声称是正确的,并预示商品出售的准确价格。他的税收理论是其利润和价格理论的一种应用;并继续假设价格将实际上与生产成本一致,在每一特殊情形下都如此恰到好处,以至于对任何商品的每种特别税收都将由生产者从消费者那儿的利润上涨来弥补"[《论文集》(*Essays*),1888年,229页;也与64页比较]。到目前为止,演绎经济学家著作中的孤立章节似乎证明如上的主张是正当的,那只因他们并不总是非常仔细地强调在税收即时和根本影响之间的区别。

② 第9章和第10章将有对与演绎方法相关联的观察所发挥作用的进一步说明。

第四节 李嘉图对演绎方法的运用

以上论述指出了正确运用演绎方法需要满足的某些条件，以及需受到的某些限制。一个根本点是，应对构成特定推理的基础的假设予以明确和肯定的阐述。有时，除了对推理结果适用的条件予以仔细解释外，指出这些结果可能因这些条件的改变而被修改的方向是比较好的。在讨论经济变化的影响时，更需要详细说明一般条件下考虑的时间期限，从而明确区别即时的和根本的影响。必须永远牢记的是，需要有不同的假设以便满足不同经济环境的需要，而且关于将结论应用于任何指定的社会状况时，必须避免事先的武断。在这种应用能被证明正当之前，必须运用以经验为根据的检验。检验在某些情形下会很方便，但常常包含比演绎推理自身更难的系统观察和统计研究。

李嘉图的著作，特别是他的《政治经济学及赋税原理》(*Principles of Political Economy*)，被作为经济学中运用演绎方法的典型和代表性的例子而频繁引用。而其任何缺陷，不管是其方法或其结论中出现的，因而被认为全部都相当于是这种演绎方法的缺陷。然而，尽管李嘉图的著作包括了一些在经济学文献中所发现的缜密演绎推理的最卓越和最具有指导性的例子，尽管对他著作的透彻研究和掌握可恰当地认为是经济学学生一部分必备的资质，但必须说他运用演绎方法的方式仍有严重的错误。例如，在阐明其结论中不断需要的解释和证明常常要由读者自己来进行。无论次要假设还是构成推理主要基础的部分都没有予以清晰说明，并且有时出现从一个假设到另一个假设没有解释的变化，特别使人困惑。再如，没有充分强调注意时间因素的必要性，而对转型时期的特征似乎毫不重视，正是在这时期经济原因自身的完全影响发挥出来。李嘉图采用的语气显出对已获结论绝对和普遍有效性的过分自信，而他的说明离不必运用演绎方法的实际生活事实太遥远了。

还有另外一个方面，李嘉图的主要著作未能满足一个完全演绎体系的要求。一门科学越是演绎的，它不同部分的逻辑安排，以及某些部分与其他部分的正确从属，就变得越来越重要。然而李嘉图对他的不同理论及其相互依赖的方式之间的准确关系从来没有予以足够明确的说明。在某些方面，《政治经济学及赋税原理》的不同章节读起来更像是独立的论文，而不是具有一个相互联系和完整逻辑体系的连贯章节。

李嘉图写作的特定环境和条件可对上述的众多情形予以解释。尽管他生活的实际经济世界提出了他的前提，但他的观察是不完全的，并限制在一个狭窄的范围。因而致使他在阐释其结论时没有充分的限制条件。而且，对经济科学予以完整系统的说明是否是他深思熟虑的意图是非常令人怀疑的。似乎非常有理由说明他的主要著作原先写来并不是为了出版，而只是出于系统阐述他自己对不同经济问题看法的目的，并只是在熟人的内部圈子中私下流传。如果这种看法是对的，从严格的逻辑观点看其论点的经常不完整性是很说得过去的。任何人如果只为那些他知道已熟悉其一般看法的人写作的话，会很自然地省略对假定和证明的清晰阐述,那无疑总是交给其读者去思考[①]。

然而,不管对李嘉图的缺陷如何进行解释,无疑演绎方法并不是他的文章中任何接近理想形式的范例。

第五节 演绎政治经济学的前提

在那些构成经济理论最主要部分的抽象推理中,引导经济学家用于选择其前提的原则是普遍性(generality)和简明性(simplicity):前者,是为了尽可能扩大作为解决具体问题工具的理论应用的范围;后者,是为了让演绎推理过程不会太难。[②] 人们渴望用最小代价增加他们满足度的原则,随商品数量增加最终效用递减的规律,土地收益递减规律等等,都是具有所需普遍性的前提。再如自由竞争的假设为演绎推理提供了一个相当简明的基础,而且由于到目前为止现代贸易得到普遍关注,该假设对大量经济现象基本上是有效的。而纯垄断的假设在特定领域甚至更简单,但

---

① 比较《经济学季刊》(*Ouarterly journal of Economics*)1887 年 7 月第 474 页《李嘉图对事实的运用》(Ricardo's Use of Facts)中一个很有启发性的注释。也比较邓巴博士编辑的《李嘉图与马尔萨斯通信集》(*Letters of Ricardo to Malthus*)。"那并不难",编者说,"对生活在李嘉图之后两代,并且具有(正如他自己表述的)'他们祖先所有的智慧并且还多一点点'的人们来说,指出李嘉图《原理》中许多未证明的假设、许多含糊的措辞,甚至许多犹豫不决的表达,尽管它们外表有严密的逻辑。作者独立的实用小册子在那些方面远比这册关于一般理论的没有完整联系的论文集更有力。朋友的谄媚要求已导致一个不系统的作者试图写一篇系统的论文"(p. xvii)。

② "纯理论的作用",马歇尔教授说到,"是从明确的假设前提中演绎出明确的结论。前提应尽可能地接近与之相一致的、应用理论必须处理的事实。但纯理论运用的术语必须能准确地阐释,而且它所基于的假设必须简明和易于操纵"。

它可实现情况所适用的领域更为狭窄①。

考虑到更具体的问题,则对上面的论述需要作稍微修改。现在的第一个必要条件是,前提要基本包括所有的情况,它们对调查主要涉及的时期和地点上的现象发挥非常重要的影响。第二个必要条件,也是简明性之一。采用的假设应能作为演绎推理的基础。因此它们应具有确定和精确的形式,并应尽可能地少和简单而与事实保持相当的密切一致②。

巴奇霍特在他未完成的《政治经济学的假定》(*Postulates of Political Economy*)中建议列举经济科学的主要假设,并轮流考察每个假设的有效性或有效性的范围。这种列举和考察在一定条件下会是非常有启发性的,但除非观察的对象得到详细解释,否则它也可能证明会引人误入歧途。在政治经济学演绎方法的运用中,

---

① 古诺(Cournot)在他的《财富理论的数学原理研究》(*Recherches sur les Principes Mathematiques de la Theorie des Richesses*)中把卖方纯垄断假设作为其出发点。

② 瓦格纳,并不试图将假定完全列举出来,给出了演绎经济学最重要的假设:(1)每个人出于经济自利行事的假设(《政治经济学基础》,67节)。对此他补充了另两个基本假设,即(2)所有有关的人都知道并了解他们所拥有的利益,及(3)他们不为追逐自身利益的规律所妨碍。因此我们假定作为我们论点的总体基础是(1)欲望,(2)能力,(3)许可,来按自利原则支配行事。然而瓦格纳继续指出(70节)当情况需要时这三个假设中的每一个都能修正。当然这种修正不会随便引入,除非是出于使我们的假设与事实尽量一致的目的,而且事实自身因调查中的特定国家、时期、地点或经济现象的级别而不同。因此,第一个假设在考虑作为自利配合因素的其他动机的运行时会不同;第二种假设通过识别为追求个人自身利益至最佳需要的知识和能力的不平衡,及依赖人们所处特定阶层的修正程度而会有所不同;第三个假设通过考虑经济事务中个人自由可能被干预的不同方式而会有所不同。在这些方面,瓦格纳认为我们可以越来越接近完成在我们的假设与完全现实间的一致,虽然改变的假设不总是容易运用,以及数学过程的理想是达不到的,这都是允许的。要补充的是,由于在经济学演绎推理过程中我们的整体控制能力增加,我们从这些修正假设将会获得更大的成功。

特别是在纯理论中，有差不多半打前提与其他前提比起来是更基本的和更经常出现的。但除非特别强调抽象和具体的经济学之间的区别，否则对——作为基本和充分假设的——有限数量的确定假设的识别，容易对经济科学给出一个正式和虚构的范围，而从整体上考虑这并不是恰当的①。

经济假定的有效性不仅随时间和地点的变化而不同，而且在同一时间和同一地点的不同关联上也不同。因此，即使预先列举出前提——这些前提被假定构成整个经济科学的基础——实际上是可行的，也不可能一次全部考察出这些前提的有效性。而且总体上似乎最好是不要把对经济假定的任何初步列举和考察认为是明确的或彻底的，而只不过是对经济理论一般特征的简单说明②。

---

① 关于整个科学只是从一两个假设建立起来的看法总是被持相反意见的批评家抓住并加以评论。例如，比较弗里德里克·哈里森（Frederic Harrison）的批评："政治经济学具有两个假定——生产作为唯一的终点，竞争作为唯一的动机——人类及其历史不能显示出对此假定任何实际的例证。"

② 巴奇霍特（Bagehot）提出的对假定的列举很遗憾没有完成。但与此想法相关的列举，可散见在西尼尔（Senior）的《政治经济学》（*Political Economy*）第26页；凯恩斯（Cairnes）的《逻辑方法》（*Logical Method*）第二讲第二节和第三讲第一节；科萨（Cossa）的《政治经济学研究入门》（*Introduction to the Study of Political Economy*）理论部分第六章第二节；西奇威克（Sidgwick）的《政治经济学原理》（*Principles of Political Economy*）第三版序言、第三章第四节。还可以比较瓦格纳（Wagner）在注16中所做的假定。引述西尼尔和凯恩斯的有关论述可能会有用。西尼尔谈到"我们已经论述到，政治经济科学依据的一般事实包含在少数一般命题、观察结果或意识中。我们所提到的命题是指这些：——（1）每个人都希望用尽可能小的代价获取额外的财富。（2）世界人口，或换言之，居住在世界的人类数量，只受道德、物质灾难或担心（世界居民每一阶层的个人习惯都会引诱他们需要的那些）财富匮乏的限制。（3）劳动的力量和其他生产财富手段的力量，通过将其产品作为进一步生产的手段，会无限增长。（4）农业技能保持不变，给定区域土地使用的追加劳动总体上产出的收益递减，或换言之，虽然随着劳动使用每次的增加，总的回报在增加，但回报的增加并不与劳动的增加成比例。"凯恩斯指

第六节　演绎方法的特别修正

对演绎方法的一定修正，可使它比较容易地去有效处理极为

出了下列经济科学的基本前提，——第一，“对物质福利总的欲望，以及对作为获得其手段的财富的欲望”；第二，“最终判断这些手段效率的智力，并倾向用最容易和最简便的手段达到我们目的”；第三，“那些与人类体格的生理条件一起共同决定人口规律的嗜好”；及最后，“人类劳动和技能使用的土壤的品质和其他自然因素”。显然，像这种列举不可能要求它完整。例如关于社会习惯的性质和与财产相关的立法制度的假定是必不可少的。关于因商品数量而效用不同的假定也是必需的，因为不能单从西尼尔或凯恩斯的前提就演绎出需求法则。即使是自由竞争的原理也没有清晰地列举出来。实际上这个原理太复杂，并在不同关系上包括太多不同的次假设，以至于很难一次就分析（在它所发挥作用的不同经济推理中）它的全部内容。

对假定的一个很好的罗列是在帕尔格雷夫（Palgrave）先生的《政治经济学辞典》（*Dictionary of Political Economy*）中由约翰逊（W. E. Johnson）先生的论文《政治经济学的方法》（Method of Political Economy）给出的。约翰逊先生承认任何前提的完整罗列是不可能的。然而虽然他在文中赞同此观点，但他认为有半打可认为是典型的并几乎是通用的前提。“在这六个假定中，物理的、心理的、社会的每组中各有两个。（1）两个预先假定的物理或自然的规律是：报酬递减规律，它源于必需利用劣等的生产要素，或在更不利的环境下使用它们；收益递增规律，它源于供应扩大情况下产业组织增长的可能性。但这些规律呈现的是一般观察可确定的趋势，它们向相反方向运行。因此，对特定环境下力量大小的更精确知识必须通过进一步的详细观察获得。（2）两个心理的规律是对需求和供给本质的整体表述，到目前为止这些规律依赖于各自的特征。需求规律是随着拥有数量的增加，任何欲求物品的任一增量所提供的效用递减；供给规律是每个人都试图用最可能小的代价获得物质财富。这些假设对演绎类型的几乎所有经济推理都是普遍适用的，虽然它们并不总是明确地公式化。这里，像物理的预先假定情形一样，需要进一步详细观察来决定这些心理力量在任何情况下作用的精确度。特别是供给规律要求通过对习惯、惰性、无知或风俗等——它们极大地影响其应用——影响的评估来予以确定。（3）两个社会的规律与自由和管束的条件相关，在这些条件下社会经济活动得以发生。总而言之，假设一方面个体行为受有关产权的特定立法制度控制，而另一方面个人在特定范围内可根据其自身愿望自由行事。与前面一样，这里应用的一个类似论述是，在任何情况下施行自由或管束的精确程度必需由特定的观察来确定。”

复杂的问题。特别是有助于逐步建立起从简单到越来越复杂的假设。在开始，所假设的条件甚至不能近似地代表实际事实。但起初以最简单可想象的形式予以处理的问题，可能在某种不太简单的条件下会得到解决。照此进行下去，直到最后假设与事实完全一致。正如巴奇霍特评述的，“科学的准则是简单，这是常识——首先是简单的情形。开始是观察在几乎没有什么妨碍因素时主要力量是如何作用的，而当你彻底地了解它时，接连地加入每个妨碍因素和干预力量的单独影响。”①

穆勒对国际价值理论的研究提供了上述程序方法的类似例子。他开始假设国际贸易只在两个国家并只在两种商品上进行，商品直接由一种与另一种交换，没有任何形式的货币介入。国家假设是邻国，这样运输成本可不用考虑；两国除了支付进口外都没有任何国际债务；并且是完全的自由贸易，双方既不征收出口税也不征收进口税。在这种简化形式下问题得到解决后，不同的限制条件一个接一个地移走，直到假设最终达到包括不同社会之间实际贸易的所有必需条件。类似地，在寻求确定控制总体价格范围的条件时，最有用的方法是从一个非常简单的人为假设开始，然后逐步转入到现代贸易的复杂现实②。

---

① 《经济研究》(*Economic Studies*)第 74 页。

② 比较尼科尔森(Nicholson)教授在他的《货币与货币问题》(*Money and Monetary Problems*)一书中对此问题的论述。他开始是这样的，——“现在，在工业和交换的现有条件下，导致价格总体运动的原因是非常复杂和不同的，而为了弄清楚它们，就必须从最简单的情形开始，并逐渐引入价格运动中虽然具有同等影响但却不太明显的原因。因此我要求读者尽可能放弃所有这些想法，即他可能已排列出当代复杂工业社会最近几年价格实际运动的原因，而且为了分开并考察其中最重要的原因，对——用好

另一种有趣和有用的演绎方法是采用大量的选择条件时，这些选择条件涵盖了所有实际可能的情形，因此要轮流对每一情形下发生的情况着手进行调查。按此方式可以确定真理存在的范围，并直到可能在任何具体事例中发现实际与假设条件的关系，演绎的解释转而具有实际的价值。除非不同的选择在形式上是相互矛盾的，否则对事实的初步调查当然是必需的，以便确定应选择何种选择条件。

让我们讨论确定一次工人罢工的最终结果问题，假设它会立即成功。可能要对三种不同假定下发生的情形进行调查：第一，工资的增加导致了工人效率的增加，而并不损害社会其他成员的利益；第二，它抬高了价格，从而损害消费者的利益；第三，它降低了利润，并因此损害管理层的收益或股权收益。在第一种情形下，假设其余情况相同，罢工的成功没有理由不会持久。在第二种情形下，必需考虑一种可能的反应，更高的价格最终导致利用替代品或

点儿的术语说——可称为'假设的市场'采取观察的态度。这个词是虚构出来的，但并不比物理和数学中不断做出的假定或假设过分，如物体绝对刚性、平滑或没有重量，或者是无限的线、没有分值和量值的点。那么假设下列几点为我们市场的规律和条件：(1)没有交换发生，除非货币(它是非常不真实和简单的，我们可以假设包括由渡渡鸟骨作成一定形状的货币)在每次交易中实际上都要过手。例如如果一个商人有两个烟斗但没有烟叶，而另一个商人有两盎司烟叶却没有烟斗，我们不能允许一只烟斗与一盎司烟叶的交换，除非使用货币。信用和物物交换就像是未知的一样。(2)货币可认为是没有什么用的，除了它对交换起作用外，因此它不会被阻止用来贮藏；换言之，它实际上是流通的。(3)假设有十个交易者，每人有一种商品但没有货币，而另外一个交易者拥有全部货币(100 单位)但没有商品。进而，让该持货币者对所有商品进行同等估价。"(第 56 页)所有这些听起来是够假的，但这只是起点。在此讨论结束前，读者会发现自己正在处理当代实际的具体问题。

刺激了来自国外(产品)的竞争[①]。此外,按照罢工之前给定行业的工资水平是否在总体工资水平之下(当然要考虑不同职业的净优势)来对选择予以细分。如果是的话,那么除了上面给出的理由外,不会有任何反应,而罢工可能仅仅是推动了迟早不可避免要出现的工资增长。然而如果工资已经达到了正常水平,那么工资增长后可能出现的反应是,劳动力从其他行业流入,它发生的程度和速度依赖于竞争的有效性。在第三种假设下,按照罢工之前利润是否在该行业中异常地高来再次对选择进行细分。如果是的话,工资的增长可能会维持,虽然如果竞争是有效的话,它可能必须与其他行业分享。如果利润不是异常地高,那么资本和经济实力将向其他行业转移。最终呈现的问题是,管理层收益或股权收益总体上能承受(利润的)减少到何种程度,而不用对劳动力的需求做出强烈反应。

上面所述当然并不打算作为对给定问题的实际解决办法,而只不过作为通过演绎方法处理该问题的方法的提纲性说明。我们看到通过演绎方法的帮助,如何给出使我们能了解自身行业的分析,从而如果我们想调查任何实际的情形,我们可以知道什么是要去注意的最重要的特殊事实。

对演绎方法的其他修正是利用数学符号和图解。其本质在下一章予以讨论。

① 而在这些情况下相关行业对工资的影响也须考虑。

第八章　政治经济学的符号和图表方法

第一节　政治经济学的数学特征

杰文斯(Jevons)宣称政治经济学在特征上实质是数学的，并且如果在广泛意义上来使用数学的术语以便包含处理数量关系的所有研究的话，那么对经济科学的合适描述可以很容易地展示出来。因为政治经济学不只是简单地关注是否事件将或不将发生之类的问题。它处理的现象，其数量方面具有根本的重要性，而它的主要目的之一是确定控制这些现象起伏的规律。它的主要原理因此是关于某一数量变化依赖于另一数量变化的方式。

经济推理的数量——并因此在广泛意义上是数学——的特征可能被所有几乎随意翻开的任何(完全涵盖经济科学基础的)经济学著作所说明。因此，穆勒(Mill)在他对于作为价值调节器的供给和需求的论述中，引进了严格的数学概念。例如他坚持，供给和需求之间有一个比率的想法是不合适的，真正在它们之间包含的是一个等式。他关于货币价值的一般论述及其国际价值理论提供了另外的例子。在后者他公开使用了数学公式[①]。如需进一步说明,则可指出所有关于价值测量的讨论,包括价值测量的**单位**概念,在特征上本质是数学的。测量货币购买力变化的方法也必须是建立在数学基础上的。

需要坚持的事实是,政治经济学本质上是关注数量关系的,并因此包含数学概念,由于对一些经济学家来说,对经济问题进行数学论述的特殊想法不仅是矛盾的,而且似乎简直是荒谬的,因而他们并不总是承认寻求使我们的经济概念精确量化的重要性。然而除上所述外,还需确立这样的主张,通过几何图形或数学公式的清晰运用将会促进经济知识的发展。简单的数量关系能通过普通演讲的形式来清楚表达,并因此需要详细的数量分析,而同时也有人不愿求助于数学符号。因此我们仍需讨论方法问题,而现在这一章的目的就是简要地了解(如果有的话)源于经济推理中数学公式和图形运用的优势的本质[②]。

第二节　算术例子的运用

比较说来,直到最近几年,一般经济学论文引用的数学大部分

① 《政治经济学原理》(*Principles of Political Economy*),第三册,18章7节。

② 这里要指出的是经济学中的数学方法分为两个分支,代数的和图解的。前者的应用要求有不同技术过程如由古诺(Cournot)和杰文斯(Jevons)运用的包括微积分的知识。另一方面,图表的或图解的方法,只不过要求有几何学基本原理的基础知识。两种方法经常相互组合。可以看到图表自然适宜于统计记录,在确定其规律之前,不可能用方程式表达统计数据。由理论学家应用的图解法因此更可能多于代数方法的运用,从而间接地帮助了统计学家。

采用了算术例子的形式，并还就此说上一两句关于它们在政治经济学中发挥的作用。通过应用特定的数值假设并计算结果，我们可以说明通过一般推理过程获得的结论。这种有前提的说明当然不是毫无价值的。通过它们的帮助，学生们可得到相当大的帮助，更好地理解像供应和需求规律的运行。而且数值计算的例子在特定情形下具有一种检验的能力，这里它仅仅是想反驳一个全称命题，或者同样去建立一个特殊命题。例如，如果我们只是想表明一个国家进口那些国外生产成本比本国低的商品是有利的话。

然而引证例子并不是能获得一般结论的方法，而算术说明的运用具有使我们忘记它们毕竟不过是一种说明的危险。要保证选用的特定数据资料的典型或代表特征，或者要确定即使它们不同也总是产生同样的一般结论，是很困难甚至是不可能的。结果可能是不能够把什么是必然与什么仅仅是偶然区别开来①。

第三节 数学方法应用中准确的数值前提是不必要的

如果数学符号和图表的应用可正确地称为是方法的话，它必须要比仅仅列出孤立的例子做更多的事情，并必须避免刚才所指出的那些缺陷。经济学家必须借助其符号和图表演绎出在可精确确定条件下具有普遍有效性的结论。然而这里必需防止导致一些

① 一个运用数值例子导致上述错误的显著例子见于穆勒的《政治经济学》(*Political Economy*)(第四册第3章第4节)。这在马歇尔教授及其夫人的《产业经济学》(*Economics of Industry*)(第85页注)中被指出来。

经济学家简单地拒绝数学方法的误解。例如，凯恩斯（Cairnes）教授似乎暗示这种方法的应用必定没什么结果，除非我们能够获得用数值准确说明的前提[①]。这里他实际上只是步了穆勒的后尘，穆勒评述数学的原理是“明显不适用的，任何现象依赖的原因是如此不易全部观察到，以至于我们不能通过合适的归纳确定其数值的规律。”[②]类似地克里夫·莱斯里（Cliffe Leslie）教授也反对在经济学前提不能准确定量的基础上，将数学应用于政治经济学中[③]。而英格拉姆（Ingram）博士直截了当地说道：“强烈反对在经济推理中应用数学是因为它必定没有结果。如果我们考察应用它的一些尝试，我们将发现演绎所依赖的基本概念在特征上是模糊的，实际上是抽象的。数量的结论意味着数量的前提，而这些正好没有。那么这种研究就没有未来，追求它只是在浪费智力。”[④]

政治经济学中获得准确数值前提的不可能性得到古诺和其他数理经济学家的完全认可。但同时他们清楚地表明，这种前提对数学方法的应用并不总是必要的。例如，古诺认为任何商品的需求规律可以由经验公式或曲线想象地表达出来，事实上我们不能希望获得对它充分的数值或准确的观察。但他接着谈到，这一点也不是说需求的未知规律不能通过符号有效地引入到分析组合

① 《逻辑方法》（*Logical Method*）1875 年，第 vii 页。

② 《逻辑》（*Logic*）第三册，第 24 章第 9 节。

③ 《政治和道德的哲学论文集》（*Essays in Political and Moral Philosophy*）1888 年，第 69、70 页。

④ 《政治经济学史》（*History of Political Economy*）第 181 页。

中。数学分析最重要的作用之一是发现决定(不能确定其数值的)数量间的确定关系。它们的作用,在数值未知时,仍可拥有可知的特性,并且假设数量之间保持良好的特定总体关系,就可以进一步用数学演绎出另外难以确定的关系①。

古诺自己举例说明他因此描述的过程。他开始用简单的公式表达需求和价格、生产成本和价格等之间的关系,并假设这些关系符合特定的条件,通过数学处理演绎出某些因此产生的结果。例如他演绎出确定什么价格为垄断者产生最大利润的最清晰和精确的一般规律,并继续处理不同假设下对垄断的征税难题。其他问题也以类似方式多少成功地予以处理,而在推理中不必对符号赋予数值。

如果代数公式是正确的,那么图表也是正确的。例如用曲线方式描绘对某商品的需求随其价格而变动,就可以确定与此曲线一致的一般规律,而结果也就演绎出来。但这并不必然说不同商品的需求曲线能用准确的数值绘制出来。

---

① 《财富理论的数学原理》(*Principes Mathematiques de la Theorie des Richesses*)第 21 节。在序言中,古诺进一步评述某些经济学家似乎误解了政治经济学中应用数学分析的本质。没有数值的数学推理的可能性为艾奇沃思(Edgeworth)在其《数学心理学》(*Mathematical Psychics*)(第 1—9 和 83—93 页)中相当详细地予以了讨论和说明。他谈道,"必须认识到,数学推理不是像普遍认为的那样.限制在具有数值的命题。虽然数据的数值不是数量的——例如一个量是大于或小于另一个量,增加或减少,是正或是负,最大值和最小值——这里数学推理仍是可能的和必不可少的。试举一例:A 大于 B,而 B 大于 C,所以 A 大于 C。这里数学推理应用于对数值不敏感的数量中。"

第四节　政治经济学中运用符号和图表的优点

独立于特定数值之外的符号和图解方法的应用，当然对纯粹或抽象理论来说大体上（即使不是全部）是有限的。所以，否认抽象政治经济学任何形式上的效用，并坚持经济调查唯一具有成效的方法是归纳的和经验的那些人，将自然地拒绝把数学作为一种手段。但对这个普遍问题已充分讨论过了。因此，在简要地探究数学方法的运用具有何种优点时，经济学家理所当然地应不时求助于抽象和演绎推理。优点部分是直接的，部分是间接的。首先来简要地谈及后者。

在运用数学过程解决某一问题时，人们的注意力几乎都放在被假设作为论点基础的条件上，并且对这些条件的准确阐明予以应有的重视。但对基本概念更完全的定量分析也是必需的，在推理中也不容易越过这些步骤，困难也暴露出来了，否则它们可能仍隐藏着。因此即使还没有运用数学方法的情形，抽象经济推理也要求有更高的精确度。进而防止这样的趋向，忽视纯粹抽象和演绎推理方法所受的局限。弗克斯维尔（Foxwell）教授已很好地评述“没有比精确地表达来防止理论的误用更好的办法了”，并且他正确指出当利用数学分析时必须是精确地表达[①]。现在普遍认为，把数学方法及其思维习惯引入到经济学中，在刺激思维和表达

① 《经济学杂志季刊》1887 年 10 月，第 90 页。

的精确度方面，已经发挥了广泛和重要的教育影响，并因此消除了由于马马虎虎和不准确的推理造成的错误①。

在数学分析和图解特有的直接优点中，实际是突出了现象变动中连续性的重要性。此点评述非常适用于对供求规律的图解处理上。这种处理提供了譬如处理索恩通(Thormton)先生对此规律进行独到批评的最简单方式。他引证了猛一看似乎是完全推翻此规律的例外的实例；但图解方法马上证明它们是因需求或供应的连续性中断而呈现的极端或特定的情形。因此它们的原因得到说明，并且其真正含义很容易理解②。

数学方法另一独特的优点是增加了在其真实特征上处理变量(如需求、生产成本)的能力，而不是把它们作为常数。艾奇沃思(Edgeworth)教授观察到“把变量作为常数是非数理经济学家的特有缺陷。”③因此把它们做变量处理对于简化的目的来说确实是必需的，如果我们局限于普通语言和普通命题形式提供的笨拙方法上的话。但明显的是在这种条件下获得的答案只不过被认为是基本近似。李嘉图和穆勒许多以这种方式表达的推理是不完全

① L.L.普瑞斯(Price)先生指出在一有效事件中，数学和历史方法，虽然它们具有显著的对抗性，已经相互合作帮助使经济理论更加正确和综合。“通过强调其限制条件，历史方法检查了理论的误用；而数学方法，从不同的起点按不同的途径进行，达到了同样的目标，并趋向于使论述更加精确。”(《经济科学和实践》(*Economic Science and Praetice*)第309页)

② 比较索恩通(Thornton)《论劳动》(*On Labour*)第二册第一章和弗里明·杰金(Fleeming Jenkin)教授的论文“供求规律的图形表述及其在劳动力市场的应用”(“the Graphic Representation of the Laws of Supply and Demand, and their Application to Labour”)。

③ 《数学心理学》(*Mathematical Psychics*)第127页注。

的。例如，在讨论什一税的征收及农业进步的效果时，他们假设需求不受价格升降的影响。一个更重要的例子是把生产成本作为常数处理，结果是不能辨别需求在一般价值和市场价值决定上发挥的作用。实际上在《产业经济学》的早期版本中，马歇尔教授已详述了此正确理论，而没有直接利用任何符号或图解。但不再是秘密的是，他对价值理论的重要贡献主要归功于（由古诺首先提出的）通过对经济学数学地研究获得的洞察力。要补充的是，马歇尔教授理论的全部实质和含义，通过借助图解可得到最佳理解，即使它们的运用不是绝对必需的。而且在某些发展更复杂的理论中，某种符号的帮助仍是必不可少的。

与刚才考虑的这点密切相连的是，数学方法提供的帮助有助于理解可能存在于不同现象如供应、需求和价格间相互依赖的关系。这个概念在经济学中具有极高的重要性。正如马歇尔教授观察到的，“正像太阳系中每个物体的运动影响其他每个物体的运动并被其影响一样，政治经济学问题的各因素也是如此。”但那些没有受过数学训练的人发现要认识这点特别困难。而且如果完全是用普通语言表达的话，包含此概念的论点容易变得冗长，也很难理解[①]。

实际上数学方法的特殊优点还有，它们不仅准确和精确，而且简明和避免累赘。在某些情形下，通过一个图形可能使需要详尽解释的事情一眼就能明白。这个论述适用于斯德威克（Sidgwick）

---

① 比较艾奇沃思（Edgeworth）教授在不列颠协会上就“数学在政治经济学中的应用”（“the Application of Mathematics to Political Economy”）的演讲，《统计杂志》（*Statistical Journal*）1889年12月541页。

教授[①]指出的需求增加一词的模糊解释。在仅仅因价格下降出现的需求扩张与在给定价格下需求增长之间差别的真正含意,借助一个图形要比一长串词语解释得更清楚。需求增长的效果也能借助图形的帮助比任何其他方式都更快和更容易理解[②]。

上述大部分都由古诺很好地予以了表述,他在谈论"即使当数学符号的运用不是绝对必需时,它也能方便讲解,使之更简明,使之发展更广泛,并避免因论点模糊而离题。"[③]

然而不能断定除了数学形式之外,重要的基本经济真理不能得到详述。杰文斯的效用理论及其在许多领域的应用是数理经济学最突出的成果,而没有数学方法的帮助很难对此理论进行完全的评判。但即使没有清晰地运用图形或代数公式,门格尔(Menger)和奥地利学派(Austrian school)实质上也已经独立地研究出了同样的理论[④]。

---

① 《政治经济学原理》(*Principles of Political Economy*) 1901 年第 186 页。

② 艾奇沃思教授在对不列颠协会的演讲中给出了其他说明。"在国际贸易的情形中,"他论述道,"税收或其他妨碍因素的不同效果,大多数学生发现很难从穆勒的晦涩文章中查到,通过数学手段的帮助几乎一眼就看得出来。斯德威克教授用了大量的词语,通过一特殊例子来表达,对一个国家来说通过一个明智规定的关税可能损害外国人而使自身受益。借助诸如由著名数理经济学家奥斯皮茨(Auspitz)和列本(Lieben)先生运用的那些图形,能更清楚地思考普遍性的真理。"(《统计杂志》(*Statistical Journal*)1889 年 12 月,第 540 页)

③ 《数学原理》(*Principes Mathematiques*)第 viii 页。

④ 门格尔(Menger)的《国民经济学原理》(*Grundsatze der Volk swirthschaftslehre*)出版于 1871 年,杰文斯的《政治经济学理论》(*Theory of Political Economy*)也于同年出版。门格尔及其追随者的著作在语气上是数学的,虽然在语言上不是。洛桑的瓦尔拉斯(Walras)教授,另一位在同一领域独立的研究者,像杰文斯一样是数学方法的热忱拥护者。威克斯蒂德(Wicksteed)先生也是,他在他的《经济科学常识》(*Alphabet of Economic Science*)中保持数学形式,并用令人钦佩的清晰详述了杰文斯的学说。马

总的看来，我们得到的结论是，首先，政治经济学包含有数学性质的概念，它要求用数学的精神去分析；其次，经济科学的某些领域因符号或图表方法的实际运用而获得了有价值的帮助。虽然到目前为止，数学还不能证明是经济调查和阐述中绝对必不可少的手段，但对在经济理论核心问题中应用数学思想所取得的成果怎么评价都是不过分的。

歇尔教授是不同类型的数理经济学家——不像杰文斯和瓦尔拉斯，也不像古诺（与他比较在许多领域更类似）——他使数学处于次要地位。他运用图表来说明并进一步发展其理论，但没有数学的帮助他也能表达其主要学说。继续按此原则，在某些数学符号特别适用的情形中，以及甚至实际上通过数学分析手段已经完全或部分地获得真理的情形中，他仍做出适当努力避免在写作普通经济学大众读物中使用数学。这样做的理由，像与讨论该主题相连的绝大多数观点一样，由埃奇沃思教授非常高兴地表达出来。他说道："数学，是自然科学的通用语言。对自然科学家而言，它就像过去拉丁语对学者而言；而对许多经济学家来说它不幸是希腊语。因此希望有广泛读者的作者将尽量在最小的必不可少的范围内运用数学术语，理由是假设不会很多。在自然科学家中常常是一种优雅的符号，对经济学家而言则必需尽量少用。"

第九章　政治经济学与经济史

第一节　经济史在理论观察中的作用

经济史与经济理论之间区分的本质需要详尽讨论，虽然它们有时被明显忽视。前者描述存在于以往任何特定历史阶段的经济现象，探索这种现象在依次递进的各发展阶段的实际演变；后者则努力去把握经济现象所依从的时间上更替与空间上并存的内在规定性(uniformities)。经济史的命题是对特别的具体的事实的陈述，另一方面，经济理论则关注一般法则的建立。

这两者之间不能彼此替代。因为，一方面，单一的历史研究不能为理论问题提供答案；另一方面，经济惯例和经济条件的实际演变不能提前被构造出来。同时，经济史和经济理论的研究在若干不同方面又彼此帮助和制约；因为经济史涉及经济理论特别加以关注的历史时段，所以两者之间的相互关系显得特别重要。

对于成为经济理论研究题目的那些经济现象的渐进发展，其一般历史研究的价值首先表现为它的对比参照作用。这种价值对于并不具有最抽象的特点的经济学的任何研究都是有意义的。据此说来，离开来自对历史现实概括总结的任何帮助，如果我们能跟踪观察我们的财富分配制度的发展过程，我们将对目前调节英国财富分配的一般原则有一个更清楚的了解。现存制度的真实特点与重要方面将因此得到更密切的关注，其经济后果也将得到更准确的分析。

让我们举一个更具有特别性质的例子。可以发现，如果我们注意工会产生所依从的条件，工会主义所产生的某些问题就更有可能得到有效的解决。在伦敦货币市场还有一个更简单的例子，在那里，英格兰银行发挥着影响。正如巴奇霍特先生在《伦巴大街》中所表明的，如果不对这个银行的起源和历史做研究，它目前在货币市场中的地位和作用就不能得到确切的理解。这里附带提出，在现代金融的一般理论的研究中，考察现代银行产生的不同路径，以及它们在建立之初所追求的不同的目标，是极为有意义的。与此相类似，如果不是因为具有特别抽象的和特别一般的性质，大量理论问题可以很好地从简短的历史介绍开始，以便探索所讨论的现象的发展模式。

然而，理论家在研究经济现象的演进中所获得的那种帮助，尽管非常实在，但却是间接的，或许还是不确定的。与政治经济学的理论问题相联系的经济史学的更具体的功能可以大略地列出下述几种：第一，证明和检验那些本身不依赖历史材料的研究结论；第二，提醒人们注意经济学说的现实应用性的局限性；第三，为理论化的经济学说的逻辑结论提供一个基础。提到历史方法在政治经济学中的应用时，参照对比作用的特殊意义应该是首要的。

第二节 由历史举证的经济学理论

即使被经济学家所采纳的论点具有演绎性质，尽可能从历史事例中获得支持，仍是有意义的。对于应用理论化的结论所涉及的现实问题，这种支持将使得一定类型的限制条件显现出来；同时，学生们也将获得教益：假说和抽象只是达到一定目的的手段，政治经济学的最终目的是揭示和反映现实经济世界的现象。理论与历史现象的偏离，也会帮助学生抓住本身具有突出抽象性质的逻辑推理的真实含义。例如，分析流通中的货币量对于一般价格水平的影响，就有许多历史材料可资利用：亨利八世和爱德华六世以及都铎王朝时代的贵金属大发现；法国大革命时期的纸币（assignats，1789—1796 年间发行——译者注）发行历史；英国"银行限制法案"（Bank Restriction）实施时期；19 世纪澳大利亚和加利福尼亚金矿的发现等。[①]

近一百年的经济史理所当然会被用于现代经济理论的研究。但是，更早时候的经济史在某些方面也有借鉴意义。中世纪的价格记录给经济学家的一般价值理论提供了佐证。例如，1315 年和 1316 年的饥馑导致的粮食价格的波动，非常有力地证明了供应对价格的影响。小麦的价格达到平常年份的 3 倍，增长幅度之大，超出了我们近些年的直接体验，这证明了这样的理论命题——越是

① 参阅尼科尔森《货币与货币问题》，58 页及后续内容。凯恩斯在他的《政治经济学的主要原理》中表明，随澳大利亚金矿发现引起的一系列变化，很好地证明了对外贸易的抽象理论。

限定供应的范围，季节变动对市场的影响纠纷越大。不仅如此，对中世纪价格和现代价格的比较证明，扩大的市场和增长着的交通设施在一般年份里对减轻价格波动、统一全国价格，是有影响的。

对于用中世纪的价格举证现代经济理论，也许有反对意见，理由是习惯的影响以及法律限制的实施必然会减弱乃至抵消供需对价格的影响。是的，用早期以完全竞争假说为基础的理论要慎之又慎；但是中世纪的经济世界的竞争总还是以某种形式发生着作用。对每一个案例都需要特殊分析，在上述时期，法律和习惯对粮食价格的影响至少不是绝对的，也不是决定性的。[①] 就这些因素在一定程度上的作用而言，数字的显示仍在一个方面是最能说明问题的，因为它们揭示出供应的变化是能够抵消习惯和法律规定的影响的。

说到工资——早期历史例证中最显明的一个，要注意 1348 年、1361 年和 1369 年黑死病灾难的影响，它导致了这个国家历史上的劳工革命。虽然对英国 14 世纪初可能的人口数量存在争议，但一般还是认为近一半的人口死于这场灾难。这场灾难提供了一个充分机会，使我们能够研究劳工的突然大量减少对工资的影响，以及工资一旦提高就可能难以改变的那些条件。首先，整个产业机器不能正常运转了，工资涨了 1 倍，有些情况下甚至涨了 2 倍。局面有所改善以后，名义工资[②]似乎平均长了约 15%。整个上涨

① 参阅罗杰斯《英国的农业与价格史》，第 1 卷序言；第 4 卷 427 页。

② 伴随瘟疫的是饥馑，交织着经济的全面紊乱和田地里合适农作物的突然减产，导致谷物价格的剧烈上升。此外，轻微的价格总水平的上升开始了，导致 1346 年和 1351 年铸币的连续贬值。因而，实际工资的上升不像已经提到的名义工资上升那样快，但在这一点上做不出什么文章，因为商品的货币价值总的增长与工资增长相比是轻微的。

幅度没有保留下来,但工资在第二个一百年要比瘟疫发生之前高出 25%—40%。

所有这些与经济学的一般工资理论是一致的。特别要注意到,理论给我们揭示了这样的规律:如果工资上涨后处于稳定状态,劳工的生活水平应受到影响,直到人口增长对这种影响做出反应为止。在我们提到的这个事例中,劳工阶级的地位发生持续改善,使这个规律得到了证明。的确,在瘟疫的作用逐步消失以后,人口开始迅速增长——该注意到这个事实佐证了马尔萨斯的人口理论——但劳工供应的下降是如此之大,以致使人口增长不能补充劳工的不足,所以不能避免工资上涨的持续发生。

立法机关做了持续努力,试图把工资恢复到原来的水平,为这个目标制定的法律在某些地方取得了部分效力,但是在总体上它是失败的。① 立法措施想抵消供需正常发挥作用时的失败,是非常有意义的。它说明,在经济条件缓慢变化的时候,工资和价格似乎完全受法律或习惯的调节,而与竞争无关;但实际上法律或习惯一代接一代被缓慢地修正,使得在任何特定时代由它们核准的价

① 罗杰斯教授表达了这样的意思:甚至在劳工法案名义上发挥作用的案例中,它事实上也是没有效力的。“劳工法案的确对农场劳工起了作用。我从一个例证发现了它的作用,我经常注意到黑死病发生以后的情形。达到一定水平的工资支付额被取消了,被较低的工资替代。当然,在我制出的工资表中,我没有列上被取消的数字,而只列上替换它们的数字。但我不禁想这些正暗含着法案的失效,也许劳工们按以前的标准得到了充分的补偿,但只是方式有所不同,或者也只是为了躲避法案的惩罚而采取了变通办法。也许在收获季节发放了较多的津贴,或者允许更充分地使用公共财产,再或者给一个与非法的但却是必要的货币支付额等价的物品。我看到过一个关于牧羊人的例子,他的羊得到了在贵族领地里吃草的许可。”(《英国的农业与价格史》,第1卷,300页)

格率和工资率，与供需自由发挥作用时所确定的价格率和工资率没有什么实质性的差异。[①] 如果说这个理论有什么正确含义的话，那么它正好可以被用来解释这个事实：尽管法律和习惯在中世纪经济中发挥着重大影响，但它们在黑死病灾难发生后的特殊阶段却失去效力了。这是一种危机，其中经济条件不是逐渐地而是突然地发生了变化，习惯和法律确定的工资率显得不合适了，变得明显地偏离竞争性工资，它们不得不退让到一边去了。

在强调注意诸如上述历史例证的价值的同时，也要看到与现代观察相比历史记录的缺陷。要同时相信可用资料的精确性和完全性，几乎是不可能的，它们很容易被误解，特别在它们具有统计的特点时更是这样。许多未被记录下来的和未被预料到的影响也一直在起作用，而由统计记录所保持的那些资料的作用却可能被夸大了。如果我们一开始就抱定证明已知的结论的目的，这种危险就更大了。

在使用历史材料时，有时还会有其他困难。为了不使历史资料的应用不显得累赘，有可能发生一种危险，使得要么举证不够充分，要么从历史的观点看不够精确。离开历史资料的前后联系，它们的主要意义容易被忽视，同时也会出现某种夸张倾向。一个理论可以借助完整意义上的历史记录得到满意的验证并被人们所确信，但是，要指出记录的任何独立的部分本身就构成一个充分的事例或典型，是很困难的。如果为了达到目的而用历史例证来蒙混

① 参阅马歇尔《经济学目前的地位》，48—50页。

过关，那么，这还不如一些公然虚构的例证。而且，从总体上来说，在恰当的地方借助历史例证是不错的，但希望这样的例证能完全替代假说性的例证，则是一种幻想。

第三节 遭受历史学批评的经济理论

我们一直说，与理论观察相关的经济史的真正功能是批评；这无疑是它最重要的功能之一。历史不仅仅是举例和证明，它也使错误显示出来，指明理论在什么地方离开了应该有的条件或限制。例如，工资的历史说明了下述假说的错误：劳工阶级的生活水平决定了工资率，而它本身不受工资率的影响。

特别地，经济史使人们懂得了经济理论的实际应用的限制条件。它要求我们注意经济环境特点的变化，它说明，在这些条件发生变化时，调节经济现象的那些原则也在发生变化。在这一章的最后的附录里详细讨论了经济学说的相对性，因此在这里我们就这个题目只是简短地说几句。这里只指出下述事实就够了：仅就人们所关心的具体的经济学说的范围而言，近些年的经济学家几乎普遍地承认这种相对性，这被看作是历史学派的明显的也是当然的胜利。

第四节 由历史学所建立的经济理论

要讨论的下一个问题是，历史材料在多大程度上能为经济学的内在一致性（uniformities）的发现提供服务，而不仅仅是以某种其他的形式肯定或批评经济学。毫无疑问，许多问题的解决需要将演绎推理和历史观察结合起来，使得讨论的条件能够相对应，但在有些情况下，我们还是不得不依靠对历史的一般性概括。

机器对工资的影响，信用周期的发生，由糟糕的货币制度所产生的罪恶的发生程度，黄金的缺乏或发现对贸易与产业的影响，累进税制度的作用，不同赈济制度的后果，以及各种政府干预的影响，等等，都可以成为经济学家分析的对象，并使他们或多或少直接求助于历史材料。的确，从人性基本原则出发也可以使经济学家在研究中得到某些有意义的东西。在理性分析的某些阶段，演绎方法大多能增强说服力，纯粹经验主义的荒谬性要时刻谨记在心。但是，前面所提到的那些研究对象一定会使下述观点显出荒谬性来：经济史的研究对经济学家从不提供研究的前提，也不构成他们的理论的基础。

专从举证的角度说，机器对工资的影响可以考虑做比较详尽的考察。正如尼科尔森教授在他的论文《机器对工资的影响》中所指出的，这个问题涉及两个方面：第一，机器的广泛采用所产生的直接的或密切相关的影响，即转变状态(the state of transition)的特点；第二，对于拿工资的人来说，机器广泛采用的产业系统与很少采用机器的产业系统相比较有显著的不同。

关于第一个方面，我们在很大程度上可以使用基于一般分配理论的演绎推理方法。我们不得不考虑机器采用时带来的效率增加，以及它在分配方面所产生的较大的资本收益。资本能给劳动提供更大的帮助，因此提高了雇用拿工资者的资本家的收入份额，[①]也增强了资本积累的冲动。所需要的劳工种类的变化，会使得某些熟练劳工被不熟练的劳工替代，或者被另一类熟练劳工替代。这些是我们要考虑的主要问题，我们通过演绎分析能从中得出一些结论来。当然，如果条件不同，结论也将有所不同；但在多数情况下，我们仍然可以通过演绎分析，判定这些条件中哪一些最为重要：例如，变化中的连续性因素或稳定的愿望；转变发生的时间；[②]以及劳工基于他们的智能和技术知识所具有的适应性，等等。

以我们在前面两节里所提到的方法，关于上述所有问题的讨论，我们都可以利用近100年的经验来举证、证实或修正我们的结论。但即使如此，利用历史的还主要是它的补充作用。当我们对给定问题的讨论转向第二个方面时，我们需要更确切地把握过去，我们试图真正了解，与手工劳动的时代相比，机器时代的一般特征

---

① 比起关于固定资本增加一定会减少流动资本那样的说法，这种研究方法更令人满意。出资者投下的资本总量并不确定，在一定程度上可以通过信用融资而增加资本，却不减少出资者的资源，所以，扩大机器的采用并非必然会减少流动资本。假设机器对手工劳动的替代降低了价格，需求将受到刺激，这将有可能达到这样的程度：在一定产品的生产中，以前已经被雇佣的工人伴随机器的增加将仍被雇佣——资本家将通过信用方法而预支收入，以使他们不因购买机器而停止预付工资。如果机器逐渐地增加，需求以相同速度增加，那么情形更会如此。如果需要的劳工类型不同，老的熟练工人会有麻烦，因为他们的特别技术可能被机器所替代，但这不是因为与他们有关的流动资本缺乏。然而，在其他条件都相同的情况下，机器的广泛采用总是会不可避免地在生产中增加资本的相对重要性。

② 尼科尔森教授在上面提到的那篇论文里构造了这样一个连续性法则（Law of Continuity）："产生于发明技巧中的基本的变化，将逐渐地和持续地得到实现。这些基本变化，这些非连续的跳跃，将在一个一个小的发明创造的积累中得以完成。"这样一种命题当然可以通过直接的历史证明而建立起来。

对领工资者究竟会造成什么影响。为了回答这个问题，我们不仅要考察廉价生产的影响，也还要提出这样的问题：机器的使用在什么条件下，在什么程度上，造成妇女和儿童雇佣的增加，导致产业在大城市的集中，促成雇佣者与被雇佣者之间的鸿沟的扩大，以及导致劳动时间的延长；在多大程度上，它使工作变得单调，使技艺变得多余或者变得更为重要；[①]它在多大程度上增加或减少了工资的波动。在很有限的意义上，抽象方法才能被用来回答这些问题。不论怎么样使用演绎推理方法，它只是从历史所建立的前提开始分析，而不是复述历史的过程。很清楚，我们的问题作为一个整体，若离开历史的基础就不能得到充分讨论。同时，对于一种雇佣方式的后果的考察，我们应特别注意避免一种片面性，把或多或少是其他方面因素的影响，一股脑地归为机器的影响。在考察特殊贸易条件的影响时，也要避免不适当地扩展我们的抽象推理方法的运用范围。从现象中得到的可能正确的归纳，也应该尽可能地受到演绎推理的检验。特别要记住，机器应用时代的特点在不同阶段是不同的，如同不采用机器与采用机器有所不同，少用机器与多用机器有所不同，大规模地采用机器与一般地多用机器也有所不同。

在与经济成长和进步有关的更一般的问题中，抽象推理被减少到最低限度，经济学家最大限度地依赖对历史资料的概括。的确，经济增长和进步的理论被认为是构造了一个关于经济史的哲学。仅依靠对社会成长阶段的直接比较，我们有理由希望发现规

---

① 经验似乎表明，机器的使用是增加而不是减少对熟练劳动的需求。

律，让它反映经济状态的连续更替和本质的变化。[①]

事实上，在政治或社会科学的很多领域里，先验（à priori）的研究方法要比对经济发展的研究更为有意义。J.S.穆勒在他的《政治经济学》第4卷里分析了社会进步对生产和分配的影响。他的方法是从假设某些不变要素开始，然后演绎出其他要素变化的后果。借用这种方法，在有效竞争的假设之下，探讨了租金、利润和工资的一般规律，但这种讨论对于真正的经济成长理论没有提供多少东西。我们已经说过，在研究经济条件的发展模式时，经济学家过多地依靠了一般社会知识，但经济学家也过多地使用了历史观察方法，这几乎被看作一种必然的情形。政治经济学现实的和历史的概念不可分离，在适当的应用领域，它们往往被当成一回事了。

第五节　经济理论在历史观察中的作用

现在我们来研究经济史与经济理论关系的另一个方面：理论知识在多大程度上有益于对历史的观察。要注意的第一点是，理论知识，即过去所建立的与经济现象有关的一般性命题，会告诉历史学家什么样的事实可能有重要的经济意义。甚至在我们只是进行历史事件的搜集与整理时，理论的帮助也是很大的，正如杰文斯在科学观察家（physical observer）的案例中所指出的，我们的注

---

① 然而，依照亨利·迈因爵士提供的范例，在某些情况下，历史比较也可以通过对当代东方国家和原始国家的研究来实现。例如，对印度和锡兰（今斯里兰卡——译者注）的乡村社会的研究，透视出了欧洲早期时代的农业共同体的本质和发展。

意方向应该受到理论预测的引导。经济现象极度复杂，如果我们不知道什么样的现象需要研究，某些最为重要的东西完全有可能被我们所忽视。所以，经济世界的因果性知识给我们提供帮助，使我们能够将那些特别被关注的事实与其他更难观察的事实区别开来。

但是，当理论预测被用来发挥有益作用的同时，它也可能产生严重的麻烦。我们已多次指出，仅仅对历史事件的叙述就会受到叙述者本人的理论观点的影响。他很容易重新组合他的事实材料——使得这些材料反映出他自己倾向得到的那些结论。例如，李斯特在他的《政治经济学的国民体系》里是以历史叙述开始的，尽管有些方面是正确的和有趣的，但这种叙述免不了那种毛病，即是说，他的历史是在特殊理论的影响下被解读的，历史在极大的程度上被建立在理论的基础上。

如果一个学者的观点可能对他的事实陈述发生影响，那么很清楚，他对理论的预先研究是否仔细和正确，将是至关重要的。同样重要的是，历史学家的理论立场不应该被掩藏。正如马歇尔教授所评论的，“所有理论家中最为鲁莽和轻率的是那些让事实与数字为他们自己说话的人，也许是不自觉的，他们的所作所为始终是挑选和组合资料，似乎在告诉我们只要发生在后面，就是事情的结果(拉丁语 post hoc, ergo propter hoc)。”[1]

如果历史学家想恰当地发挥他的作用，他就应该坦然地努力建立现象之间的联系，探询事物的因果关系。但如果以为不去应

① 《经济学目前的地位》，§16。

用先前已经形成的一般理论就可以达到这个目的，那就大错特错了。如果每一宗历史事件能够被分开来研究，因果关系的认定既不需要演绎推理的帮助，也不需要与其他事件的研究做比较，那么，我们已经确认，历史的原因并不会“在每一个事件中用直接的证据呈现在我们面前”。在每一个研究案例中呈现的我们面前的直接迹象，是一系列复杂的事件，其中真正的因果关系纽带可能隐蔽于数不清的各种现象中，所以，每一个观察者会遭遇一头雾水，要发现这种关系只有靠完备的科学知识。结论是，为了解释经济现象，对经济理论的某种熟悉是十分必要的，历史学家的视野里必须有理论。

在特殊意义上强调上述评论对近 100 年经济史的作用，有两方面的原因，一是我们在新近的研究中感受到经济现象之间的联系越来越复杂，所以经济科学的解释作用更显得不可缺少；二是当代经济分析对现阶段的作用要比对早期阶段的作用更为直接，更为贴近。虽然对较早时代的解释不需要精巧的理论工具，但对近代经济史，经济理论的这种应用不应受到什么限制。还要指出，经济史学家接受经济推理的科学训练将受益无穷，甚至在那些好像不大需要特殊的经济理论的领域也是这样。正像历史具有批评理论的功能一样，理论也具有批评历史的功能。理论不能确定地告诉我们一定的变化将会产生什么样的现实后果，但它能揭示出什么样的后果是很可能会出现的或者大概会出现的，并能指出每一种可能性的发生通常所需要的特殊条件。所以，理论能够当之无愧地批评和检验所发生的事实的任何是非曲直。如果我们说一个确定的后果与给定的原因解释不大相关，或至少它不是指定条件下的该发生的事情，那么，这种说法是讲得通的。

存在一些争议的问题是：经济史的研究是否高于经济理论的研究，或者相反？再或者作为第三种选择，因为两者互相依赖，两者的重要性是否该平分秋色？要给出一个适用于一切情形的一般原则是很困难的。但就总体而言，从关注基础研究的角度上说，并在最简单的和粗线条的形式上，某些一般的经济科学研究似乎应该是首要的。如果不是把所谓历史限制在一个较早的阶段——通常在 17 世纪之前——那么，偶然地表现历史对于一般经济原理的举证意义和规范意义，要比表现理论对于正确理解历史的作用，更容易也更可靠。

第六节　经济史与经济理论史

与经济现象的历史相区别但又与它密切相关的是涉及这些现象的理论和观念的历史。在产业领域，与人类活动的其他方面一样，现象与观念之间相互作用，相互影响，所以，在现象的历史连续性与理论的连续性之间存在非常复杂的联系。据此可以认为，经济理论不仅涉及自身的正确与错误问题，也还涉及它们赖以产生的事实以及它们自身所导出的结论的问题。

任何时代关于产业和商业趋势的理论往往对那个时代的实际的产业现象做出解释。从理论研究中，反映现象的新观点被创造，新的理论含义被引入，导致我们对关于历史事件的实际过程的知识更趋于完备。仅因为这一点，经济史学家就会被吸引过来考察他所研究的那个时代的经济观念的转变。①

关于经济史学家关注经济理论史的另一个原因，是由于任何一个时代的观念导向都会对后来的历史事件发生影响。经济发展的进程不仅受到现实的立法的控制和引导，也受到社会制度和当时思维习惯的控制和引导，很清楚，所有这些又处在观念和理论的影响之下。的确，在早期时代，主要是它们对实际现象发生影响，使得我们有可能追溯观念的进步；到了一定的阶段，关于经济问题的思想史几乎必然要和历史事实本身融合到一起。在我们接触到当代问题的时候，理论研究文献在寻求更加确定、内在联系更加完整的表述，我们也能够越来越清楚地区别经济史和政治经济学史。② 但是，我们这样说仍然不会有错：经济制度的发展和经济立法过程总是人们关于财富现象的观念进步的结果。甚至个别思想家可以对后来的经济立法发挥显著的影响。亚当·斯密给自由放任开辟了胜利的道路，“谷物法”的废除显示了它的辉煌；1834 年

① 坎宁安博士在他的《古代与中世纪英国产业和商业的成长》中说：“在我们所关心的现象中间，最重要的莫过于反映一定时期观念流行状况或观念在某个时期开始发生的事实。因为我们只要知道人们在他们的时代里所具有的行为方式和进取精神，我们便能了解他们的发展蓝图和努力目标，使他们的全部经历给我们带来生活的利益。”(17 页)坎宁安博士进一步指出：“从每个世纪的法规文本和其他文件的序文以及各种经济文献中，我们大体上能懂得人们在想什么，欲望是什么，从中我们很好地了解他们所作所为的含义。”(21 页)毫无疑问，我们应该记住，由他们制定的法规文本的序文有时也会误导我们。那些文本的主要目的是说明制定法律的正当理由，它们并不是在任何情况下都能成为不带偏见的观念表述。

② 布朗基(Blanqui,Jerome Adolphe 1798—1854)在讨论政治经济学史的时候，没有将它与经济史很明确地区别开来，他说，政治经济学史作为一种“在文明国家一直进行的实验的总结概括，改善了人类的命运”。政治经济学，即使把它基本上看作一种手段，也没有理由把它和经济立法等同起来。

英国济贫法(English Poor Law)的修正在很大程度上应归于马尔萨斯的著作所发挥的直接的和间接的影响。

经济学说的历史与实际经济现象之间不可分离的另一个基本理由,是现象与理论之间的相互影响。任何时代的理论几乎总是建立在它是那个时代现实条件的特殊反映这样一种假说的基础上,至少部分地如此。伴随经济条件的每一个变化,需要解决的新问题又会产生,人们提供的答案不能不在一定程度上受当时历史趋势的影响。没有哪一个学者能够免除他的年龄和他的国家的特点对他所发生的影响,他即使想这样也不会有什么好结果。如果学者们失去对那个时代引人注意并改变着人们的思想的那些实际现象的关注,那么,要恰当地理解过去的理论,给予其合理的评价,就是不可能的。

举一个例子来说明现象与观念之间的相互影响。色诺芬(Xenophon)和其他古代学者对农业之外的手工技艺的轻视,可能与当时的条件有关,因为古代共同体的手工劳动在很大程度上是由奴隶们进行的。同时,这种轻视在一定点上自然会导致解释它的那些理由具有了某种凝固不变的性质。

另一个例子是关于中世纪强烈的道德感情对收取利息的影响。在现代经济条件下,就个人,而不是国家而言,借钱主要是为了赚取利润。但在11世纪和12世纪资本投资受到限制,大部分情况下借钱是因为遇到灾难或别的什么特殊情况。因此,赚取利息自然会遇到一种与我们现在所习以为常的境况很不相同的另一种境况。然而,需要指出,在认为利息不道德的理论还相对合理的时候,许多被用来支持这个理论的观点,在中世纪和其他历史时代的条件下是错误的,在现存经济条件下同样是错误的。教会对高利贷活动的实际禁止在某些情况下明显地走过了头,没有顾及时间条件可能带来便利,例如,教会禁止批发商人在与零售商人交易时将现金交易价格和信用价格拉开差距,因为很明显,在这种情况下信用通常具有赚取利润的目的。但是,事实上,因为有了设计精巧的法律套套,禁止逐渐变得不那么严格了,除非有某些现实的用处,它可能不经常发挥真实效力。

近代历史学家清楚地表明,重商主义制度和重农主义学说分别是它们所处时代的历史条件的自然产物。为了理解当代现象,人们需要阅读杰出经济学著作,其中被引证最多的是三位伟大的英国经济学家,亚当·斯密、马尔萨斯和李嘉图。对李嘉图这里要说上几句,他的理论有时被看作是纯抽象性的,实际上却与他所观察的事实有密切的联系。

如前一章所述,对于正确理解李嘉图有所裨益的主要条件,是真正搞懂他的推理进程的假设。然而,要搞清楚这些假设究竟是什么,需要读者自己的发现问题的创造力。李嘉图自己对这些假设从来不做陈述,大概是因为这些假设对他来说并不意味着随意的抽象,而是一种不言而喻的明显的事实。提出这个判断是基于他个人的环境以及那个时代的一般经济条件。他的基本假设,是实行完全不受控制的竞争。首先,这一点与他生活于城市并在股票交易所工作有关——在理论上说,它会是一个完全的市场,在那里有永不停息的竞争,供求双方都强大有力。然而,从我们现在的观点看,李嘉图的个人环境相对并不重要。真正重要的是,在他写作的那个时期,就其所涉及的国内贸易(internal trade)而言,工业世界的竞争显示出充沛的活力和不可遏止的势头。试图约束工业的旧的章程在它面前让步了。工厂法案(Factory Acts)还没有被通过。工人的工会组织(trade combination)仍是非法的。亚当·斯密仅看到一个开端的工业革命已获得极大进步;在工业革命所引发的一般性趋势中,那些仍然在起作用的微妙的竞争障碍,很容易受到忽视。

人们提到李嘉图时,经常说到他提出的"铁律"——工资不可能永久超过基本生活必需品所需要的数量。然而,他清楚地认识到,按照食物和必需品估计的"劳动的自然价格"不是绝对固定的一成不变的量。他说,"它在同一个国家的不同时间里会有所不同,而在不同的国家里又会有极为显著的差别。它本质上依从于国民的习性和惯例"①。同时,在他的推理过程中,例如,他关于对原料征税的研究,始终假定工人阶级的生活水准是如此之低,以致必须使生活必需品价格的改变对名义工资率迅速做出反应。采用这个假设可能与世纪之初工人阶级生活状况的恶化有关——恶化的原因大体上可归于工业革命,以及由于可怜的赈济(poor relief)、拿破仑战争的影响和连续的严重农业歉收所导致的令人绝望的生活条件。

在李嘉图的许多分析中有一个小的假设,即一个国家消费的全部农产品只在这个国家内部增长。这仍然是一个特定时代的自然假设,那时候,除过歉收的年份,小麦的进口实际上是被禁止的。若在切合实际的政策(practical politics)之下实行自由贸易,李嘉

① 《政治经济学与赋税原理》(麦克库洛赫版),52 页。

图也不会预料到，因为北美和印度小麦产量的极大增长，加之廉价的快速运输工具的发现，总会形成一种条件，使得英国对小麦和面粉的进口能超过她自身生产的1倍。即使想到这种可能性，因为这样一种情形离实际太远，便使它的经济后果不值得讨论了。

附录A 关于经济学说的适用性的限制

（一）具体经济学说的相对性

在一些老一代的经济学家，例如西尼尔看来，政治经济学是一个具有普遍效力的理论系统。这门学科被宣布为属于一切民族和一切国家；工资、利润和其他经济现象受永恒不变的法则支配，就像自然被重力法则支配一样。德昆西（De Quincey, Thomas, 1785—1859）对李嘉图的赞颂是一个例证。他说，以往的学者面对大量的现象以及现象的枝枝蔓蔓茫然不知所措；李嘉图先生从理解本身开始，先验地演绎出了一套法则，给黑暗混乱的现象世界投去了一束亮光，并因此把目前还是一堆试验性讨论意见的东西变成了井然有序的科学系统，第一次给它奠定了永恒的基础。[①] 这个称颂提供了某种无条件的、在一切时代、一切国家和一切民族其真实性都没有差别的东西，用克尼斯的术语来说，那是一种“绝对

① 《一个鸦片吸食者的忏悔》(1856年版)，255页。

的理论”。[1] 克尼斯认为，一些学者把它当作一个聪明的假设来支持这个术语，他们也许在原则上不会捍卫它。与此相反，克尼斯和其他历史学派经济学家坚持经济学说的相对性的观点。他们的理由是，每一个时代和每一个共同体的经济现象服从于特殊的法律、拥有普遍效力的绝对体系必然是不可能的；每一个民族和每一个时代拥有或多或少适合他们自己的政治经济学。经济学说相对性的观点一定是直接来自这样一种理念——经济生活总是以连续的有机的增长(continuous organic growth)呈现在我们面前，这个理念本身是历史研究的自然结果。[2]

附带指出，对经济学说相对性的肯定，不只限于历史学派。巴奇霍特先生，这位基本上是保守型的经济学家，也指出政治经济学

① 有时候，理论的“世界主义”与绝对主义基本上是一个意思，但克尼斯认为它所表述的意思严格讲来还不够广泛。这个术语包含的意思，是它忽视不同地域和不同民族所产生的特殊条件，并没有指明它忽视不同时代所产生的差异——不论是一个民族的情形还是若干民族的情形。绝对主义的这第二层含义，可以用“永恒主义”(perpetualism)这个术语来表达。《从历史角度考察的政治经济学》，1883 年，24 页。

② 理查德·琼斯和弗里德里希·李斯特，是历史学运动的重要先驱人物，但他们不是这个运动本身的代表性人物。然而，最富于特点的是他们在教学中从两个特殊方面坚持了关于相对性的观点。琼斯特别强调，李嘉图的地租理论的应用需要根据时间和地点做出限制。他指出，基于个人所有制和自由竞争的理论，不能应用于东方的社会状态，那里实行联合所有制，地租受到习惯的调节；甚至不能应用于较接近家庭的情形，那里的土地有一个受惯例约束的租期，实行分成租佃(metayer)制度。同样地，关于时间的限制，他指出，李嘉图的法则对于诸如中世纪经济那样的情形是没有效力的，那时的土地在相当程度上属于公共所有，土地的所有者与耕作者之间的关系不受自由竞争的控制。李斯特把他对关税保护的辩护建立在对另一领域的相对性的认识的基础上。他认为，所有温带的文明社会共同体依次经过了几个经济阶段，所以，特定时期的特定共同体究竟是实行贸易保护还是实行自由贸易，取决于它所达到的发展阶段。经济学领域的相对性原理由罗雪尔在更一般的形式上获得表述，而克尼斯，如前所述，则给了它更加确定的形式(另见本章附录 B)。

对于一个特定类型的社会的局限性，例如19世纪存在于英国的“已经成熟的竞争性商业社会”。然而，他的目的与历史学派刚好相反。历史学派的目的是集中注意经济史，注意对经济发展的研究，而不是注意对特定社会经济关系的研究。巴奇霍特在另一面寻求对现存经济现象的研究，并避免陷入一种误区，这种误区来自早期时代的具有表面一致性而实际上很不一致的现象。

在我们讨论这里提出的问题时，抽象的和具体的经济学之间的区别变得重要了。前者总是被看作一种普遍应用的工具。它讨论从广泛流行的意义上来说是普遍的那些原则。对此我们将回过头来讨论。同时把我们的注意力集中在具体经济学说方面，可以说它们的相对性直接取决于前一章所讨论的关于政治经济学这个方面的现实（realistic）的概念。如同一般社会条件总是变化的，经济条件也总是变化的。它们随着社会的法律结构，随着民族特性和制度而变化着。

即使有些情况下发生作用的因素是一样的，各因素之间发挥作用的程度也是变化的和不确定的。法律、习惯、竞争和组织，是决定财富的交换和分配的因素，其中任何一个都不会在什么时候不发生作用。[①] 但它们发挥影响的程度，以及影响的方式，始终是

① 例如现代社会，在那里竞争是主导因素，一些价值会受到法律或习惯的调节（如议会规定的铁路票价和律师的费用），而在更初级的社会，习惯发挥最强有力的影响，竞争性的价格并非闻所未闻。亨利·迈因爵士在他的《乡村共同体》第4部分里给出了几个与习惯性价格并行的竞争性价格的例子。例如，在有些情况下，同一团体的成员从来想不到按照商业原则进行交易，但在不同团体的成员之间的交易习惯上是完全自由的。也有一种情形，“如果印度土著感到按照高于习惯性价格购买一种物品是不正当的，他们会自愿在另一个物品上支付竞争性价格。一个为收获印度各地谷物的工作日或为来自英国的棉布支付价格的人，会抱怨他买鞋的价格是否有些不对头。”

变化的;这种变化因为涉及经济学说与实际经济现象之间的确切联系,所以具有极端重要性。

对上面陈述的例证不需要再说什么了。现代各种经济理论很少或不直接应用于中世纪欧洲,这已没有什么例外。在经济方面,中世纪和现代社会的对比,现代东方社会和现代欧洲社会的对比,其差异是很难被忽视的。① 克里夫·莱斯里以简短的分析强有力地说明了这一点,"中世纪德国社会的结构与现象和别的地方一样,远不是建立在个人利益和交换基础上的经济学说所描绘的那样。共同的土地权利,对于单独占有的土地(severalty)的公共权利;任何类型的贫困(scanty wealth),不可忽视的托管财产(mortmain)或不动产部分;束缚在土地上的劳动力;主要为家庭而不是为市场进行的生产;幼稚的劳动分工以及货币流通的缺乏;构成非个人性的社会的单元:家庭,公社,企业,阶级——这些都是中世纪经济的主要特点。"②李嘉图的租金法则,在它被陈述的一般形式上,可以看作一个特别的例证。每一个经济学家都认为这个法则不是普遍适用的,尽管不等量的资本获得不等量的报酬的客观事实尚被承认。③

的确,不应该认为当代经济理论完全适用于早期历史时代。关于它们的实用性案例我们在前面已经做过讨论。坎宁安博士在

① 对比说不上明显,但却是不可忽视的。当我们在经济现象方面考察欧洲型的现代共同体的差异的时候,这种比较是值得研究的,例如土地租期,劳动力的流动等等。关于这一点还可参考本书 309 页和 10 页。

② 《政治与道德哲学文集》1988,84 页。

③ 参考原书 312 页、313 页。

这方面将市场价格和租金做了严格的区别。他评论说:“中世纪经济生活的许多现象受一些条件的支配,那些差不多一样的条件在今天仍在发生作用。竞争是相当现实的,虽然更多的是‘虚构’,其行为不很鲜明。各种类型的市场价格,如羊毛和鲱鱼的价格,由供求决定,与现在没有什么区别,试图干预市场的做法并不能改变发生作用的因素,也只是影响价格水平而已。但租金就有些不同。自由竞争和市场价格没有能像现在一样控制农业经营,能用来很好说明目前情形的理论却不能解释中世纪租金的变化。”下面摘录的话,是夸大而不是低估经济学说的相对性的例证。塞利格曼博士说:“中世纪是惯例而不是竞争性价格支配的时代。对于那个时代的陪审团来说,由买主或卖主的个人意愿支配的自主合同(permitting agreements)的观念,是不可想象的。‘市场的讨价还价’是不可能的,只是因为市场的各种法律没有给契约各方留下自主行动的余地。尽可能索要高价,或者相反,将价格压到低于邻居的水平——对生产者来说这好像显得荒唐。”[①]然而,罗杰斯教授发现,“在市场买卖活动中,中世纪的生产者是非常聪明的,购买者也是一样,他们是在买卖数量上要花样。一年当中最关键的销售是初夏时节,那时,对上一年的生产量估计的八九不离十,秋季的收获前景也能有个大体判断。”[②]由这里揭示出一个很重要的情形,关于供求的法律要考虑来年的产量对购买者的即时需求和销售者的即时供应的影响。再举一个关于 14 世纪铁的价格的简单例子,

① 《科学经济学讨论》,6 页。

② 《六个世纪的职业与工资》,144 页。

它也说明需求对价格发生了影响，“一个非常干旱的夏天引起大量工具的损坏，导致需求增长，价格上升，所以法庭监守官(bailiff)的记录里经常提到‘由于干旱导致铁价上升’”。[①]

让我们再回到出自我们自己时代各种不同的经济现象。尽管价格似乎完全受制于习惯的影响，竞争仍以隐蔽的形式发生着作用——被销售物品的质量变化在取代着价格的变化。亨利·迈因爵士指出，在东方更偏僻的山村里，埋头于古代交易的工匠们按照习惯价格出售他们的手工艺品，来自西方的廉价品出现后，他们以提高质量来应对。[②]

还是那句话，以为建立在竞争假说基础上的理论完全不能解释过去或解释现代的东方社会，实在是过于偏激了，在严格意义上说，如果离开特殊的研究目的和对经济条件的最仔细的分析，这样的理论就从来不能有效地应用。

社会的进步不仅影响着对以往的经济问题的回答，还会产生新的问题。有许多涉及货币、信用、国际贸易等问题的学说，只能应用于经济发达的社会。一旦涉及早期社会状态，这些学说就问题百出了。

上述评论与一些经济学定理(theorems)有关。认识经济学箴言(maxims)的相对性更为必要。前一章已经指出，如果我们不是

---

① 阿什利，《经济史》第1卷，36页。阿什利教授在他关于经济史研究的一次讲演(《经济与历史观察》，12页)中，批评了出自下面这段话意思：“现象之间的联系再清楚不过了，发现这种联系差不多有简单的普通常识就够了。”然而，如果是这样，那么似乎在某种程度上会影响到与争论焦点有关的例证的适宜性。原文里提出的问题未涉及与随需求变化而变化的价格有关的法律证据的本质，却简单地讨论了法律应用的范围。

② 《乡村共同体》，190页，1页。

将定理与箴言仔细区别开来，那么我们一定会夸大前者的相对性。在理论研究中，假说和抽象经常是不可缺少的。如果我们依发现现实原则为目的来应用我们的理论，好的办法是借助假说和抽象，但应该有所慎重。在分析和评论经济制度和经济政策时，的确让我们怀疑，我们是否把我们的抽象自以为是地用来分析一个非经济性质的对象，但却忽视其中的社会的和政治的因素。跨越纯经济研究的意义，对于不同民族和不同时代的情形是不同的。所以，一项给定的经济政策，对于给定的特殊的社会经济条件并达到一定的经济发展水平的国家，才是有作用的。有可能赋予某种否定性的理论规范(negative precepts)——不能在任何情况下劝说人们采取某种行为方式——以普遍的效力；但就总体而言，面对经济学规范，承认相对性原理是无条件的。

用来反对任何商品的投机性交易的立法，是我们可以列举的关于经济政策相对性的简单例证。这样的立法在其赢得对商品的全部供给的控制时是否得当，主要取决于地点和时间方面的经济条件在多大程度上能使个人或组织成功地进行投机性购买。[①] 更一般地说，维持充分有效的竞争的条件越是不能令人满意，对竞争的法律干预就越是方便。因此，面包啤酒价格条例(Assize of Bread and Ale)和其他干涉价格的法律的正当性(justification)，只能见于零售交易时竞争失败的情形。法律的目的只是确保零售价格与原料价格变动的一致性，而其中真正有效的竞争本质上是可能发生的。

---

① 参阅阿什利《经济史》第1卷，187页。

（二）把政治经济学限制于现代商业理论的不合理性

由巴奇霍特先生提倡的对经济学说的相对性的认识，不是导致任何形式的历史学方法的应用，而是导致将政治经济学限制在“商业理论领域，因为商业方面的资本增长与竞争扩张日趋明显。”穆勒受到批评，是由于他“对政治经济学的扩展既有过头之处，也有不足之处。”巴奇霍特说：“如果是我所认识的政治经济学，那么它只能解释和应用于一个特定的社会，穆勒著作中的大部分内容则不在其中；相反，如果政治经济学对一切社会都适用，以至于关心这些社会的财富，那么，它的内容就没完没了，它的许多东西就该被束缚和限制。”①

就像这里提到的那样，有大量的理由可以用来反对给政治经济学以明确的限制。的确，当代经济学家会建立一个学说使之主要应用于他自己所生存的经济世界；他常常选择只在这个世界有效的假说；只要是这种情形，政治经济学就有必要被认真记在心头。但我们不需要面对同样一组假设。我们要研究许多社会的经济现象，而不是一个社会；我们将发现，我们的学说的应用会随着具体条件的变化或者扩大，或者缩小。我们的某些结论可能仅仅对世界上更发达的国家才是真实的，并仅仅在它们发展的目前阶段上才是真实的，而我们的另一些结论则可能有极为广泛的应用价值，或者只要在某种程度上稍做修正，它们就有应用价值了。很可能，供需法则几乎在一切社会都能应用于某种类型的交易；别的

① 《经济研究》，19页，20页。

许多法则，例如“劣币驱逐良币的”的格雷欣法则，可以给出很大的应用范围。[①]

巴奇霍特先生说过，现代商业时期之前是“前经济阶段”（pre-economic），但这个概念面临批评。假设在古希腊和古埃及，在封建欧洲，在印度和锡兰至今仍存在的乡村共同体，财富现象在许多重要的方面不同于现代欧洲社会，至少部分地受不同的法则支配。但它们仍然有经济现象，而且我们可以对它们进行研究，只是不容易找到关于它们的充分资料。我们不得不承认不同经济类型的时代，不得不承认工业组织还处于萌芽状态的原始社会的存在。但除非我们找到这样一个社会，在那里，交换还不存在，即使在隐蔽的形式上也不存在，独立所有的财富也不存在，否则，就不能说我们碰到了一个严格意义上的前经济阶段。

例如，有人告诉我们，在锡兰的乡村共同体里，艺人“是如何用他的手工作品和祖传技法与他的邻居谷场上的产品做交换的。”[②]这种交换的发生，没有任何交换的媒介插入其中，受习惯而不是竞争的支配。但它是经济学家不应该忽视的一类经济现象。亨利·迈因爵士指出，我们面对着明显的多样性事实，所以对东方经济现象研究的重要意义日趋增加，这种研究在许多方面与我们对西方经济现象的研究没有区别。他评论说，“如果居住在印度的英国人发现可以归为乌托邦或阿特兰蒂斯（传说中沉默于大西洋的岛屿——译者注）财产类型，如果他们看到现实的物品公共所有形式

---

① 前一章已说过，可以由14世纪和15世纪的统计资料证明某些价格和工资理论。但那个时代的英国一定不是一个典型的现代工业社会。

② J.B.Phear爵士，《印度和锡兰的雅利安人》，p.xvi。

(community of goods),或者所有财富的真正的平等占有,再或者由政府控制的一切物品的独占所有权(exclusive ownership),那么他们的描述最多不过是能满足郁闷的好奇心而已。他们的发现与他们呆在国内的发现没有什么不同,充其量只有少许差别。社会机制的这个方面的一般情形都是一样的。都有财产,不过是有大有小,有不动产和动产;都有租金、利润、交换和竞争;都有熟悉的经济概念。但是,它们中的哪一个都不会与最临近的西方伙伴完全一致。那里有所有权,但多个人的联合所有制(joint ownership)是规则,个人所有制是例外。那里有土地租金,但它不得不适应几乎是普遍实行的土地固定租期制,结果是没有任何市场标准。那里也有利润率,但却受到习惯的严格制约。那里有竞争,但贸易却受到完全不竞争的大的家族机构的控制,竞争只发生在大的联合体组织(aggregate association)之间。"①

不能接受巴奇霍特的政治经济学概念的进一步的理由,是不可能对政治经济学进行限制,使其具体学说与社会的同样条件发生精确的联系。我们不能说现代商业世界是固定不变的社会,以为它不再转变或调整。美国今天的经济条件与英国不同——例如,在美国,劳动力从一地到另一地的流动,从一种职业到另一种职业的流动,作为一种原则已经充分实现,而英国则不是这样;英国的经济条件——例如土地租期——又与法国的不同。更为明显的对比,是20世纪的英国经济与亚当·斯密时代的英国经济。即使在商业时代,仔细考察我们的前提的可应用性,坚持相对性原

① 《印度研究对现代欧洲思想的影响》,Rede Lecture,1875。

则，仍是很必要的。事实上，把我们的现代经济理论应用于原始的或东方的社会状态，并没有多少风险。不适当地扩张经济学说的危险，只是在我们更接近自己的国家时才有所增大；但至少巴奇霍特的转变经济时代的概念不能减少这种危险，在他限定的时代里，经济理论的应用是绝对的，不需要任何限制条件。

(三) 在什么意义上认定抽象经济学原理的普遍性

具体经济学说的相对性不能否定抽象理论所拥有的某种普遍性；这里需要讨论在什么意义上可以认定抽象经济学原理的普遍性。首先，抽象经济学分析政治经济学的基本概念，例如效用、财富、价值、价值标准和资本等等。在前一章我们已经指出，甚至政治经济学的定义有时候也是相对的或发展的。但对上述概念做出分析时，期待最终的某种目的是不为过的。我们已经认识到，如果一个概念在不同的场合有了些许不同的意义，我们会找出它们在每一场合下所具有的某种一般的和普遍的东西。在一般意义上研究它们，是准备更具体地研究它们的有价值的前提条件。

作为下面讨论的某种基本原理的抽象经济学，在其渗透于所有经济分析的意义上，具有普遍性。这些原理中的一个，是效用的变化规律，这是杰文斯对政治经济学贡献的关键地方。这个原理不仅决定物质商品的需求法则，甚至对服务的决定也有意义；延伸到整个分配领域仍具有极为重要的意义。在其他因素同等(being equal)的情况下，随着资本量的增长，一定种类的单位资本给与其结合的劳动所提供的贡献(the aid)是递减的；同样地，在其他因素同等的情况下，随着劳动单位量的增加，一定类型的单位劳动量给资本提供的贡献以及对与其共同作用的其他种类的劳动的贡献也是递减的。这个基本原理的真理性质相当独立于社会制度和经济惯例，尽管其实际发生作用的后果可能有极大的差异。同样性质的另一个原理是，在其他因素同等的情况下，一个较大的报酬会由一个较小的量获得；或者，我们可以说，一个拥有自由选择的权的人，会选择较大的显而易见的好处(the greater apparent good)。[①]（凯恩斯在这里实际上扼要介绍了边际效用递减规律和边际生产力递减规律，但他的用语与今天的标准用语极不相同，也与当时的学术用语不大相同——译者注。）

由上述原理支持，在基本概念分析的基础上，抽象经济学能够给出拥有普遍性的否定的或正式的推论(negative or formal inference)。例如，价值的普遍提高是不可能的；如果两类商品有同样的效用，稀少的那一个的价值更大；用来生产一定量产品的两种不同的生产方法，成本最低的那一种将会很快替代另一种；[②]运输设备会导致不同地方的价值差异缩小，而保管设备会导致不同时间的价值差异缩小。在同一概念层次上，这些命题可以替之以这样的表述：没有什么商品或服务能够在不同的时间和不同的地点充当普遍的价值尺度，而且，一般的生产过剩在原本意义上是不可能的。

① 杰文斯把它们看成了原理，他评论说："政治经济学的首要原理具有广泛的实证性和应用价值，它的普遍的实证性质与人的本性有关"(《政治经济学的未来》，"双周评论"，vol. xxvi.，624 页)；他还说，"政治经济学理论是由那些本质上简单的一般法则构成的，这些法则深深地潜藏于人及其外部世界的本性之中，并稳定地贯穿于我们所研究的一切时代的全过程"(625 页)。

② 这是重要的替代规律的一种形式。

我们已经说到，李嘉图的在通常意义上的租金法则是相对的。让我们把它与最抽象和最一般形式上的经济租原理做一个比较。李嘉图的法则——它决定土地耕种者需要交付的一部分实际收入，是一个相对的学说，即是说，考虑到时间和地点因素，它赖以存在的假说仅在有限的范围里是有效的。然而，经济租理论在其最一般的形式上仅仅肯定，任何一种质量稳定的商品的总量中的不同部分，依不同的成本生产并向市场提供，那么，那些成本依次较低的部分，将产生数量不等的利润；在这里，这一法则的应用是不受那些因素限制的。这一原理甚至可以说在社会主义共同体里也是适用的，不论怎么忽视它，也不论是否实行国有化或地方化。

据此说来，我们可以在做出适当修正的情况下，建立一套与经济现象有关的一般定理，这些现象在广泛差异的条件下都是存在的。当然要承认，这样建立的理论架构从性质上说主要是假说性的，它自身不能够使我们确切地提出支配任何社会分配与交换的法则。为了确定交换的法则，我们不得不考察一般原理借以发生作用的特殊条件，这些条件的变化具有不确定性。但这里所坚持的观点是，作为一种预先研究，抽象理论是无价的（invaluable）。涉及的原理与所使用的研究模式有一种会误导我们仅仅注意相对性的意义和作用，研究任何特殊时代或社会状态的更具体的问题的经济学家，不可以忽视它们。如我们已经看到的，的确有大量关于供需法则的抽象推理，它们有非常广泛的应用价值。在不同条件下，这些法则的作用表现不同，特别是它们发生作用的速度很不相同。然而，它们的作用并不直接显露，它们潜伏于由习惯发生最强力支配作用的社会状态之下。如果我们的注意力未能借助抽象经济学所提供的分析方法转向正确的方向，那么这些情形被忽视就有极大的可能性。

附录B　作为另类的历史科学的政治经济学的概念

前一章已经指出，经济史的研究在创建和完善政治经济学的过程中发挥了鲜明的具有特征性的作用。经济科学有许多问题，如果离开历史研究提供的帮助，解决它们就十分困难，所以，历史方法包括在经济学家应该使用的方法之中。不过，不能像有人主张的那样，在本质上把经济学干脆看成历史科学。

这个观点与历史学派中那些更激进的分子的学说相反，他们主张用他们的方法完全替代而不是补充其他方法，他们试图在这里使政治经济学完全发生转变。这种主张有时被以非常直白的方式提了出来。克里夫·莱斯里把演绎方法和历史方法看作必然的对立的东西，认为演绎方法提供的解决问题的办法是虚幻的荒唐的，因此完全拒绝演绎方法。他说，它“不能解释决定财富的本质、数量和分配方面的规律”；另一方面，政治经济学的哲学方法应该“是历史的，应该在国民历史的经济和其他领域之间寻求联系。”[①]从同一点出发，英格拉姆批评杰文斯寻求“拥有与历史齐头并进的先验的模式”。他还说，“两种方法无疑在一个时刻会并肩而立，但历史方法将不可避免地替代它的竞争对手。”[②]

① 《政治与道德哲学文集》1988，189页。

② 《政治经济学史》，232页，233页。

还有一些学者，一方面声称自己完全不拒绝演绎方法，另一方面却傲慢地把它扔到一边，好像他们已经用这个方法做了该做的事情，发挥了它充其量不过是在经济研究中微不足道的作用。有必要不遗余力地创造一个完全崭新的开端。即使说经济学由老一代经济学家的方法而达到了一个相对真理状态，按照有些说法，它也是不重要的。政治经济学仅仅由于它取得了新的形式，而将在未来取得丰硕成果，成为极具鲜明特色的历史科学。施莫勒教授说，抽象方法堕落成了知识的消费，它的生命源泉已经枯竭了。一场必要的革命在发展着，借助这场革命，一切将转向完全不同的方面，即历史方面。“政治经济学的未来新时代就要到来，但光荣属于整个历史的和统计的材料，而不属于对古老的抽象教条的进一步蒸馏，这些教条已经蒸馏过一百次了。”[①]

我们现在说到的极端的“历史主义”，只表现了历史学派中更为激进的一翼，未包括罗雪尔，他通常被看作历史学派的主要奠基者，也不包括瓦格纳这样的更为温和的代表人物，他对经济学方法的全部研究是值得敬重的。[②]

① 《关于国家与社会科学的文献史》，279 页。

② 关于瓦格纳，参见本书 27 页、28 页和其他各处列出的文献。一位学者在《比利时评论》(1889，4，15)中说到瓦格纳时，形容他“温和的演绎”，作为对比，说到施莫勒时，是“激进的历史主义”，说到门格尔时，是“不肯让步的演绎方法”，说到布伦塔诺(Brentano，Lujo，1844—1931)时，是“温和的历史主义”。瓦格纳清楚地包括进了德国历史学派的代表人物中间，他之所以被看作是“温和的演绎”，可以说是因为他倡导了一种慎重态度，用以借鉴其他学派的方法，并在这些方法中间保持一种平衡。一个寻求妥协的谦逊的学者，按照我们自己的观点，大概可以归于敌对的阵营，或者也可以归为另一个阵营。事实上，在德国新近的经济学家中间，有各种各样的观点，他们或多或少同情对历史学派的反抗，这使得要不带偏见而把他们全都归于什么立场，是极为困难的。甚至个别学者所采取的极端立场也是有时候强一些，有时候弱一些。在现在的讨论中，我们仅仅是分析更极端的学者的更极端的观点。

例如，罗雪尔坚持认为有必要考察经济习惯和条件的不断变化的特征，特别反对在忽视一个民族的历史以及一个民族所达到的经济和社会发展阶段的情况下，去评论它的经济制度。但他决不致力于政治经济学的完全转变。在他专门分析历史与统计材料的论文中，充满了经济原理的历史方面的信息。他甚至“不怀疑未来将使得李嘉图和马尔萨斯充分享有政治经济学家和第一流发现家的荣誉”。[①] 然而，罗雪尔的这种谦逊被他的激进的继承者作为一种批评的话题。在他的《原理》中，教条的和历史的东西被认为是并列的而不是有机结合的，他被谴责未能完全遵循他自己提倡的历史方法。[②]

对作为一门另类的历史科学的政治经济学的概念的批评，最主要的困难是搞清楚概念到底等同于什么东西。当经济学实现“转变”时，它所采取的形式是什么？要搞清楚这一点很不容易。历史学派讲的那一套仅仅是否定性的批评；在肯定的方面，常常需要在两个方面看出区别来，一方面是属于经济科学的东西，另一方面则不过是纯粹的和简单的经济历史方面的东西。[③]

---

① 《政治经济学原理》，序言。

② 克尼斯感到遗憾的是，罗雪尔在采取了一种充满光明的立场以后，没有坚定地向前走下去。他认为，由罗雪尔的现实研究所示范的历史方法变成了比政治经济学能够达到的更为广阔的历史描述。《从历史角度考察政治经济学》，1883，35 页。

③ 克里夫·莱斯里列举了大量他认为演绎方法完全未能解决的问题，但我们会发现这些问题中的多数具有纯历史的性质。另一方面，当他开始讨论理论问题的时候，他本人事实上在一些基本点上始终隐含着或作为前提设置而使用了推理的演绎的或“先验”的方法。例如，“只有高利润才能持续地支撑高利息，低利润仅仅能给资本出借人提供低的回报。利润率一般决定利息的最高量和最低量，最高量应该小于它，或者借入者得不到什么，而最低量不应该低到迫使资本所有者自己雇佣资本的程度，或者去消费它，而不借出”（《文集》，255 页）。他还说，“国外对英国产品的需求下降，例如

依据克尼斯的说法,政治经济学的历史概念是基于经济进化的观念和经济学说的相对性。经济制度和经济理论是历史发展的产物。没有什么最终确定的经济制度。它本身是时间、地点和民族性的特殊条件的结果。在这些条件变化时,它将会接受持续的调整。所以,每一个民族,每一个时代,都有它自己的政治经济学。依此而论,必然否定有什么绝对的和普遍的经济法则。每一个经济学原理,对于一个民族在任何时候所能达到的特定发展阶段来说是相对的。因此,政治经济学要做的是描述产业进化的不同阶段,原理要适应依次出现的这些阶段。①

有时候争论的进出口逆差,将会有进口比重下降的相反效果,因为国际需求的均衡对英国的损失被改变了。出口的减少可能来自关税报复,但进口减少会更多。一个好的国外市场增大了以国外商品来计量的我们的出口商品价值,使得给他们的货物数量膨胀;同时,外国需求的下降将迫使我们增加进口;出口比例将增加,出口商的销售伴随损失的持续增加和利润水平下降"(275 页)。这里提出的学说似乎是基于穆勒的国际价值理论,它展示了较高发展阶段的演绎方法。克里夫·莱斯里跟在普通的演绎经济学家的时尚后头使用演绎方法的其他典型的例证,西奇威克教授曾在一篇关于经济方法的文章里提到过(《双周评论》,1879 年 2 月,304 页,305 页)。另参阅西奇威克对其他历史学派经济学家的评论,见《政治经济学的方法与范围》,35 页,36 页。(此处疑有误,其他资料称,西奇威克的著作名称是"*The Scope and Method of Economic Science*",与凯恩斯这本书的名称略有差异。——译者注)

① "与理论的绝对主义相对立,政治经济学的历史概念建立在政治经济学理论(像经济生活本身一样)是历史发展的产物这一基本原理上面,而不论我们怎么样构建这个理论的形式;它的产生与发展——在与社会有机体保持生动联系的情形下——受时间、空间和民族性条件的约束;它的思想观点来自历史生活,应该最终体现历史答案的特征;政治经济学的规律除探索历史变迁的原因,层层揭示事实真相之外,别无他意;它们在每一个阶段上反映发展的一定点上出现的历史事实的一般性质,并且既不在本质上也不在形式上夸口自己绝对完善;理论的绝对主义——即使它在一定的历史发展阶段上得到认同——本身仅仅作为时间的产物而存在,仅仅表示政治经济学的历史发展的一个阶段"(《从历史角度考察政治经济学》,1883,24 页,25 页)。克尼斯在政治经济学中给抽象和演绎方法留了一席之地,条件是适当地谨慎地利用它们,利用它们所得到的结果在其作为结论确立之前要受到检验(499 页)。其他方法的作用被限制在历史领域,因此处于从属地位。

经济学说的相对性已经在前面的附录中做了讨论。这里还需要对此做出两点评论，讨论一下这种相对性对于回答经济学是否应该被看作一门另类的历史科学这样一个问题的意义。[①]

第一点，仅那个经济条件连续进化的现象，决不能否定一般经济法则的确立。在发展的不同阶段上有大量一般性的东西，在变化的条件下，总有同样的趋势在发生作用。所以，为了适应一般法则产生的特殊情形，只不过需要对它做一些特别的修正。我们已经证明，只是具体经济学说有相对性，某种普遍性特点属于政治经济学的抽象理论。

第二点，说到每一个时代有适应自己时代的政治经济学，那仍然是一个政治经济学如何建立的问题。所以，作为主要研究我们自己时代的问题的一个体系，眼前科学的转型是不需要说明的。最多要注意的问题，是承认通常所认为的政治经济学的大部分内容在应用范围有必要受到一些限制。

柏林的施莫勒教授在克尼斯指的方向上走得远了一点，他反复唠叨的一些东西大体上是要把经济科学等同于经济历史哲学，甚至等同于经济历史本身，当然是在最为广大的意义上。他坚持认为，在我们所达到的阶段上，我们最好不要试图构造经济规律。我们应该满足于特殊的历史研究，观察和记录现实的经济现象，把它们分类，搜寻它们的原因。这里暗含着一种意思——这种搜寻将取得成功，尽管构造经济规律被认为是不可能的。

然而，对建立经济规律的可能性的否定似乎不打算应用经济

① 请再参考这个附录的结论性段落，在那里我们换了一个角度来讨论问题。

发展规律。无论如何，关于后者的一个特殊例外还是历史方法的某些极端鼓吹者制造出来的。在肯定经济条件的变化性质的同时，坚持认为这些变化的规律可以被发现，并且，这样的规律在其性质上具有普遍性。政治经济学因此会被转变为“一个民族经济发展的规律的学说”。①

阿什利教授有点类似，他评论说，在使用历史方法的经济学家中间，在关于研究的目标和政治经济学所应采取的形式方面，有着很大的观点差异。接着这个评论，他说：“越来越多的人——严格意义上的‘历史学派’——认为在一个给定的社会不再需要在个体之间的关系中构造一般的公理，诸如租金法则、工资法则和利润法则等，他们应该努力发现的是社会发展的规律——即社会经济生活实际运动的整个过程的一般性的东西。他们相信，这样的知识将不仅使他们能够洞察历史，还将使他们能够更好地理解目前的困难。”②

政治经济学在这里消融到经济历史的哲学里边去了。经济规律被认为是有可能确立的，但这样的规律属于一个不同的领域，经济学家通常在这个领域里构造规律。为了确保这一点，需要建立两个命题：第一，任何经济发展的理论应该建立在历史学基础上；第二，名副其实的经济科学要成为可能，必须由经济发展理论所构成。

第一个命题几乎被普遍接受了。在前一章已经提出讨论过，

① 这是希尔德布兰德的最终目的。参阅英格拉姆的《政治经济学史》，201—206页；和克里夫·莱斯里的《政治与道德哲学文集》，83页，190页。

② 《英国经济史与理论》，序言。

要构建任何令人满意的经济发展理论，其基础的形成主要应直接借助历史。要从对欧洲的、东方的和目前原始状态的社会的比较中获得帮助；但主要的源泉是对以往社会的连续变化做出比较。然而，在注意经济发展理论为历史的和比较的方法提供适当领域的同时，还应该注意到，建立经济进化的一般规律的意义是在未来实现方法，而不是驻足眼前，远离实现它的目标。

对待作为静态科学的政治经济学，这里讨论的极端的历史主义学说并不是要对它做出改变，而是要简单地否定它。我们不应该期求关于价值、租金、货币和国际贸易等方面的新理论能取代那些被用来破坏什么的理论。我们总是听说，构建新理论是没有什么价值的，用眼前的适当材料也不可能构建出什么具有真正用途或意义的东西来。

积极地应对这个攻击，需要对特殊的经济规律做出认真的表述和详尽的辩护，不仅揭示它们的事实假说，而且也揭示它们对于具体经济现象的实际意义。对政治经济学的这种辩护在这里提出是不可能的。应该充分提出当代关于政治经济学的最好的论文。然而，在对代表纯历史方法提出的要求进行研究时，重要的是搞清楚构建经济规律的不可能性是否使我们不得不依靠具体的历史研究，以及这种研究本身是否就不能创造一个科学的政治经济学。无视正在转变为另类的历史科学的经济学的存在，把它搁置一旁，是为了让经济史取代它的位置。从这一点上说，拿历史方法统治政治经济学的期求已经变成了这样一个毋庸置疑的结论：与经济学家的工作相比，历史学家的工作具有至高无上的和不可超越的意义。[①]

但我们被告知,经济规律的建立只是要延缓一点。施莫勒教授说:“如果我们主要用描述方法逐步前行,决不意味着忽视理论,而是不想把它作为必要的基础。只是在可描述的资料有缺陷的时候,批评这个方法才有点道理。”[②]然而,理论经济学家从不否定与历史学家可以在一个充分的领域展开工作,他们欢迎在他们自己的研究领域由历史学家提供可能的任何帮助。他们反对的是这种观点:除了描述性资料的堆积之外,在经济学的知识的现阶段,再没有什么有意义的事情可做了。他们反对将科学的描述性资料与科学本身混为一谈。正如萨克斯(Sax,Emil,1845—1927)教授的分析,宣称除非在经济史领域里完成大量的研究,否则在我们的时代就不可能得到的满意的政治经济学理论,这实在是荒唐之极。[③]

让我们简单地以劳动的科学分工的角度来考察问题,最好是在经济学领域里从事研究的人尽可能利用已经证明是有价值的材料,而不去花时间研究属于纯粹历史学家的领域的问题。历史研究搞得越仔细越好,而经济学研究领域的一切认真的工作也将会帮助而不是阻碍其他领域的研究。

然而,除了各种争论之外,说到在政治经济学目前所能达到的

---

① 门格尔教授以相当公正的立场抱怨说,离开经济学家的科学需要,以极端的形式对历史方法的倡导不会怎么样。经济学家研究自己的科学领域的问题,却受到科学以外的挤压。他说:“历史学家像外国征服者一样一步一步踏入了我们的科学领域,给我们强加他们的语言,他们的习惯,他们的学术用语,以及他们的方法,在与他们的特殊方法不一致的每一个研究领域不可容忍地与我们发生争斗”(《德国国民经济学的历史主义谬误》,序言)。

② 《关于国家与社会科学的文献史》,279 页。

③ 《国民经济学的本质与任务》,3 页。

特殊发展阶段上最为充分展开的领域，涉及这样极端历史主义的夸张观点——历史材料在政治经济学的建立过程中始终在发挥充分的作用；没有简明的理论的帮助，历史学家能够在现象之间发现它们的因果联系。我们已经表明，经济史本身需要理论的诠释。对历史方法的温和的倡导，如阿诺德·托因比（Toynbee, Arnold, 1852—1883），清楚地认识到，“没有演绎的帮助，这个方法只能堆积大量不相关的和无用的实际材料。”[①]所以，甚至从历史的观点看，认为只有数不清的实际资料被掌握以后，理论的研究才可以提到日程上，实在是错误的。

如果我们把历史方法的应用按其字面意思限于以往时代的实际情形，那么，在经济学中与历史方法相左的案例也是颇有说服力的。纯粹的历史方法要比演绎方法明显地狭隘。很难否定这样的事实——对经济学家很重要的现象在很大程度上来自当代问题的研究，或者这种研究所用的资料是如此接近现代，以至于它们很难由我们通过经济史来了解。进一步说，基于历史研究的分析推理，与对现代事件的过程的研究相比，也实在是费力不讨好的事情。关于事实本身，常常或多或少具有不确定性。“历史遭受阉割，也许还从来没有得到记录，多数信息对我们现在珍贵无比”[②]，若关乎给理论研究提供基础，不完全的信息甚至可能比完全没有信息更糟。我们看过去好像穿过一团迷雾，我们不能像我们在研究眼

---

① F.C.蒙塔格(F.C.Montaque)，《阿诺德·托因比》(约翰·霍普金斯历史与政治研究，Seven series，i.P.33)。

② 理查德·琼斯，《文学遗著》，570页。

前现象中所能做到的那样,“穿透历史现象”[①]。更为重要的是,要看到,正因为工业制度的进化,以及历史学派竭力强调的经济条件的性质转变,对过去的研究不会对解决现代问题提供什么帮助。超过一百年以上的经济历史对这些问题的解决尤其没有什么意义。建立在一组条件上的一般概括的确能够应用于很不相同的另一组条件吗?有待解决的问题不仅在性质上是完全不同的,甚至可能产生新的产业类型。例如,14世纪的什么形式可以与现代工厂的经营和现代资本家相比较?正是因为制度、习惯和条件是变化的,所以历史方法以外的其他方法对我们经济学研究的绝大部分工作才是重要的。政治经济学永远不会成为特殊的历史科学。(作者肯定 distinctively historical science,但不赞成 specifically historical science,我们把前者译为“另类的历史科学”——译者注)

① 参阅马歇尔,《经济学目前的地位》,§17。瓦格纳要我们注意,“在利用历史材料时必须特别慎重,因为历史方法不允许对因果关系做出事先的单独分析,而且也说不出什么探索性的东西来”(《政治经济学的基础》,第1卷,223页)。

第十章　政治经济学和统计学

第一节　统计学要求被认为是一门独特的科学

一位著名的德国统计学家说过，有多少从事这个（统计）学科研究的学者，就有多少不同的关于统计学本质和范围的观点。同样也提出了许多不同的关于统计学一词的定义。早在 1869 年奎特莱特（Quetelet）就列出了 180 条相互多少有点不同的（统计学定义）。甚至该词的词源，或它从拉丁语"status"起源的方式，都成为争论的对象①。然而这里需要注意的只有两三种最主要的相互

① 统计学（statistics）的正确起源似乎是从意大利语"stato"而来，它最初在 15 世纪使用，具有领土的含意，或是在政治意义上的"国家"。见卢默林（Rumelin）在 *Schonberg's Handbuch* 第 2 节中的文章"Statistik"及瓦帕斯（Wappaus）的 *Einleitung in das Studium der Statistik* 第 7 页。瓦帕斯教授谈道："阿钦威尔从未在他的著作中解释统计学名称的起源，但在他的讲课笔记中提出来过。他的解释如下：意大利人首先形成了国家的科学，并称之为 Ragione di Stato。由此，在拉丁语著作及拉丁语的讲课中——出现了 Ratio status 或 Disciplina de ratione status 或 Disciplina destatu。在古典拉丁语中没有对我们所理解的'state'（国家）一词的简单表述，而是用 status 一词来表述这种意思。同时意大利人对任何学习上述科学或艺术的人称之为'statista'。德国学者采用了该词的拉丁文形式，并组成了形容词 statisticus。"

不同的观点。哥特费瑞德·阿钦威尔(Gottfried Achenwall),18世纪中叶哥丁根的法学和政治学教授,虽然不是拉丁语形容词"statisticus"的创始人,但似乎是第一个采用德国名词"Statistik"的人,而且他通常被认为是把统计学作为一门特殊知识字科的奠基人①。他认为统计学是收集有关国家显著的事实——历史和描述性的资料,正如我们现在所知道的,这些也是政治科学主要依赖的资料。接着要说的是,由于阿钦威尔被归属于统计学家学派——所谓的"描述"学派——因此统计学本质上不是数值的或数量的。它首先是语言描述,而数据仅仅是附属。

自从阿钦威尔时代后,一般使用的统计学一词其含义已经改变,统计学的突出标志被认为是数据的使用②。而作为一门科学,统计学并不满足于仅仅是描述的,而要求是理论的和思辨的。这

---

① 这个观点不是严格正确的,因为在德国大学(Conring、Schmeitzel 及其他大学)中阿钦威尔前辈们的研究主题和方法都与他类似。但他的论述比他们更完整,并吸引了更多的关注。

② 在这个意义上统计学可追溯至威廉·配第(William Petty)爵士的《政治算术》(*Political Arithmetick*)及 17 和 18 世纪其他英国学者。而奎特莱特(Quetelet)和克里斯(Knies)的影响大约在 19 世纪中叶是重要的,他们支持算术学派而反对描述学派。后者仍有一些虽然不是很多的继承者。例如后来哥丁根的瓦帕斯(Wappaus)教授在他 1881 年去世后出版的 *Einleitung in das Studium der Statistik* 一书中,为阿钦威尔的思想辩护。他承认数量资料比起从前已具有更大的相对重要性,但他把这简单地归结为它们现在更容易获得的事实。"不断增加的获取数据事实的便利已经,"他说到,"必然影响到统计方法。我们现在有两个相同重要的资源:描述和数字表达。两种方法相互补充,而试图从中把它们分成两个分离的学科是错误的。对统计学的误解已经在增加,因为出现了对这种试图的需要,但又得不到满足——这种需要只能由纯粹的哲学研究分支来满足,而统计学做不到。统计学是一种实证科学,是各种知识共同在实际这一端的聚集,即具体国家的知识。这是一个非常简单的定义,并为统计科学的起源和历史所证明。"(第 32—34 页)

方面的主要问题是，是否能合理地认为统计学构成了一门性质截然不同的科学。除了阿钦威尔的观点外，由于形成了两种截然不同的把统计作为科学的观点而使这个问题复杂化了。

按照莫阿特（Mouat）博士的说法，统计科学是“一门关于方法的特殊科学，单独通过它，支配绝大多数人类环境和许多动植物王国环境的自然规律都能够推理出来”。莫阿特博士接着说道：“没有一门人类知识，统计科学不是紧密与之相联的，而且为了正确理解它，数据的科学整理和对总体事实的观察，或多或少都是必需的。而从中演绎出来的规律——当它们完全建立起来时，按其所属的不同学科知识归类——就我的愚见，对它们赖以存在的力量的科学判断是有效的。”①

上述论点的结论部分可能会得到普遍接受。然而，虽然一种方法或一种力量可能是科学的，但不必因此而使自身成为一门科学。统计学或统计方法，如莫阿特博士所理解的，是一个非常重要的方法，通过它人类知识得到了扩展。但这样也只可称之为一种科学手段，而不是一门独立的学说并构成一门独特的科学。

实际上必须清楚地认识到统计理论运用所谓的统计方法技术，包括统计数据必须满足的条件，它们得以确定和收集的方式，用于推理目的而对其处理和运用的方法，在此基础上决定论点有效性的标准，以及借助它而建立的结论的逻辑特征。但所有这些实际上是为任何特定目的实际运用统计方法的前提。整个讨论构

---

① 《伦敦统计科学历史》（*History of the Statistical Science of London*）（《统计杂志五十周年纪念卷》）第47页。

成了，不是一门单独的科学，而是一种归纳的逻辑或方法学——即总体上处理科学方法的科学或艺术。

然而，在与上所述极为不同的意义上，统计学作为一门独立科学的存在得到了大多数大陆统计学家的肯定，也得到了一些英国学者的肯定①。统计科学被认为不是一门方法的抽象科学，在某一特殊领域处理非常不同的现象，而是一门具有独特学科范畴的具体科学。在统计学作为一种方法和作为一门科学之间具有明显的区别。作为方法，具有非常广泛的用途；而作为科学，是专门研究人类的社会生活。

由此可理解为，统计科学实际上变得等同于社会学，这意味着能获得(包括经济知识的)社会知识的唯一方法是对社会现象的系统收集和归纳解释。这进一步意味着数据主要地，如果不是专门地，是用数字表示的。

梅尔(Mayr)博士采用了这种观点，定义统计科学是“实际事件的系统阐述和解释，并由此在总体的数量观察基础上演绎人类社会生活的规律。”②

如果问为什么对社会总体的数量观察应构成一门独特的科

---

① 比较伍拉德·胡帕(Wynnard Hooper)先生在1881年3月《统计杂志》中的“统计分析的方法”(Method of Statistical Analysis)一文及他在《不列颠百科全书》第9版“统计学”的词条。胡帕先生自己采用本文同意的观点，即没有一门独立的统计科学。两种观点有时分别说成是英国的和大陆的观点。但是正如在英国学者之间那样，大陆学者之间关于这个主题并没有形成普遍的一致。

② 这个定义是梅尔(Mayr)博士在 *Die Gesetzmassigkeit im Gesellschaftsleben* 中给出的，在1883年9月《统计杂志》中发现了该文的一个节译。对于具有类似观点的英国统计学家给出的定义，参见《统计杂志》1865年12月第492页；和五十周年纪念卷第8页。

学，而同时关于纯粹自然的总体数量观察却没有类似的要求，回答是在社会生活规律的确定中，统计调查是“唯一可能的调查方式”，而不是——如同在自然科学中一样——一门仅仅辅助的或补充的方法。社会科学和政治经济学在把统计学作为分立科学谈论时，认为它是一门以唯一令人满意的途径——即对事实的收集和概括——研究社会和经济现象的科学。可以看到这里的提法甚至比把归纳称为经济调查唯一有效方法还要狭窄。由于我们现在限制在**数量**的归纳，因而质量的归纳，不管是历史的或比较的，同演绎方法一样，是不合宜的。

上一章我们给出了拒绝这种观点的理由，而在这里继续这个讨论仅仅是使我们回到已充分坚持过的思考。但接着要说的是，关于社会的综合科学，我们至少有另一个名字——社会学或社会科学——它并不用未经证明的假定来对方法进行辩论，而且它避免了充其量必须附属于统计一词的模糊性。允许用这个名词也意味着，在社会的人类科学之外，分析方法具有无限的应用范围。因此同经济和政治统计一样，我们谈论伦理和知识统计、人口和医疗统计、天文和气象统计、物理和生理统计。几乎可以说在任何具体的调查部门中，统计作为一种方法都有一席之地。而且常常是在这个普遍性特征的基础上，统计研究要求得到公众的承认和推进。

如果采用比上述不太过分的观点，并且认为统计是一门独特的科学，但不包括整个社会科学或经济学的话，那么它就只是通过应用特定方法与其他方法相区别的那部分。R. 梅约－史密斯(R. Mayo-Smith)明确认为统计科学是“运用某种特定方法的一门社会科学，并致力于用此方法解决社会生活中的问题”。[①] 但由其方法把统计科学与其学科范畴区分开来，似乎是奇怪的和不合需要的。我们可能会把其他的科学方法与那些特定的科学很好地平等区分开来，在这些科学的发展中，它们(指方法，译者注)正好具有特别的重要性。无论如何现在的问题只不过是一个语言上的问题。在那些持刚才所指的观点和那些愿意把统计学简单当作一种科学调查的特别方法或手段的人们之间，不应有根本上的不一致，这对社会事实的研究没有什么特别的，虽然与知识的其他领域相比，它与该研究相关的相对重要性更高。

但似乎也有一种意见，如果统计学要求作为一门科学得不到承认的话，那么统计学家就变成仅仅是苦力，他无权发表意见，唯一的职责就是为他人推理和建立理论收集资料。梅约－史密斯教授称统计学是一门科学的主要理由是，这是使统计研究从“观察事物就是简单地收集大量数据，除此之外统计学家无事可做，由此形成(思想的)贫乏”解救出来的唯一途径。他认为统计学是不是一门科学的问题不只是一个语言措辞上的问题，因为对这问题的答案决定“统计学家的地位和他发言的权威”。

另一学者谈到如果统计学不是一门科学，那么统计学家就仅仅是捆好小麦给他人去打场脱粒的人[②]，但当然不会如此。实际上当统计资料是为他人而不是整理它们的人运用时，就会特别有

① 《统计学和经济学》(*Statistics and Economics*)(美国经济协会出版，第三卷)，第118页。梅约－史密斯教授把社会统计学划分为人口统计学、经济统计学和犯罪统计学。

② 盖伊(Guy)博士《统计杂志》1865年第483页。

出错的危险。如胡帕(Hoope)先生论述到,“甚至在最简单的统计报告中也常常会有‘陷阱’,只有实际处理该统计报告的所谓‘原始资料’的人们才知道其境况和本质”。因此统计学家要正确地甚至是必须地——执行阐释结果的职责。但在这样做时,他就成为了经济统计学家、政治统计学家、医疗统计学家、自然统计学家,诸如此类。他在某一特定科学的范围内应用其统计资料。而要补充的是,除非他具有该科学足够的知识,否则他不仅将可能在阐释中走上歧途,而且事实本身不可能被适当地选取或整理。

但所有这些,和社会统计学一样,很明显也适用于医疗和自然及其他统计学,并且没有人会坚持我们有一门独特的科学,不管怎样我们都拥有一门知识,其中统计学得到了有效的应用。因此如果我们特地承认只关注社会现象的统计学是一门科学的话,我们似乎因此把一不应得的污辱加于其他方面的统计学上。另一方面,我们可以拒绝承认在任何意义上的一门独特的统计科学,但并不降低统计学家所要求的标准或将他们发挥作用的重要性低估至最低程度。

第二节　统计学被认为是一种方法

在寻求给称为方法的统计学定义时,比较合适的是采用梅尔博士引用的有点笨拙的说法,把统计学称作是一种在总体数量观察基础上的一种科学方法。首先,它是建立在观察基础上的一种方法。它直抵事实,收集并系统地整理它们。其次,它是建立在数量观察基础上的。它处理可测量并因此能用数据表示的现象。第三，它关注的是总体，来与个体或集体区别。一系列孤立的数字事实通常称为统计资料，并且它们可能作为信息或者是作为描述或解释的手段来运用，但它们要作为一种科学手段只具有很少的价值或没有价值。在科学利用统计资料的过程中必须进行大量的观察，它们必须包含一定程度的连续性，而且结果数据必须仔细和系统地收集起来[①]。

通过统计资料的帮助，我们明白并因此能够利用相随变动方法。按这种方法，就可以建立数量的归纳，并确定现象变动的规律。

统计方法和概率学说有很密切的关系。在总体数量观察的基础上，偶然因素在个体实例中的影响可以得到消除。因为当大量实例得到采用时，通常一个合理的假设是偶然因素的作用将相互抵消。从而按此方式能够计算出在某个描述的现象中发挥永久影响的力量的效果，即使在任何特定的个别实例中它的影响可能是微小的和不确定的。当采用足够数量的实例时，从个体的无规律形成总体的规律性的方法，成为统计研究最显著的成果之一。这一事实激发了比利时数学家奎特莱特的热情，19 世纪上半叶统计研究的兴盛可归因于他的影响。

在运用统计时，常常会从图表的应用中得到大量帮助。图解方法不仅有助于统计的通俗讲解，使人们思想能更准确地认识到数值的比较，而且它还具有真正的科学价值。因此通过图解的展

① 统计一词，当作为一单数名词来用时，表示上面所述的方法，或——如果我们承认这是一门科学——统计科学（德语为 die Statistik；法语为 la statistique）。但在英语中，该词普遍作复数用，并表示构成统计方法基础的数据资料。

示，我们可以利用特殊的数量归纳方法，即威韦尔（Whewell）所称的曲线法（method of curves）[①]。曲线的相对位置比柱形图能更容易地比较，并可观察到一致性，从而提出经验规律，否则它不会被注意。当有超过两类现象的相互关系构成调查的主题时，这点尤其正确。光是节省篇幅就可能是一件重要的事情。几条特别的曲线可绘于一个曲线图上，并因此可能在抓住某一点的同时抓住更多的细节[②]。

利用曲线还使我们不容易为一部分或暂时特征的动向所迷惑。实际上像威韦尔和杰文斯两人都指出过的，图表在一定程度

---

① 图解方法采用不同的形式。例如有时利用不同长度的直线以及矩形或三角形或其他几何图形，它们相对的大小能很容易地比较。地图作为图解的一种常用方法也是非常有用的，这里统计与不同地理区域有关。统计地图有时称为（统计）制图，制图法被定义为“利用地图来对统计予以图解说明”。但上述形式并不具有利用曲线所有的科学价值，曲线的绘制代表一种方法，其中某些给定数量的变动与某些其他数量的变动相关。威韦尔（Whewell）对曲线法予以如下定义：“曲线法在于画出一条曲线，其中观察的量是纵坐标，这些量的变化所依赖的量为横坐标。这种方法的功效依赖于眼睛拥有的才能，它能容易发现各种形式的规律性和不规律性。该方法可用来发现被观察的数量所遵从的规律，而且，当观察不准确时，它还可用来纠正这些观察，以便获得比观察的事实本身更准确的资料”（*Novum Organon Renovatum*，格言 xliv）。总体上关于统计的图解方法，参见马歇尔教授在《统计杂志》五十周年纪念卷中的文章及 D. R. 杜威（Dewey）博士的《图解统计学的基本符号》（*Elementary Notes on Graphic Statistics*），鲍利（Bowley）先生的《统计学原理》（*Elements of Statistics*）第一部分第 7 章和 A. W. 弗拉克斯（Flux）先生在帕格雷夫（Palgrave）《政治经济学大词典》“图解法”的词条。运用这种方法的实际例子可在杰文斯的《货币与金融的调查》（*Investigation in Currency and Finance*）中找到。为统计目的而运用图表应与在前面一章中讨论过它在经济理论中的应用明显区别开来。

② 必须小心描绘来较容易地跟随不同曲线的线路，避免相互混淆它们的危险。可以和通过颜色一样，也可以通过它们的形状来区分。如一条曲线由一条无断点的线构成，另一曲线为一条有断点的线，还一条是连续的点构成的线，另一条则是点和线相交替的线，等等。

上取代了采用平均水平的情形，因为我们可以忽略掉个体的不规律性，直观地理解一条曲线的总体方向。如果我们仅仅限于柱形图，总体说来类似的理解是不可能的，或无论如何不是同样可靠的①。

第三节 经济调查中统计的作用

凯恩斯(Cairnes)断言："政治经济学中的统计关系与在其他已达到演绎阶段的科学中固有的统计关系没有什么不同。"②但是简单化地考虑此问题是不能接受的。首先，尽管在经济学中演绎有其重要性，但经济科学不能认为以同样确定的方式已经到达了演绎阶段，像那些与之类似的科学——例如物理学和天文学那样。它的前提比它们的更不确定，并需要更加突出经验证据和考证。其次，虽然统计学不应等同于社会学，但总体数量观察在社会科学中当然要比在绝大多数自然科学中具有更大的相对重要性。在后者中——例如在光学和电学中——由于结论是建立在归纳基础上的，它也常常是实验的基础。个别实例可以看作是典型的，而重复试验是必需的，这也只是为了避免出错。统计方法在特殊例子中

---

① 还应补充的是，当统计图解方法——如上所述理由——对科学是重要的，保持一定的警惕是必要的，以免曲线的比较证明是骗人的。特别是在当我们为了比较它们的增长率，用曲线展示现象发展时的情形。马歇尔教授在注 10 提到的文章中指出了需要警惕的本质。

② 《政治经济学的逻辑方法》(*Logical Method of Political Economy*)第 86 页。上面所述是对凯恩斯关于统计和政治经济学关系观点的总结，他对这个问题偶尔的一些评述似乎表明了一个不是很极端的态度。

是重要的，如在气象学中，但总的讲它处于一个次要的位置。另一方面，在社会科学中，没有实验的空间，在对此没有替代方法时，统计就发挥着作用。政治经济学，特别是——突出关注数量及与个体相区别的群体——在归纳这边，有成为统计的政治经济学的特别趋向，正如在它演绎那边它有趋于变成数学的政治经济学一样。

在一开始，统计在经济调查中仅在其描述作用方面就具有极高的重要性。例如在完整描述一个社会的社会状况时，生产和工资和价格统计是基本的要素；描述它与他国交往和对外贸易时，进出口统计是基本要素；在描述其金融状况时，税收和国家负债统计是基本要素。然而这点是如此明显，以至于我们勿需对此详述，而可转而考虑经济调查中统计的进一步应用。

在经济理论中统计的作用是，首先，提出以经验为根据的规律，它可能或不能随后进行演绎的阐释；其次，通过检查演绎推理的结果并将它们呈送实验进行检测，对演绎推理予以补充。统计还在把经济科学应用于教育和解释特殊具体的现象中发挥着更重要的作用。

我们已经看到有一些部门经济学，在其中我们被迫满足于以经验为根据的规律。这类情形下我们常常关注总体，并几乎或根本不能使它们自身考虑个体的现象。因此我们必须主要依靠统计，它可以是历史的或当前的。马尔萨斯(Malthus)的人口学说再次作为例子来说明。马尔萨斯自己进行了精心的统计调查，包括关于每年结婚人数占总人口的比例；不同国家的出生情况；流行病对出生、死亡和结婚的影响，等等。他因此推断在较好的环境中人口趋向于每 25 年增加一倍；在类似基础上，他评估了在世界欠文明地区及过去和现代欧洲不同国家中人口发展不同方面的结果。

在这一点上，再次有必要指出经验概括特有的弱点。对一给定的社会状况，它们可能是正确的，但随着时代进步的变化，就可能成为错的。因此必须对它们密切注意，并且时不时地采用最新的它们所立足的统计数据。毫不夸张地说，如同罗伯特·基芬爵士说过的，马尔萨斯的统计调查永远是有价值的。同时，在本世纪获得的进一步经验提出了马尔萨斯学说主张中的一定限制条件，并在某种程度上修正了由它引出的实际结论。

但是以经验为根据的规律不必总是这样。统计调查可以提出规律，它能随后在或多或少令人满意的演绎基础上建立起来。换言之，观察的一致性可推断出足够说明它们并在运行中显示它们的原因。因此周期性间隔复发的金融危机趋向首先不是在理论上计算出来，而是通过统计观察揭发出来，然后说明这种周期运动的理论才随后提出来。另一简单的实例为货币市场秋季不断外流的现象。

统计除了绝对增加了经济知识外，还具有重要的价值，它使演绎经济学家一方面检测并在必要时修正他的前提，另一方面检查和证明他的结论。通过统计，他还有时可粗略地测量通过干扰作用施加影响的力量。

因此，巴奇霍特(Bagehot)先生要求用统计去检测假设的合理性，该假设是在现代工业社会中，劳动力趋向于从低酬劳向高酬劳的地方流动。他坚持公开的统计事实显示了什么是人民的“潮流”，大量的劳动力稳定和迅速地从只有农业和很少重视新劳动力的县郡，向那些有许多就业机会并很重视他们的地方转移[①]。这里可能再次应用统计方法来确定在某给定的国家社会中这种趋势实际上如何导致平等工资，或者在运行中其他强大的力量或多或少成功地抵消了这种趋势。

在自由贸易者和贸易保护主义者之间的论战中，统计的作用提供了另一实例。统计自身不能决定这场论战，但它能帮助补充更多的抽象推理。自由贸易者，当将他的结论主要建立在演绎过程时，必然处理所有可供的统计资料，显示在哪些领域它们能证明其理论，以及以何种方式可以说明任何明显的不一致。[②]

尤其要注意统计在解决那些理论上还不确定的问题中所能发挥的作用。例如让我们假设就上面所关注的理论思考而言，一国为了建立一个新产业，暂时的贸易保护制度是否合乎需要仍是一个未解决的问题。即，理论显示了这种保护贸易制度在一定条件下是有利的，但并不是必需的。该国与受保护产业相关的统计可以帮助我们整体上处理该问题，通过显示有利于保护贸易制度的条件事实上是如何频繁地得到实现，以及特别是保护贸易制度如何证明它自身在某一阶段后继续下去是不再需要的。统计还可以给我们特别的帮助，如果我们考虑与某特定实例相关的问题，该实

---

① 《经济研究》(*Economics Studies*)第22页。

② 比较法勒(Farrer)勋爵《自由贸易与公平贸易》(Free Trade versus Fair Trade)和R.基芬(R. Giffen)爵士"进出口统计的运用"(Use of Import and Export Statistics)(《金融论文集》第二辑)。"统计，"R.基芬爵士评述道，"虽然它们不能在逻辑上肯定证明自由贸易和保护贸易之间(论战)的直接结果，因为要准确发现(自由贸易和保护贸易)平行的实例并消除其他影响因素是困难的，但可用来否定地证明没有明显的事实支持保护主义者"(第223页)。在其他R.基芬爵士的论文中，有许多相互建立在统计和演绎推理基础上很好的例子。

例中采用暂时的保护贸易政策是反复考虑过的[①]。在不同的经济学分支中有许多其他的实例，在其中理论能带领我们到达某一点，但如果我们要取得一个确定的结论的话，理论探讨需要统计来补充。

如果从考虑一般定理是如何建立并检测的角度，我们转入到调查特定具体的问题是如何被解决的，我们会发现统计提供的帮助相对地甚至更大一些。关于事实的许多重要问题——特别是在不同时代或地点之间进行比较时，虽然不单是这种情形——在真正本质上是统计学的。例如，调查过去30年间黄金的价值是否升值；比较现在和50年前工人阶级的地位；分析和解释最近的贸易萧条；调查现存条件下税收对社会不同阶级的相应压力。正确的理论知识需要令人满意地处理这类问题。理论引导我们选择统计，并教育我们如何最佳利用它们。但用于解决问题的资料必须是数值的。

而且在大多数情形中，总体的规律性必须从个体的不规律性中发展起来，这因此也是为什么我们必须总体地而非个体地处理现象的特别理由。因此——再次把上述涉及的调查作为我们的例子——如果我们比较现在和5年、20年前的价格，会发现有时降，有时升；类似地如果我们比较现在和50年前的工资，也是如此；甚至在经济萧条的年份会发现某些贸易欣欣向荣；在同一阶级不同

① 比较R.基芬爵士的一篇文章“新国家中制造业的保护贸易制度”(Protection for Manufactures in New Countries)(《经济杂志》1898年3月，第3页)。

个体的情形中，税收的压力也不同。因此必须采用平均数[1]，并且显然正确解决问题的必要条件是依靠统计并能以正确的方式利用统计。

实际上，统计的正确运用远不是一件简单的事情。常常说统计能证明任何事情。但如果没有特别的知识运用它们，或以建立一个预期结论为目标而简单地把它们收集归类，就很容易遭到指责。只要不是无知或带有偏见的统计学家，或只要不是漫不经心的运用随意和不知来龙去脉而收集起来的一些资料，就不难抵御这种谬论，该谬论只有引人误入歧途的事实——除了数据外。用统计资料进行推理，除了会有所有以经验为根据的推理共同具有的危险之外，还容易出现自身独有的困难和危险。然而，如果清楚地认识到统计的局限，如果它们是在足够广的范围内准确地收集，如果它们的运用是不带偏见而全部的调查深入到其真实的意义中，并且如果它们是完全和合适地进行收集和分类，那么它们的价值是独一无二的，而统计方法会很容易地实现把它作为一种完全有效和可靠的科学手段的要求。

① 在统计调查中采用平均数的重要性是不能夸大的。这为某些学者完全认识到，对统计提出的定义之一是“平均数的科学”。

附录
经济学分析中使用统计方法所应注意的若干问题

1.统计资料可靠性的条件。如果要让源于统计资料的观点有价值,应该特别注意下面几点:一是统计数据的来源,要附有证实其可靠性的专门参考资料;二是统计必须有真实意义和显著性;三是统计数据完整与否,必须与它所反映的现象构成整体关联;四是统计数据的分组方法,及其求平均值的专门参考资料。这里将对这些要点依次做出扼要讨论。[①]

应用统计资料最开始遇到的困难,是原始数据可能存在的不精确。统计资料可能由官方发布而获得,也可能通过私人渠道而获得。在第一种情形下,数据的精确性往往几乎无可争议,例如铁路交通的收入情况。但是,这绝非普遍规律,甚至当有现成的官方统计数据时也是如此。直到 1854 年,我国的进口总额都是按照 17 世纪末期的价格计算的。从 1851 年到 1870 年,则按照官方尽可能搜集到的价格数据进行计算。目前,英国的进出口都依据进出口商自己的报告得到统计。数据往来的检查核验,自然由负责

---

① 我要特别向以下作者及他们的工作表示感谢:R. Giffen 先生的 *Essays in Finance* 第一和第二系列;R. Mayo - Smith 教授在 *Political Science Quarterly*, *the Quarterly Journal of Economics* 和 *the Publications of the American Economic Association* 上发表的关于统计学的论文;以及 *Journal of the Statistical Society* 上的多篇论文。

统计的官员负责；数据精确性在很大程度上取决于收货商与出口代理商的良好信誉与工作态度，但负责者被认为常常并未很好地通知他们统计这些数据。一些情况下的误差风险要高于另一些。例如，当进口货物被抽取佣金来售卖时，就不像直接被订货购买的货物一样有品名确定的发票。同样，海关官员对于职责以内的货物的核对也多半比职责之外的效率更高。

当通过私人渠道收集时，统计数据的不确定性会更加严重。工资统计是一个特别的例子。如果通过简单地写信给各个受调查地区的人来请他们尽量提供信息，这可能几乎没有多少实际价值，除非受访者详尽地提供了自己的所知，并且能够接受检验。受访的老板和工人多少都可能出于无意给调查造成偏差，无论是来自阶级偏见还是来自对其提供的信息将被用于何处的考虑。可能最好的信息资源来自大企业分类账和工资单，因为这些信息涉及实际利益可能被追索。贸易协会保存下来的原始记录也比较可靠，因为这些记录的真实性对会员很重要。如果有两种以上的信息源可选，它们可以互相对照核实。

引用的数据必须是最终数据本身，而不是仅基于用它们进行计算的结果，这一点很重要。例如，付给个人的实际工资信息，和每个工资水平的雇员数量，对于统计学家的价值大大高于老板或工人提供的现成的平均工资数额。当然这一点也适用于所有统计，而不仅仅是工资统计。

对于通过大量发放空白问卷得到的统计数据，例如在人口普查时，在答案的准确性方面，表格的填写方式可能带来利益的影响。从这个角度看，问卷应当尽量简明，附有清晰提示，以尽量减少填表人一方的失误或错误。[1] 此外它们还应当不带质询口气，不透露对回答者可能带来利益或者损害的那些信息。除非这些条件都满足，否则得到的回复可能会带有未曾意料到的错误或不完整性。还需要补充的一点是问卷答案必须被制成表格整理好以形成合用的统计资料，它们的价值将非常依赖于所采用的整理方法。[2]

统计数据的绝对准确度和相对准确度之间可能需要区别。在有些情况下，当绝对准确度可能无法获得时，仍然可能得到很可靠的相对数据；我们可以通过比较解决问题，而不是通过通常由统计数值组成的、被认为绝对精确的数据。在这些情况下相对准确度是必要的；统计数据应该在相似的环境下用相同的方法收集。如果这些条件都满足，一定限度之内的误差就不会形成严重误导；因为根据概率原则，我们可以合理假定被比较的双方出现的误差比例大致相等。

由此可见，对于任何种类的连续年度比较统计，特别重要的是数据的收集或者估算的方式、环境不应有改变。[3] 例如，对于不同时期所得税申报的对比，把防止错误申报所采用手段的改进纳入考虑可能是必要的。还应该记住的是由于税率改变，伪造收入的动机可能会增加或降低。对于官方的统计，我们强烈建议无论发

---

① 这种错误的发生可能性比想象中要大。例如，1891 年的人口普查总报告里曾宣称，如果一个人是雇主，关于被雇还是自雇的问卷的回复很不理想，并且内容经常自相矛盾，这使得答卷非常难以采信。

② 关于收集统计数据并制成表格方法的细节阐述可参见 Bowley，*Elements of Statistics*，23—106 页。

③ 1854 年我国进口总额的估算方法发生改变，对此改变的忽略或遗忘会导致引人注目的错误，就是一个典型例子。

生任何数据搜集方式的改变，在数年内都要用新旧两种方法并行。只有这样才能大致通过前后对比，计算出方法的改变所需要的校正值。

当把不同国家的统计数据放在一起对比时也常常会出现类似的困难。例如，进出口总值的计算方法在不同国家大相径庭。之前我们提起过，在英国这是根据进出口商的报告来计算的。但在大多数其他国家，进出口总值是通过官方制定的价格表计算的。① 为了进行国际间的对比，各地的统计学家尽其所能呼吁收集统计数据方法的一致性。当完整的准确值无法得到时，重要的是能够计算可能的不精确的限度。如果我们了解数据被搜集的确切条件，以及确保准确性所采取的预先措施，那么计算这个限度可能在我们能力范围之内，可以进行误差的校正。要补充的一点是，收集统计数据时，如果目的已经被明确知晓，那么，虽然进行一些难免的校正可能必要，但要知道这些数据被用于它们的原有目标会更加有价值。

2.简单统计的解释。抛开实际图表的不准确性不谈，在理解统计数据时还有一个持续的风险，就是即便数据经过了合适的解释和分析，仍旧不能用来暗示。因为它们相关的现象可能会有不同，仅仅他们自己制作的图表没有暗示。可以给出几条关于可能

① 再一次，关于基本的估价，大多数欧洲国家采用的是估算到岸的进口货物价值的方法，即包括运费，而出口则在出口港口估算价格，即排除运费。然而美国是个例外，进口货物根据装运港的进口商提供的发票计算价值，即不包括运费。不同国家所采用的对进出口货物的分类的方法歧异，导致更多的困难。参见 A. E. Bateman 先生在 *the Statistical Journal* 1894 年 6 月刊上发表的“Comparability of Trade Statistics of Various Countries”。

造成的误差种类的简单说明;如果异质性和不可同单位度量的量被用于同质问题,可转换为共用单位度量。

在价目表的比较上,以及处理其他问卷时,必须坚持注意不能忽视质量差异。这甚至也适用于原材料。比如,谷物的质量和产量随着季节变化;所以公报上的谷物产量均值可能是误导性的。罗杰斯教授在他的《农业和价格的历史》一书中清楚地指出了原材料的质量差异这个事实。他有意不去考虑劣质谷物,在计算牲畜平均价格时忽略了它们,虽然它们显然与大大低于平均品质的牲畜相关。同样的忽略也发生在羊毛的例子上;在这个例子里更加复杂,因为在千差万别的种类中,即使最好的羊毛间的价值差别也非常大,不同地区的羊毛品种很不相同。很明显,在这样的情况下,对统计数据的选择和处理进行更仔细的判断是很必要的。对价格进行比较这项任务初看起来简单,却被认为需要足够好的实施。这不仅要不带偏见,还需要丰富的经验和极其敏锐的洞察力。①

当从原材料到成品时,困难更是大大增加。当被研究的商品

① 关于农业生产,全部数据统计的首要困难是同名农作物的不同含义。一个国家的小麦,燕麦,大麦,和另一个国家的同名农作物尽管同名,却不是同种作物。伦敦或其他市场上任何的价目表上有来自世界各地的谷物,可以看到它们的质量差别极大。虽然在世界小麦生产的对比中忽略质量区别再普遍不过,这些区别是如何严重影响结果的,都经过了深入考察。在牲畜方面也是如此,如果不是更甚的话。此羊非彼羊,此牛非彼牛,此马非彼马;实际上任何两个国家的农牧业(agricultural live stock)都几乎完全不能直接比较,而非适宜比较。在过去的调研中这一点的重要性已经众人皆知。对英格兰现在和过去几个世纪的同样称呼的牲畜的平均重量和品质进行对比,也经常受到质疑。据我了解,最近几年没有大陆国家比如法国的畜牧业在品质之外有大的发展,也就是数量没有增长或很少增长,但实际产量有巨大的增长。这一点在国际间对比中也同等重要(*Giffen on International Statistical Comparisons in the Economic Journal for June 1892*, 225 页)。文中提到的许多其他有价值的观点会在此本文中找到。

只由一种原材料构成时，质量差异空间巨大；当材料是混合的，那么最值钱的原料和最便宜的原料的比例在一些例子中可能会大相径庭。在不同的时代，同样的名字可能代表实际上不同类的东西。

这里举一两个例子来解释我们所讨论的关键点。1888 年初期，锡的价格异常上涨，本该预测镀锡白铁皮的出口量将会下降。结果，它们却反而略微增加；这件反常之事的解释可能主要是因为贸易委员会认定镀锡白铁皮商品不再使用锡或者只用很少的锡。在锡价格非常高的那段时间，这种薄铁皮的运输量大大超过了镀锡更厚的白铁皮。①

另外一个例子是某次出口新西兰的衬衫布料的价格曾被质疑太低，明显有问题。发票都相应开具了，它们证明统计数字的引述是正确的，并且货物的确是衬衫衣料。可是进一步调查表明，它们的用途是包裹冷藏箱中往欧洲运送的羊肉。毋庸赘言，为了这个目的购买的货物必然比正常的衬衫衣料质量更次，价格也更低。②

在一些情况下，质量的偏差有时来自这个渠道，有时来自那个渠道，因此在任何足够大的地区中它们实际上会互相抵消。故此，只要简单地取平均值就可以避免误差。但是当所有的改变都趋向同一渠道时，就不能使用这样的方法了。比如一些工业制品和家居用品的质量提高。在某些情况下，正如我们前面已指出的，货物的质量会逐步改变，即使原材料也是如此。马歇尔教授谈道："牛羊现在的体重比过去增加了两倍不止；在其重量里，肉的比例增高

---

① 参见 *The Economist*, 30 June 1888, p. 823。

② *British Association Report for 1886*, p. 870.

了；肉中上等肉的比例也增加了，所有肉中固体比例增加，而水的比例减少。”①

我们再补充一个有些不同的例子，其中价目表会误导对相关贸易业务没有特别了解的人。当原材料价格经受巨大波动时，成品名义上的批发价格却不变，这样的事情并不少见——换句话说，纸面上的价格没有变化，尽管实际的价格已经通过折扣率的改变和其他类似的方法变化了。这种情况下的价目表有时比无用更糟糕，除非有附加的信息进行补充。

另一个在统计数据的解释中应该注意的明显的例子也需要在此有所涉及。无论何时商品价格发生改变，但涉及进出口额却不提供对于数量的足够的计数。例如，1872 年我国钢铁出口总额为 35,996,167 英镑，棉纱出口总额为 16,697,426 英镑；但 1882 年这组数据下降到 31,598,306 英镑和 12,864,711 英镑。然而，在前一个年份出口货物总量只有 3,382,762 吨和 212,327,972 磅；后一个年份却有 4,353,552 吨和 238,254,700 磅。因此，这又是一个为什么所有包含价格的统计数据都需要仔细解释的原因。现在人们普遍意识到，在相差较远的年代之间，任何纯价格比较都是无价值的；对一个长的连续年份系列数据进行比较，实际上更有让我们误入歧途的危险。

再来看看工资统计。数据本身通常无非是标称时间工资，而实际工资和计件工资的标准是非常不确定的。这两者的计算受其他可变因素影响，所以如果想对比不同时期或不同地区的工人阶

① *Contemporary Review*, March, 1887, p. 375.

级福利或劳动力成本，则需要额外补充统计数据。比如，账目是必须记录的，不仅仅是工资平素用于消费的那些商品的价格变动，连它们的质量的变动也要记录，这里仍存在上面已经提到的那些麻烦事。我们无需详细讲述将劳动时间、劳动强度、雇佣的持续性等因素的变动也纳入考虑的重要性。无论如何，这些因素对于从工资统计到工人阶级的生活状况和进展的讨论都是难点。关于这个问题的任何讨论只要可能都应该是累积性的，从不同角度得出同一结论，并且来源于独立性强的统计数据。

关于工资的其他问题，可能有必要考虑一下工作质量：对此的忽略也可能会削弱源于统计数据的论述。克利夫・莱斯利教授致力于反对工资趋向平等的学说时讲道："多塞特郡、萨默塞特郡和德文郡的劳动者在过去 50 年挣的钱，连同样的人在诺森伯兰郡挣的钱的一半都不到。"然而，假设在他声称的这个时期，诺森伯兰郡的农业工资是那些西南部郡县的两倍，也不能由此推出一个人在德文郡每星期挣 10 个先令，当这个人迁徙到北部就能挣到 20 个先令。这是因为，北部的劳动者两三代以来都挣着较高的工资，这可能使得他们成为效率更高的工人，对其雇佣者来说更加有价值。

更大的困难产生于这样一个事实，随着时间推移，工作的性质可能发生变化；因此同样名称的工人可能做的不再是同种工作。例如，近年来印度邮递员的薪水增长非常可观。然而他们需做的工作的性质变了，包含更大的责任，需要更高的教育和智力水平。1855 年他们只需要邮递信件，其中许多人连本地语言都不会阅读。现在他们需要开具汇票，其中一些人不仅需要能阅读本地语言，还需要能阅读英语。[①]

从我们已经讲过的和将要讲的部分所得出的结论是，如果一份统计数据有科学价值，它不能只是一份简单的数据表格。搜集数据的方法和编辑原则应该被仔细解释；并且，如果可能的话，在数据覆盖的时间范围内，任何影响到现象本身以及结果的准确性的特殊因素都应该加上注解。应该专门确保任何明显的反常现象都经过特别的审查，以排除它们导致某些错误的可能性。统计学家越是经验丰富，就会越对所有未经以上标准校订的统计数据的可靠性表示怀疑。

3.统计数据的覆盖范围。统计数据使用中的另一个风险是基于不完整的调查得出结论。无须赘言，如果我们凭经验寻找因果关系，那么我们应该在发现这个原因的整个领域或整段时期范围内搜集事实和数据，或至少有足够的能力来相信我们所集中注意的这些统计数据是典型的和有代表性的。同样，当我们借助统计数据来调研经济现象的进程或增长时，也要对此加以注意。

从这个观点来看，有必要再次提起统计数据搜集的方法的重要性。单独的数据可能非常准确，但可能并没有代表性。举个例子，发问卷给工人让其通过回答各种细节问题来获得工人的工资数据并不是理想的方法。只有很少的人会回复，而且回复者可能景况较好、智力较高。因此，无法保证这样得到的统计数据真正有代表性。

另外一点需要注意的关于工资统计的事实是，在对不同职业

① 参见巴伯《复本位制理论》，p. 125。

和不同时期之间的工资进行比较时，平均年薪是唯一可接受的。雇佣的规律性在不同行业和时期变化极其巨大；对成功受雇的工人，仅仅记录其日薪或周薪会误导，因为它不能反映工人暂时性失业的情况。索罗尔德·罗杰斯教授的关于15世纪和16世纪前四分之一可被看作“英国劳动者的黄金时代”的观点受到坎宁安博士及其他人基于这个角度的批评，理由是它除了基于对价格的解释之外，还基于这样一个假设，即劳动者的日薪乘以300就可以代表他们的年收入。

再来谈谈另一个经济论题。探究金矿的发现对价格的影响，仅仅获得少数几个主要市场的价格统计数据是不够的。克利夫·莱斯利引用例证来表明1850年金矿的发现，恰巧赶上落后地区因交通发展而开放。这带来前所未见的迄今为止落后地区和大工商业中心物价的趋同性变化；而黄金的增加使得物价整体水平由低到高，例如，使得这种情况成为了可能：若使一件商品在落后地区涨价，同时在先进地区也不会跌价。因此，在落后地区，例如爱尔兰和苏格兰的内陆新铁路沿线，或欧洲许多受到金矿发现的影响而物价抬升最明显的国家，仅仅考虑伦敦和巴黎这样的大城市的物价可能是不合适的。[①] 黄金供应减少所产生的效果，与这里所讨论的情形多少有些相关。尼科尔森教授认为黄金供应减少施加的主要影响是针对商业世界的边缘国家的，这些国家信用相对不发达；因此我们若再简单地把黄金储备统计数字和大商业中心的贵金属流通数据用于研究减少的金条产量的交易，便不太适当了。

① 《政治道德哲学论文集》，1888，pp. 282，ff。

4.统计数据的分类。我们的统计数据既然不能有所偏颇，我们也必须尽力满足这个困难的要求：对它们进行分类或“加权”，以呈现它们准确的相对重要性。举个例子，在研究物价问题时，在不忽略任何占据独特位置或受到异常影响的市场的同时，我们必须也要注意不要把小市场和大市场按照相同的权重计算。

这里我们将举一个简单的例子来说明这层含义。假设连续两天，谷物价格分别是32先令和36先令每夸脱；那么简单估算这些数据，可得出两天的平均价格是34先令。但是再考虑一下，第一天的谷物买卖量是第二天的三倍，那么对大部分情况来说，更加准确的平均价格是33先令。更一般性地说，如果数量为a，b，c的商品在不同场合的相应售价是x，y，z，我们求平均价格时要对价格进行加权，平均数不是(x + y + z)/3，而是(ax + by + cz)/(a + b + c)。当不知道a，b，c的值时，通常不能确保平均数没有被错误地高估或低估，因为特殊情况下的小量交易的重要性被夸大了。在量度货币的一般购买力的问题上，将各种权重值赋予我们的原始数据的工作意义很大，难度也很大。[①]

在求一系列平均值的平均值时，有一个特殊的错误风险，某种程度上和上述讨论的问题类似。即，如果高薪职业的工人数量有相对的增长，那么所有劳动者的平均工资增长可能大大快于每个行业最有代表性的薪水的平均值的增长，甚至会在后者不变或下降的情况下增长。引述一段马歇尔教授的阐述：“如果500名A

① 然而，对于“加权指数”(weighted index - number)的需要会减小，如果计算所基于的商品数量非常巨大的话。

级工的周薪为 12 先令,400 名 B 级工的周薪为 25 先令,100 名 C 级工的周薪为 40 先令,那么这 1000 名工人的平均工资是 20 先令。假设一段时间后 300 名 A 级工升为 B 级工,而 300 名 B 级工升为 C 级工,每个级别的工资保持不变,则一千人的平均工资为 28 先令 6 便士。即使同时把各级别的工资都下调 10%,所有人的平均工资仍有 25 先令 6 便士,也就是说仍旧增长了 25%还多。”①

所有数据不能被同等地赋予权重的这个情形,常常让平均值的计算变得复杂;当某些平均值的计算不像取算术平均值那样容易,这个问题的困难程度还会增加。在绝大部分经济学调查里的算术平均值实际上是最简单的也是最适用的,但也有一些例外。例如,如果人口在 25 年后是原来的两倍,显然,说平均每年增长 4%是不正确的。②

有些案例里,求平均值根本就是误导性的。举个例子,成人的工资和儿童的工资,专业人士和体力劳动者的薪水,或怀特查佩尔

① 见 *Principles of Economics*, vol. i., 3rd edition, p. 772 的注释。类似地,Robert Giffen 先生在第 358 页的注释上提到的那篇文章里指出“很容易想象,一个国家的能够列举和比较的每个受雇佣者的薪水都高于另一国家,但后者的享受平均工资数的人员的平均收入却可能高于前者,原因是人民收入的不同分配。”以上叙述的正确性得到了下面理论对比的支持。先假设一个社区有 1000 名雇佣劳动者分别做着 ABCDE 五种工作,年薪分别是 50、60、70、80、90 英镑,劳动者人数分别为 500、200、100、100、100 名。而另一个社区也有 1000 名雇佣劳动者,相应年薪分别是 40、50、60、70、80 英镑,人数分别是 100、100、100、200、500 名。则第一个社区的平均个人工资为 61 英镑,第二个为 69 英镑。仅仅根据雇佣的本质来比较工资水平,第一个社区的工资会明显高于第二个,而这在严格意义上是正确的;但认为第一个社区的平均工资,真正的平均数更高的推断则是不正确的。

② 关于不同种类的平均值和一般性的平均值的讨论,参见 Venn, *Logic of Chance*, 1888, 18,19 章和 Bowley, *Elements of Statistics*, pp. 107, ff。

(Whitechapel)的房租和海德公园周边的房租，将这些根本不同类型的东西求平均值，结果什么也不能代表。即使这样的平均值能够服务于某些特殊的目的，忽视数据基础的本质的差别将会带来错觉。①

如果数据有连续性——尽管两个极限值互相离得很远——我们对数据做连续考察，确定所有递增量级，则是完全不同的工作。但无论如何，如果数据两头的变化范围扩大，平均值必定会增长显著。从本质上说，平均数总意味着可观的信息丢失。所以，在这一点上最好进行补充说明，如上述建议，不仅要给出平均数的极限偏差，还要给出平均偏差。②

在这个将我们引向处理平均值波动的话题上，计算平均值的数据特殊范围非常重要。例如，处理时，对于几年内某种现象的统计数据，我们可以寻求建立数据趋向和远离平均值的波动周期性；但是如果在连续的年份周期取平均值，则它们的平均值也是递增的；除非这些平均值被正确计算出并且考虑在内，否则我们的结论可靠性就可能会被严重削弱。因这个认识，就有了贸易的“峰值修正平均值(Par)”这个概念，即消除了经济周期影响因素的平均贸易水平；这个值总在动态变化之中。任何给定年份的进出口，铁路交通票款，钢铁或类似货物的生产，都绝不可以简单地与某些之前

① 有人比如 Longe 先生曾说过，并没有类似平均值或总工资水平这种东西。在某种意义上要反驳它轻而易举，因为无论如何我们都可以将任何数量取算术平均值。然而他的意思是不同职业的工资彼此无关，根本不同，因此它们的平均值仅仅是个数字，并没有实际含义或重要性。这个观点虽然可能会受到反驳，但它足以说明我们前文所述的意思。

② 参照 Venn, *Logic of Chance*, pp. 444, ff。

年份的相关数据比较；这些数据可能都显示增长，因为此区间的正常水平就是增长的，但较晚的日期可能会与萧条时期的最低谷发生巧合，而较早时期与繁荣期的最高峰值巧合。[①] 另一方面，如果我们研究的是长期变化，那么同等重要的是对周期性变化进行分析。必须比较多年的平均值，且这些平均值所产生的时段确定应该尽可能地消除周期性变化带来的干扰。[②]

这里并未打算对统计方法技术进行系统性的讨论；目前对于指出统计数据处理可能出现的困难的本质，我们所讲的内容已经足够了。统计学理论，既对哪些统计数据应该首先被收集和整理的原理，也对如何取平均值和处理波动的正确方法进行细节上的研究，正如我们已经指出的，是应用逻辑或方法学的一部分。同样，它要求被专门对待，虽然似乎说它是一门独立学科不太适当。

---

① 如果我们仅仅把一段时期中的某一年拿出来和另一段时期中的某一年比较，那我们实际上犯了前一节指出的错误，即基于不完整数据的论证。

② 参照 Jevons, *Investigations in Currency and Finance*, pp. 34, ff。

译名对照表

Adams, H.C.　亚当斯,H.C.

Ashlley, William James　阿什利,威廉·詹姆斯(1860—1927)

Bacon, Francis　培根,弗朗西斯(1561—1626)

Bagehot,Walter　巴奇霍特,沃尔特(1826—1877)

Blanqui, Jerome Adolphe　布朗基,热罗姆·阿道夫(1798—1854)

Bramwell, George William Wilshere　布拉姆威尔,G. W. W.

Brentano,Lujo　布伦塔诺,卢约(1844—1931)

Cairnes, John Elliot　凯恩斯,约翰·埃利奥特(1823—1875)

Chamberlain　张伯伦

Cherbuliez, Antoine Elisee　彻布莱茨,安托万·伊里西(1797—1869)

Clark,J. B.　克拉克,J. B.(1847—1938)

Comte, Auguste　孔德,奥古斯特(1798—1857)

Cohn, Gustav　科恩,古斯塔夫(1840—1919)

Corne wall, Lewis　康沃尔,刘易斯

Cournot,Atoine Augustin　古诺,安东万·奥古斯丹(1801—1877)

Cunningham,William　坎宁安,威廉(1849—1919)

Gresham,Thomas　格莱辛,托马斯(1519—1579)

Cossa,Luigi　科萨,路易吉

De Quincey, Thomas　德昆西,托马斯(1785—1859)

Devas,C.S.　德瓦斯,C.S.

Dunbar, Charles Franklin　邓巴,查尔斯·弗兰克林(1830—1900)

Ely, Richard Theodeo　伊利,理查德·西奥多(1854—1943)

Harrison, Frederic　哈里森,弗里德里克

Hildebrand, Bruno　希尔德布兰德,布鲁诺(1821 —1878)

Ingram,John　Kells　格拉姆,约翰·凯尔斯(1823—1907)

Jevons, William Stanley　杰文斯,

威廉·斯坦利

Jones，Richard　琼斯，理查德(1790—1855)

Johnson，William Ernest　约翰逊，威廉·欧内斯特(1859—1931)

Keynes，John Nevill　约翰·内维尔·凯恩斯(1852—1949)

Knies，Karl　克尼斯，卡尔(1821—1898)

Kingsley，Charles　金斯雷，查尔斯(1819—1875)

Laveleye，E. L. V. de　拉维莱，埃米尔·路易·维克多·德(1822—1892)

Leslie，Cliffe　莱斯里，克里夫

Leroy-Beaulieu，Paul　勒鲁瓦·博利厄，保尔(1843—1916)

Lewis，George Lornewall　刘易斯，乔治·查尔尼华

Lexis，Wihelm　柳居士，威廉(1837—1914)

List，Friedrich.　李斯特，弗里德里希(1789—1846)

Locke，John　洛克，约翰(1632—1704)

Maine，Henry　亨利·迈因

Malthus，Thomas Robert　马尔萨斯，托马斯·罗伯特(1766—1834)

Marshall，Alfred　马歇尔，阿尔弗雷德(1842—1924)

Marshall，Marry Palay　马歇尔·玛丽·佩利(1850—1944)

Martineau，Harriet　马蒂诺，哈里特(1802—1876)

Mcculloch，John Ramsay　麦克库洛赫，约翰·拉姆齐(1789—1864)

Menger，Carl　门格尔，卡尔(1840—1921)

F. C. Montaque　F. C. 蒙塔格

Mill，John Stuart　穆勒，约翰·斯图亚特(1806—1873)

Mill，James　穆勒，詹姆斯(1773—1836)

Nicholson，Joseph Shield　尼科尔森，约瑟夫·希尔德(1850—1927)

Pierson，Nicolaas Gerard　皮尔森，尼古拉斯·杰勒德(1839—1909)

Ricardo，David　李嘉图，大卫(1772—1823)

Roscher，Wilhelm Georg Friedrich　罗雪尔，威廉·格奥尔格·弗里德里希(1817—1894)

Rogers. James Edwin Thorold　罗杰斯，詹姆斯·埃德温·索罗尔德(1823—1890)

Schmoller，Gustav　施莫勒，古斯塔夫(1839—1917)

Sax，Emil　萨克斯，埃米尔(1845—

图书在版编目(CIP)数据

政治经济学的范围与方法/(英)约翰·内维尔·凯恩斯著;党国英,刘惠译.—北京:商务印书馆,2017
(经济学名著译丛)
ISBN 978-7-100-12978-7

Ⅰ.①政… Ⅱ.①约…②党…③刘… Ⅲ.①政治经济学—研究 Ⅳ.①F0

中国版本图书馆 CIP 数据核字(2017)第 036880 号

经济学名著译丛
政治经济学的范围与方法
〔英〕约翰·内维尔·凯恩斯 著
党国英 刘惠 译

商 务 印 书 馆 出 版
(北京王府井大街 36 号 邮政编码 100710)
商 务 印 书 馆 发 行
北 京 冠 中 印 刷 厂 印 刷
ISBN 978-7-100-12978-7

2017 年 5 月第 1 版 开本 850×1168 1/32
2017 年 5 月北京第 1 次印刷 印张 8½
定价:30.00 元